JN440485

동아시아 세계와 백촌강 싸움

동아시아 세계와 백촌강 싸움
白 村 江

김현구

KOREA
UNIVERSITY
PRESS
고려대학교
출판문화원

서론

일본의 고대 사서인 《일본서기》(720)에는 647년 신라의 김춘추가 인질로서 도일한 것으로 되어 있다. 삼국통일을 이룩한 문무왕(661-680)의 아버지로 당·일본 등 주변 국가들과의 관계를 돈독히 함으로써 삼국통일의 기반을 마련한 인물인 만큼 자연히 그의 도일 목적이 관심을 끌지 않을 수 없다. 《신당서》·《일본서기》 등을 활용해서 그의 도일 목적이 인질로서가 아니라 일본에 새로 들어선 개신(改新)정권에 군사적 도움을 청하기 위해서였음을 밝힌 것이 30여 년 전 일본에서 유학하던 시절이었다.(金鉉球, 《大和政權の對外關係研究》, 吉川弘文館, 1985)

당시 김춘추 문제에 대한 일본 학계의 통설은 《일본서기》에 씌어져 있는 그대로 200여 년간 일본이 지배하던 임나를 점령한 대가로 신라가 일본에게 바치던 조(調)를 면제받는 대신 김춘추를 인질로 보냈다는 것이었다. 소위 김춘추의 인질설은 일본이 4세기 중반에서 6세기 중반까지 200여 년간 임나를 지배하고 있었다는 사실을 전제로 하고 있는 것이다.

그런데 김춘추가 인질로서가 아니라 군사적 도움을 청하기 위해 도일했다는 사실을 밝힌 본인으로서는 자연히 김춘추 인질설의 전제, 즉 200여 년간 일본이 한반도 남부를 지배했다는 소위 한반도 남부경영론을 인정할 수 없게 되었다.

그래서 귀국 후에는 고대 한일관계사 내지는 일본 고대사와 한국 고대사의 최대 쟁점 중 하나요, 한일 양국 간 역사분쟁의 핵이라고 할 수 있는 한반도 남부경영 문제의 연구에 몰두했다. 《일본서기》에는 木羅斤資가 369년 가야(임나) 7국을 평정하고 382년에는 외부의 침략을 받은 대가야를 구원하는 등 임나 경영의 핵심적인 역할을 한 인물로 되어 있다. 그런데 475년 광개토대왕의 공격으로 백제의 수도 한성이 함락되자 그 아들인 木滿致가 구원을 청하려 도일하였다가 일본에 정착한 뒤 그 자손들이 그 거주지인 蘇我를 氏로 삼고 蘇我氏가 원래부터 왜인이었다고 주장함으로써 그 조상 木羅斤資 등이 백제 왕의 명에 의해서 한 임나 경영이 일본 천황의 명에 의해 수행한 것처럼 되어 버렸다. 그 결과 백제의 임나 경영이 일본의 임나 경영이 되어 버렸음을 밝혔다.(김현구, 《임나일본부연구》, 1992; 《임나일본부설은 허구인가》, 2010)

《일본서기》에 보이는 임나 경영의 주체가 일본이 아니라 백제임을 밝히게 되자 이번에는 자연스럽게 일본의 임나 지배와 김춘추의 인질설을 전제로 하고 있는 663년 백촌강 싸움의 고대제국주의전쟁설에 대해 의문을 갖게 되었다. 백제 부흥운동군과 일본에서 약 400척의 병선을 타고 온 3만에 이르는 백제 구원군의 연합군과 신라·당의 연합군이 663년 8월 백촌강에서 맞닥뜨린 소위 '백촌강 싸움'은 당시 동북아의 주요 국가들이 뒤엉킨 역사상 전무후무한 전쟁이었다고 할 수 있다. 그럼에도 불구하고 우리나라에서는 백촌강 싸움에 대한 본격적인 연구가 거의 이루어지지 않았을 뿐만 아니라 대부분의 사람들은 그런 전쟁이 있었는지조차도 잘 모르고 있는 실정이다.

백촌강 싸움에 대한 연구는 주로 일본에서 이루어졌다. 일본 학계에서는 백촌강 싸움을 소위 고대제국주의 전쟁이라고 정의하고 있다. 백촌강 싸움에 대한 '고대제국주의 전쟁'이라는 정의는 백촌강 싸움을 당시 당이라는 동북아의 대제국과 한반도 남부까지를 지배하던 소제국 일본이 부딪힌 두 제국주의국 간의 전쟁이라고 정의하는 데서 비롯된 것이다.

백촌강 싸움도 소위 한반도 남부경영론을 전제로 하고 있음을 알 수 있다. 따라서 일본의 한반도 남부 지배가 허구임을 밝힌 본인으로서는 당연히 백촌강 싸움이 고대제국주의전쟁설로 정의되는 것을 인정할 수 없게 되었다.

한국 학계에서는 백촌강 싸움을 조국부흥전쟁으로 보는 경향이 있다. 그러나 당시 일본의 지배층이 백제 출신들이었다는 사실을 전제로 하는 조국부흥전쟁은 그 전제가 입증되지 않는다. 그렇다면 일본은 왜 백촌강 싸움에 국운을 건 대규모의 파병을 단행한 것일까? 이런 의문이 근래에 꾸준히 백촌강 싸움에 대해 관심을 갖게 했다. 그 결실이 이 책이라고 할 수 있다. 이 책은 처음부터 한 권의 단행본으로 준비한 것이 아니라 그간의 백촌강 싸움에 관한 논문들을 모은 것이다. 그래서 전체적으로 약간의 중복이 없지 않고 일관성이 부족한 면이 있다.

그러나 이 책이 여러 편의 논문을 모은 것이라고는 하지만 최종적으로 백촌강 싸움의 성격을 밝히는 데 초점을 맞추고 있다는 점에서는 어느 정도 일관성을 확보하고 있다고 할 수 있다. 각각의 논문들이 백촌강 싸움의 성격을 밝히는 데 전제가 되는 주요 쟁점들을 다룬 것들이기 때문이다. 다만 8장 '고대 일본의 도일 한인집단에 대한 정책'은 백촌강 싸움과는 직접 관련이 없지만 백촌강 싸움을 전후한 시기의 도일 한인들에 대한 정책이 백촌강 싸움을 이해하는 데 전혀 관계가 없지 않다고 생각되어 책에 포함시켰다. 부족하기는 하지만 기존의 '고대제국주의전쟁설'이나 '조국부흥전쟁설'에 대해서 하나의 대안을 제시한 셈이다. 부족한 부분에 대해서는 동학들의 많은 질정을 바란다.

이 책에 게재된 논문들의 원전을 소개하면 다음과 같다.

1. 〈白村江 싸움과 그 역사적 의의〉(《百濟文化》 31, 공주대학교 백제문화연구소, 2002.12)

2. 〈백촌강 싸움 전야의 동아시아 정세〉(《師大論集》 21, 고려대학교 사범대학, 1997)
3. 〈大化改新의 주도 세력과 대외정책〉(《고대한일교류와 상호인식》, 동북아역사재단, 2011.09.30)
4. 〈동아시아 세계와 백촌강 싸움〉(《일본학》20, 鄭在覺博士記念號, 일본학연구소, 2001.12)
5. 〈백촌강 싸움과 大陸關係의 再開 — 新羅와의 관계를 중심으로〉(《日本歷史研究》 8, 일본사학회, 1998.10)
6. 〈白村江 싸움과 일본의 대륙관계의 再開 — 唐과의 관계를 중심으로〉(《글로벌리즘과 한일문화》, 고려대학교 일본연구소, 2000.09. 국제심포지엄)
7. 〈白村江 싸움의 성격에 대한 일고찰 — 고대제국주의전쟁설에 대한 비판을 중심으로〉(《한일 역사쟁점 논집》 전근대편, 동북아역사재단, 2010.11)
8. 〈고대 일본의 도일 한인집단에 대한 정책〉(《史叢》 73, 고려대학교 역사연구소, 2011.05)

차례

1. 백촌강白村江 싸움과 그 역사적 의의

오늘날 지역 통합이 가속화되고 있는 가운데 동아시아 세계에서도 그 구조적 관계에 대한 관심이 높아지고 있다. 동아시아 세계의 구조적 관계를 파악하기 위해서는 먼저 동아시아 각국이 유기적으로 관련된 문제들을 검토하여 그 공통점을 추출하는 것도 하나의 유력한 방법이라고 생각된다.[1]

오늘날 동아시아 세계의 중심축을 이루고 있는 국가는 한국·중국·일본이다. 그 세 나라가 유기적으로 뒤엉킨 대표적인 사건이 663년의 백촌강 싸움,[2] 1592년의 임진왜란, 1894년의 청일전쟁이다. 그런데 세 번의 전쟁은 전부 한일관계에서부터 비롯되었다. 그중에서도 663년의 백촌강 싸움은 세 나라가 유기적으로 뒤엉켜 싸운 최초의 예라 할 수 있다. 그리고 임진왜란이나 청일전쟁도 그 범주

1 동아시아 세계에 대한 구조적인 이해의 문제에 대해서는 菊池英男, 1979, 〈總說 — 回顧と展望〉, 《隋唐帝國と東アジア世界》, 汲古書院 참조.

2 《일본서기》에는 '白村' 혹은 '白村江'이라고 되어 있고, 《舊唐書》 劉仁軌傳 등에는 '白江'이라고 되어 있으며, 《삼국사기》에는 '白沙'라고 되어 있어서 '白村江'이 가장 구체적인 지점을 표현하고 있으므로 '白村江 싸움'이라는 표현이 가장 적합하다고 생각된다.

에서 크게 벗어나지 않으리라고 생각된다. 그런 의미에서는 신라·백제·고구려의 3국이 통일되는 과정에서 당과 일본이 참여하여 일어난 백촌강 싸움은 백제·일본·고구려와 신라·당 등 당시 동아시아 세계의 모든 나라가 뒤엉킨 싸움으로, 동아시아 세계를 구조적으로 이해하는 모델이자 한국·중국·일본이 중심이 된 동아시아 세계가 3국으로 정립되어 가는 과정을 보여 주는 좋은 예라고 생각된다. 그러나 백촌강 싸움은 그 중요성에도 불구하고 한국을 비롯한 동아시아 각국에서 별다른 연구가 없고, 약간의 연구도 자국사 중심으로 왜곡 서술되어 있다. 공동의 평화와 번영을 추구해야 할 동아시아 세계에 있어서 바람직하지 못한 일이라고 생각된다.

1. 백촌강 싸움

663년 8월 27·28 양일에 걸쳐서 백촌강에서는 백제 부흥을 지원하기 위해서 출동한 일본군과 옛 백제 땅을 장악하고 있던 당군이 4번 싸웠고 당군이 승리했다. 이때 백제 부흥군과 신라군은 양 연안에서 각각 일본군과 당군을 엄호하고 있었다. 당시 고구려는 직접 싸움에 참여한 기록은 보이지 않지만 일본의 백제 구원군이 고구려 구원을 표방하고 있었고,[3] 고구려에 가서 군무(軍務)를 긴밀하

3 고구려 구원군을 표방한 예는《일본서기》天智天皇卽位前紀 是歲條 및 天智天皇 원년 3월조에 보인다.

게 상의하고 있었던 점으로 미루어 보아,[4] 어떤 형태로든 관여하고 있었다고 생각된다. 백촌강 싸움은 당시 동아시아 세계의 모든 나라가 뒤엉킨 싸움이었다고 할 수 있다.

백촌강 싸움은 이미 백제의 의자왕(義慈王)이 나당연합군에게 항복한 상태에서 일본이 백제 부흥군을 지원하기 위해 출병함으로써 시작된 싸움이다. 《일본서기》는 일본군의 규모를 2만 7천, 《삼국사기》는 백제를 구원하러 온 왜의 병선을 1000척, 《舊唐書》 劉仁軌傳은 백촌강에서 만나 불태운 왜선이 400척이었다고 기술하고 있다. 일본의 백제 구원군이나 백촌강 싸움의 규모가 짐작이 간다.

백촌강 싸움의 발단, 즉 일본의 출병은 660년 백제의 멸망에서부터 비롯된다. 사비성(泗沘城)이 함락되고 의자왕이 항복함으로써 백제가 공식적으로 멸망한 것이 660년 7월 18일이다. 사비성이 함락되고 의자왕이 항복하자 백제 부흥군이 제일 먼저 구원을 청한 나라가 일본이다. 《일본서기》에는 達率(궐명)과 沙彌覺從 등이 660년 9월 5일 최초로 일본에게 백제가 멸망한 사실을 알린 것으로 되어 있다. 그러나 或本에는 '逃來告難'으로 당시에 소식을 전한 자가 정식의 사자가 아니고 백제가 멸망하는 틈에 도망쳐 온 사람이라고 되어 있다. 백제 부흥군의 福信이 佐平貴智 등을 정식으로 보내서 구원군과 일본에 머무르고 있던 왕자 豊璋의 귀국을 요청하게 되는 시점은 사비성이 함락된 지 석 달이 지난 10월이다.

백제 부흥군의 구원 요청을 받은 지 두 달 만인 12월 24일 드디

4 일본이 고구려와 군무를 상의한 것은 《일본서기》 天智天皇 2년 5월조의 '犬上君[闕名]馳 告兵事於高麗以還 見糺解於石城'라는 내용으로도 알 수 있다.

어 齊明天皇[655~661, 皇極天皇(642~645)이 齊明天皇로서 재등극]은 출병을 결정하고 難波宮(현재의 大阪)에 행차해서 제반 무기를 준비하도록 명하고 특별히 駿河國에 대해서는 배를 만들도록 명한다. 그리고 직접 北九州에 가서 구원군을 지휘하기 위해서 다음 해인 661년 정월 6일 북규슈의 筑紫를 향해서 출항한다. 도중에 四國의 熟田津 등에 들러서 군사를 모으면서 3월 25일에는 북규슈의 娜大津의 磐瀨 行宮에 도착하여 잠시 머물다가 5월 9일에는 朝倉橘廣庭宮으로 옮겨서 본격적인 출병을 준비하다가 7월 24일 급사한다. 齊明天皇이 급사하자 그의 후계자인 皇太子(후의 天智天皇: 662~671) 中大兄이 8월 1일 齊明天皇의 상을 磐瀨宮으로 옮긴 다음, 10월 7일 출발하여 해로를 이용하여 11월 7일 飛鳥川原에 도착하여 빈궁을 차리고 9일까지 발애(發哀)한다. 그 사이에도 출병 준비는 착착 진행되어 8월에는 출병 계획을 발표하고, 9월에는 1차로 풍장과 그의 호송군 5천을 먼저 보낸다. 그리고 663년 3월 출병한 본대는 5개월 뒤인 8월 말에 백촌강에서 패배하게 되는 것이다. 백촌강 싸움에서 패배한 뒤, 확인되는 숫자만으로도 3천여 명 이상의 백제 유민들이 氐禮城을 근거로 하고 있던 일본군을 따라 그해 9월 일본 열도로 망명한다. 그들이 일본의 율령국가 건설의 핵을 이룬다.[5]

당시 60이 넘은 老女帝의 신속한 출병 착수와 직접 모병을 하면서 北九州로 향하던 다급한 모습, 그리고 喪中에도 차질 없이 출병 준비가 진행되던 상황은 백제 구원이 일본에게 얼마나 긴급하고 중

5 출병 준비나 시기에 대해서는 여러 가지 설이 있다. 김현구, 2001, 〈동아시아세계와 백촌강 싸움〉, 《日本學》 20, 동국대학교 일본학연구소 참조.

요한 문제였는가를 잘 보여 주고 있다.

일본의 백제 구원군이 당군에게 패한 원인은 크게 두 가지로 이야기 할 수 있다. 하나는 당군은 율령에 의거한 군대인 데 반해 일본군은 씨족을 단위로 하는 족제적 군대의 형태를 벗어나지 못하고 있었다는 점이다.[6] 다른 하나는 백제 부흥군 내부에서 일본에서 귀국한 명목상의 지도자인 풍장과 실질적인 지도자인 福信이 대립하여 일본의 백제 구원군이 효과적으로 대처하지 못했다는 점이다. 당시 일본의 백제 구원군은 이미 663년 3월에 도착하였음에도 불구하고 그들이 주류성에 입성하면 부흥군 내부의 주도권이 풍장에게 넘어가는 것을 두려워한 福信이 백제 구원군의 주류성 입성을 꺼림으로써 당시 웅진성과 사비성에 고립되어 있던 당군을 구축할 수 있는 기회를 잃어버린 것이다. 백제 구원군은 풍장이 福信을 제거하기를 기다렸다가 백강에 진입했지만 때는 늦어 그 사이에 이미 도착하여 기다리고 있던 孫仁師가 이끄는 당의 증원군에게 패배하게 되는 것이다.[7]

종래 백촌강 싸움의 성격에 대해서는 크게 두 가지 견해가 있었다. 하나는 백제가 일본의 속국 내지는 조공국이었기 때문에 일본이 출병하게 되었다는 소위 고대제국주의전쟁설로 주로 일본 학자들이 주장하고 있다.[8] 그리고 다른 하나는 당시 야마토 정권의 지배

6 笹山晴生, 1975,《古代國家と軍隊》, 中公新書.

7 김현구 외 3인, 2004,《일본서기 한국관계기사 연구(Ⅲ)》, 一志社.

8 대표적인 것이 백촌강 싸움은 당이 중심이 된 大帝國主義와 일본이 중심이 된 小帝國主義가 부딪힌 고대제국주의 전쟁이라는 石母田正(1971,《日本の古代國家》, 岩波書店, 70쪽)의 설이다. 그 뒤 鬼頭清明(1981,《白村江》, 教育社, 129쪽)은 백제 구원이라는 명목으로 조선 반도의 상황에 간섭하지 않으면 신라·백제·임나의 조를 받는

층을 구성하고 있던 백제계 사람들이 조국을 해방시키기 위해서 출병했다는 소위 조국부흥전쟁설로 주로 한국 학자들이 주장하고 있다.[9] 고대제국주의전쟁설은 백제가 일본의 속국 내지는 조공국이라는 사실을 전제로 하고 있고, 조국부흥전쟁설은 백제에서 건너간 사람들이 야마토 정권의 수뇌부를 구성하고 있었다는 사실을 전제로 하고 있다. 그러나 백제가 일본의 속국 내지는 조공국이었다는 것은《일본서기》편자의 사관을 바탕으로 일본이 근대에 동아시아를 침략하던 시각이 투영된 것이고, 백제에서 건너간 사람들이 야마토 정권의 수뇌부를 구성하고 있었다는 것도 막연한 추측으로 확실한 근거가 없다. 따라서 고대제국주의전쟁설이나 조국부흥전쟁설은 자국 중심, 일국사 중심 사관에 지나지 않는 것으로 확실한 사실을 바탕으로 동아시아적 시각에서 재검토할 필요가 있다고 생각된다.

2. 백촌강 싸움의 배경과 동아시아 세계

1) 일본의 출병 배경

삼국시대 한반도에서는 3국 간의 대립이 격화되면서 백제·신라·고

입장을 잃어버린다고 하여 石母田의 설을 계승하고 있다. 그리고 遠山美都男(1997,《白村江》, 講談社現代新書, 204쪽)도 이와 같은 입장을 취하고 있다.

9 대표적인 업적으로는 林宗相(1974,〈七世紀中葉における百濟·倭の關係〉,《古代日本と朝鮮の基本問題》, 學生社)을 필두로 변인석(1994,《白村江戰爭과 百濟·倭 관계》, 한울아카데미) 등을 들 수 있다. 최근 정효운(1995,《古代 韓日 政治交涉史 硏究》, 학연문화사)은 신라를 정복하기 위한 전쟁이라는 설을 제시하고 있다.

구려 3국이 서로 일본을 자기편으로 끌어들이거나 상대편에 대한 지원을 저지하려고 노력하고 있었다. 반면 백촌강 싸움의 한 주역인 일본은 고대국가로 발전하는 과정에서 대륙의 선진문물을 필요로 하고 있었다. 그런데 한반도는 셋으로 나뉘어져 경쟁적으로 일본에 접근하고 있었으므로 그중에서 어느 나라를 파트너로 삼을까 하는 선택권은 일본에게 있었다. 일본은 지정학상 중국의 남조문화를 독점적으로 도입하여 찬란한 문화를 자랑함으로써 일본에게 선진문물을 제공하기에 가장 유리한 조건을 가지고 있던 백제를 파트너로 선택했다. 그래서 6세기에 들어가면 일본은 백제에게 군원을 제공하고 백제는 일본에게 선진문물을 제공하는 양국 간의 특수한 용병관계가 생겨나게 된다. 그 용병관계에서 중요한 역할을 한 것이 백제와 특수한 관계에 있던 蘇我氏였고 그들은 양국 관계를 중개하는 과정에서 마침내 야마토 정권의 실권을 장악하게 된다.

그런데 6세기 중후반 한반도에서는 신라가 대중 통로인 한강 하류 유역을 점령하고, 중국에서는 북조의 隋가 중국을 통일함으로써 백제는 일본에게 독점적으로 선진문물을 제공할 수 있는 지위를 상실하게 되었다. 그러나 일본은 고대국가로 발전하면서 오히려 선진문물에 대한 수요가 기하급수적으로 증가하고 있었으므로 필요한 선진문물을 충당하기 위해서는 중국과의 교류가 빈번해진 신라나 고구려 등과도 관계를 갖지 않을 수 없게 되었다. 따라서 6세기 후반부터 일본은 백제뿐만 아니라 신라나 고구려, 나아가 중국과도 직접 관계를 갖는 다면외교로 전환하게 된다.

당시 일본은 백제와 특수관계에 있던 蘇我氏가 야마토 정권의 실권을 장악하고 있었으므로 다면외교라고는 하지만 기본적으로는 친백제 정책을 취하고 있었다. 그런데 한반도에서 백제와 신라 간의 대립이 격화되면서 백제와 신라 모두와 관계를 갖는 다면외교의 지속이 어려워지자 당·신라 유학생들을 중심으로 선진문물은 주로 신라나 당에서 도입하면서도 기본적으로는 친백제 정책을 취하는 蘇我氏의 다면외교에 대한 비판이 일기 시작한다. 일본이 필요로 하는 선진문물을 더 이상 제공할 수 없게 된 백제와의 관계를 단절하고 신라나 당과의 관계를 강화해야 한다는 주장이었다.

친신라 정책에 대한 요구는 야마토 정권의 실권자인 蘇我氏를 딜레마에 빠트린다. 친신라 정책을 받아들인다는 것은 반백제 정책을 취하는 것으로 백제계를 권력 배경으로 하고 있던 그들로서는 자신의 권력 기반을 상실하는 것이 되고, 친신라 정책을 거부하는 것은 선진문물의 도입을 열망하는 지배층의 이해에 반하는 것으로 지배층으로부터 고립을 자초하는 것이기 때문이었다. 그렇지만 당장 권력을 유지하기 위해서는 신라보다는 백제를 선택할 수밖에 없었다.

蘇我氏가 반신라·친백제 정책으로 회귀할 즈음 대륙에서는 당의 고구려 원정이 시작된다. 당의 고구려 원정이 시작되자 반신라·친백제 정책을 취하고 있던 야마토 정권에서는 위기의식이 고조된다. 고구려·백제가 무너지면 그 다음에는 일본이 타깃이 될지도 모른다는 위기의식 때문이었다. 따라서 백제와의 관계를 단절하고 신라나 당과 관계를 가질 것을 주장하던 反蘇我氏 세력들은 일본의 안전이나 선진문물의 도입을 위해서는 백제·고구려와 손잡는 것보다 신라·당과 손을 잡는 것이 유리하다는 논리로 645년 蘇我氏를 타도하고 改新政權을 세운다. 孝德天皇(646~654)이 중심이 된 개신정권은 일본이 필요한 선진문물의 도입과 일본의 안전을 위해서 신라·당과의 3국 연합을 추진하게 된다.[10]

그러나 고구려·백제에 대한 당의 압력이 고조되자 개신정권 내부에서는 孝德天皇(646~654)과 中大兄皇子(후의 天智天皇: 662~671) 사이에 권력투쟁이 일어난다. 中大兄皇子는 孝德天皇의 일본·신라·당의 3국 연합에 대항해서 당이 백제·고구려를 정토한다면 그 다음으로 일본도 위험해지므로 일본·신라·당의 3국 연합보다는 백제·고구려와 손잡고 한반도에서 당의 세력을 저지해야 한다는 논리로 과거 친백제 정책을 추진했던 세력과 손잡고 649년 개신정권 내부에서 쿠데타를 통해 실권을 장악한다.[11] 그들은 651년 신라의 사자 知萬沙飡 등이 唐服을 착용하고 방문하자 신라가 당의 服制를 채택한 것을 신라와 당의 연합으로 받아들여 '지금 신라를 치지 않으시면, 후에 반드시 후회할 것입니다…'라는 左大臣 巨勢德陀古臣의 건의를 받아들여 知萬沙飡 등이 唐服을 착용한 것을 책망하고 돌려보낸다.[12] 그리고 신라·일본·당의 3국 연합을 추진하던 孝德天皇이 죽고 친백제 정책을 추진하던 皇極天皇(642~645)이 齊明天皇(655~661)으로 다시 등극하는 655년부터 본격적인 대당 방어체제의 정비에 나선다. 孝德天皇이 죽은 직후인 654년 12월에는 당의 침략에 대비해서 수도를 難波에서 내륙의 飛鳥로 옮기고,

10 일본이 출병하기까지의 일본 국내 사정에 대해서는 김현구, 1985, 《大和政權の對外關係硏究》, 吉川弘文館 참조.

11 김현구, 위의 책 참조.

12 《일본서기》 孝德紀 白雉 2년 3월조.

이듬해부터 곧바로 아스카의 방위체제 강화에 착수한다. 따라서 일본은 당과 신라가 660년 실제로 백제를 멸망시키자 그들이 일본 열도를 침입할 것이라는 극도의 위기감에 휩싸이게 된다. 그런데 660년 10월 백제 부흥군이 구원을 청하자 아직 백제가 명맥을 유지하고 있는 동안 한반도에 나가 백제·고구려와 손잡고 당·신라 세력을 한반도에서 저지할 것인가 아니면 일본 열도에서 당·신라의 침공을 기다릴 것인가 하는 양자택일의 기로에 서게 된다.[13]

2) 당의 출병 배경

백촌강 싸움의 다른 한 주역인 唐은 618년 수를 멸하고 중국을 통일했지만, 북쪽에는 匈奴와 서쪽에는 高昌이라는 강자가 버티고 있어서 쉽게 고구려 정토에 나서지 못하고 있었다. 그런데 630년에는 북방의 흉노를 멸하고 640년에는 서역의 고창까지 멸하자 644년에는 고구려 정토에 나선다. 그러나 이듬해 9월 안시성 싸움에서 참패한 뒤 647년부터는 소모전을 전개하다가 649년 태종의 유조로서 고구려 정토를 중단한다.

그러나 전부터 당은 고구려 정토의 일환으로 먼저 백제를 정토할 계획을 가지고 있었다.[14] 그런데 648년 신라의 金春秋가 당의 힘을 빌리기 위해서 입당하자 태종은 金春秋에게 '백제와 고구려를 평정하면 평양 이남 백제의 토지는 다 신라에게 준다'[15]고 약속함으로써

13 당시 야마토 정권의 상황에 대해서는 김현구, 위의 책 참조.
14 《삼국사기》 신라본기 선덕여왕 12년(643) 9월조.
15 《삼국사기》 신라본기 문무왕 11년(671)조.

백제·고구려 정토 후의 한반도 분할을 약속했다. 그런데 당은 金春秋와의 한반도 분할 약속을 어기고 660년 백제를 멸한 다음 곧바로 그 옛 땅에 熊津都督府를 설치하여 직접 지배를 시도한다. 그리고 663년에는 신라에도 鷄林都督府를 설치하여 신라까지도 영토화를 추진하는 것이다. 따라서 당의 660년 백제 정토와 663년 백촌강 싸움은 궁극으로 한반도를 지배하기 위한 것이었다고 할 수 있을 것이다.

3) 신라의 참전

당시 한반도에서는 신라가 백제·고구려와 대립을 계속하고 있었다. 그런데 신라의 金春秋는 641년 의자왕이 등극하여 대야성 등 40여 성을 탈취당하고 사위 품석까지 죽임을 당하자 642년 도움을 얻기 위해서 고구려에 갔다가 연개소문에게 거절당한다. 그리고 647년에는 일본에 건너가 신라에 대한 지원 약속을 받은 다음 다음 해인 648년 입당하여 당 태종으로부터 '백제와 고구려를 평정하면 평양 이남 백제의 토지는 다 신라에게 준다'는 약속을 받아냈던 것이다. 그런데 당이 백제와 고구려를 멸망시키고 한반도를 직접 지배하려고 하자 신라는 분연히 일어서서 당과 싸운다. 따라서 신라가 당의 힘을 빌려서 백제를 멸한 것이나 백촌강 싸움에 참여한 것이나 궁극적인 목적은 한반도 통일에 있었다고 할 수 있을 것이다.

3. 한반도의 통일과 동아시아 세계의 정립

1) 한반도의 통일과 당의 동방정책

당의 蘇定方은 백제를 멸한 뒤 660년 9월 3일 귀국하면서 劉仁願을 남겨두고서 泗沘城을 진수케 했는데, 본국에서는 곧바로 웅진에 도독부를 설치하고 王文道를 보내어 백제의 옛 땅에 대한 직접 지배를 시도한다. 그리고 백촌강 싸움에서 승리한 후인 664년 扶餘隆을 웅진도독으로 임명한 뒤 귀국시켜 劉仁願의 주관하에 그 해 2월에는 扶餘隆과 문무왕의 동생인 김인문, 그리고 665년 8월에는 扶餘隆과 문무왕으로 하여금 화친을 誓盟하게 한다. 이는 648년 金春秋가 입당했을 때 '백제와 고구려를 평정하면 평양 이남 백제의 영토는 다 신라에게 준다'고 했던 당 태종의 약속과는 달리 당이 扶餘隆을 앞세워 백제의 옛 땅을 직접 지배하려는 야욕을 노골화한 것이다.

한편 당은 백제뿐만 아니라 신라에도 663년 계림도독부를 두어 영토화를 시도한다. 그리고 668년에는 고구려를 멸망시키고 그곳에도 安東都護府를 설치하여 고구려의 옛 땅까지도 지배하려 했다. 당은 고구려를 멸망시킨 다음에는 669년부터 백제의 옛 땅을 둘러싸고 신라와 공방을 벌이게 된다. 그런데 《삼국사기》 문무왕 11년조의 회고에 의하면 '669년[16] 웅진이 소식을 통하여 말하되 당이 전함

16 《삼국사기》 文武王 11년조의 회고에는 '至總章元年'으로 總章 元年은 668년이지만 山尾幸久(1989, 《古代の日朝關係》, 塙書房, 433쪽)에 의하면 실제는 669년이라는 것이다.

을 수리하여 밖으로 왜국을 친다 핑계하고 실상은 신라를 치려 하였으므로 백성들은 듣고 놀라고 불안하였다'고 되어 있어서 당이 실제로 누구를 치려고 했건 당시 한반도에서는 당이 일본을 치려 한다는 소문이 나돌고 있었음을 알 수 있다. 당이 일본을 치려 한다는 소문이 존재하고 있었음은 持統紀 4년(690)조의 백촌강 싸움 때 포로가 되었던 筑紫君 薩夜麻 등의 증언에 의해서도 확인된다. 당은 663년 백촌강 싸움에서 승리한 후 고구려, 신라는 물론 일본까지도 침공하려 하고 있었던 것이다.

그런데 당은 한반도는 물론 일본을 정토할 생각을 가지고 있었으면서도 신라와 공방을 벌이던 671년, 웅진도독부를 내세워 장차 침공을 계획하고 있던 일본에 전후 4차에 걸쳐 사신을 파견하여 도움을 요청한다. 이는 신라에게 한반도 분할을 약속하고 백제·고구려 정토에서 협력을 받은 다음 백제와 고구려의 옛땅을 차지하려고 신라와 싸우는 모습과 다르지 않다. 당의 이중적 성격이 잘 드러난다.

2) 당의 동방정책과 일본의 대응

한반도에서는 669년 당시 사실 여부를 떠나 이미 당이 일본을 치려고 한다는 소문이 나돌고 있었다. 백촌강 싸움 때 포로가 되었던 筑紫君 薩夜麻 등의 증언에 의하면 당시 중국에서는 이미 664년부터 당이 일본을 치려고 한다는 이야기가 공공연하게 나돌고 있었다. 따라서 663년 백촌강 싸움에서 패퇴한 직후부터 일본이 대륙을 향한 최전선인 對馬島에서부터 수도 飛鳥에 이르기까지 對馬島·北九州·長門國·四國·倭國 등 요소요소에 방위시설을 구축하기 시작한 것이나 667년 수도를 飛鳥에서 좀 더 내륙인 近江으로 천도한 것이 전혀 근거 없는 조치가 아니었음을 알 수 있다.[17]

당이 침입할지도 모른다는 위기감에 휩싸여 있던 일본에 664년 5월 당이 웅진도독부로 하여금 郭務悰을 파견케 한다. 당시 당은 663년 백촌강 싸움에서 승리한 뒤 고구려 정토를 앞두고 후방 기지인 웅진도독부 체제의 안정이 시급한 시점이었다. 그런데 당이 郭務悰을 파견했다는 것은 663년 백촌강 싸움의 구원(仇怨)을 풀고 국교를 재개할 것을 요구한 셈이다. 구원을 풀고 양국이 국교를 재개한다는 것은 당으로서는 일본을 침략하지 않는다는 것을 약속한다는 의미가 되고, 일본으로서는 郭務悰을 파견한 웅진도독부 체제를 인정한다는 의미가 된다. 당이 일본으로부터 웅진도독부 체제를 인정받으려고 했던 것은 일본이 아직도 고구려 정토의 후방 기지인 웅진도독부 체제하의 옛 백제 영역에 대해서 영향력이 없지 않았기 때문이었을 것이다.

郭務悰의 파견은 당의 침략 앞에서 전전긍긍하던 일본을 딜레마에 빠트린다. 당은 이미 신라와의 한반도 분할 약속을 어기고 백제의 옛 땅을 직접 지배하려 하고 있었다. 그리고 고구려 정토에 성공한다면 일본까지 침공할 가능성이 컸다. 그러나 당장 당의 국교 재개 요청을 거절하는 것은 당의 침략을 자초하는 꼴이 된다. 따라서 우선 당의 침공 위험에서 벗어나기 위해서는 당의 국교 재개 요청을

17 對唐 방위체제에 대해서는 김현구, 2000, 〈白村江 싸움과 일본의 대륙관계의 재개 — 당과의 관계를 중심으로〉, 《글로벌리즘과 韓日文化》, 고려대학교 일본학연구소 개소기념 국제학술 심포지엄 참조.

받아들이지 않을 수 없었다. 그런데 당 본국이 아니라 웅진도독부에서 파견된 郭務悰이 일본의 안전을 보장할 수는 없는 일이었다. 따라서 일본은 郭務悰이 본국에서 파견되지 않았다는 이유로 일단 入京도 시키지 않고 그대로 되돌려 보낸다.

고구려 원정을 앞두고 후방기지 웅진도독부 체제의 안정이 시급한 당은 665년 9월 이번에는 일본의 요구대로 직접 본국에서 劉德高를 파견하여 일본의 안전을 보장하고 웅진도독부 체제에 대한 협력을 요청한다. 이에 일본은 665년 劉德高의 귀국에 즈음하여 5차 견당사로 小錦守君大石·境部連石積 등을 파견하여 웅진도독부 체제를 인정한다. 당은 667년 11월 5차 견당사 小錦守君大石 등의 귀국에 즈음하여 송사로서 熊津都督府熊山縣令 上柱國司馬法總을 다시 일본에 파견한다. 그리고 일본도 司馬法總의 귀국 시 다시 伊吉博德을 송사로 파견함으로써 당과 일본과의 양국 관계는 완전히 정상화된다. 당은 고구려 원정을 앞두고 후방을 안정시켰으며, 일본은 일단 당으로부터 일본 열도를 침입하지 않는다는 안전을 보장받은 것이다.[18]

3) 신라의 3국 통일과 동아시아 세계

668년 9월 12일 신라가 돌연 백촌강에서 싸운 일본에 金東嚴을 파견한다. 같은 달 2차로 沙湌 督儒 등을 파견한다. 백촌강에서 싸운지 5년, 공식적으로 국교가 단절된 지 12년 만의 일이다. 그런데 신라·당의 연합군이 평양성을 함락시키는 것이 9월 13일이다. 그리고

18 당시의 당과의 관계는 김현구, 위의 논문(2000) 참조.

669년 9월부터 신라와 당의 싸움이 시작된다. 따라서 김동엄 등의 잇따른 파견은 평양성의 함락 후 당과의 싸움에 대비해서 일본을 끌어들이기 위한 목적이었다고 생각된다.

당시 일본은 백촌강 싸움의 패배로 신라를 위해서 다시 한반도에 출병할 수 있는 처지가 아니었다. 게다가 667년에는 당의 위협에 대비해 飛鳥에서 좀 더 내륙인 近江으로 새로이 천도까지 한 상태였다. 신라가 이런 일본의 사정을 모를 리 없었다고 생각된다. 따라서 김동엄 등의 파견은 직접 군사원조를 얻기 위해서라기보다는 적어도 당과의 싸움에서 후방을 안정시키기 위한 것이 아니었는가 생각된다.

당시에는 당이 일본을 침략한다는 소문이 나돌고 있었다. 그리고 신라가 당과의 싸움에서 패한다면 당의 일본 열도에 대한 침공 가능성은 한층 높아진다. 따라서 일본 열도에 대한 당의 침입을 좌절시키기 위해서는 한반도에서 신라가 당을 저지해 주어야 했다. 그러므로 일본으로서는 직접 신라에게 원군을 제공할 수는 없는 처지였지만 신라를 후원하지 않을 수 없는 처지였다.

일본은 김동엄의 귀국에 즈음해서 신라 왕에게 비단 50필, 면 500근, 가죽 100장을 전한다. 그리고 당시 일본의 실력자였던 中臣鎌足이 신라의 실력자인 김유신과 신라 왕에게 각각 배 한 척씩을 따로 선물하고 있다. 또한 김동엄의 귀국 시에 답사로서 小山下道守臣麻呂 吉士小鮪 등을 파견한다. 한일 양국의 기록에는 일본의 실력자가 개인적으로 신라의 실력자나 왕에게 선물을 보낸 예가 전무하다. 일본이 당의 침공 위협 앞에 오랜 적대관계를 청산하고 신라와 손을 잡은 것이다. 그러나 표면적으로는 당과도 국교를 재개하여 안전을 보장받으면서 당의 동방정책을 지지하고 있는 입장이었다. 일본이 자신의 안전을 위해서 표면적으로는 당과 국교를 재개하면서 다른 한편으로는 오랜 적대국인 신라와 손을 잡고 당을 저지하려 한 것이다. 당을 저지하기 위해서 일본은 이중적 태도를 취하고 있었던 것이다.

당에 대한 위기감 공유를 바탕으로 669년 9월 신라는 沙湌 督儒 등을 보내서 당이 일본을 치려고 한다는 소문을 전해 준다. 일본은 그해 말 6차 견당사로서 小錦中河內直鯨 등을 당에 파견하여 그 동태를 확인한 다음, 신라에 阿曇連頰垂를 파견하여 당의 동태를 알려 준다. 당의 침공 앞에서 오랜 적대관계를 청산한 신라와 일본은 당에 대한 위기의식의 공유가 바탕이 되어 긴밀히 정보를 교환하고 있었던 것이다.[19]

4) 동아시아 세계의 정립

한반도를 통일하려는 신라와 한반도를 직접 지배하에 두려는 당과의 싸움이 669년 9월부터 시작된다. 신라는 670년 옛 백제의 80여 성을 차지한 다음 671년에는 당이 장악하고 있던 옛 백제 땅에 최후의 공세를 가하기 시작하여 6월부터 8월 사이에는 웅진과 사비를 함락시키고 사비에 所夫里州를 설치한다. 양국 사이의 전쟁이 본격화되기 시작한 것이다.

19 신라와의 관계에 대해서는 김현구, 1998, 〈白村江 싸움 직후 일본의 대륙관계의 재개〉, 《日本歷史研究》 8, 일본역사연구회 참조.

신라와 당이 백제의 옛 땅을 둘러싸고 공방을 계속하던 671년 6월에서 10월에 걸쳐 신라는 일본에 3차례나 사신을 파견한다. 그런데 6월의 첫 번째 사신은 웅진과 사비에 대한 마지막 공세를 시작하기 직전이고, 10월의 2번째 사신은 사비를 함락시키고 所夫里州를 설치한 직후다. 따라서 당에 대해서 위기감을 공유하고 있던 일본에게 한반도의 상황을 설명하기 위한 것으로 생각된다.

당도 신라와 결전을 벌이던 671년 웅진도독부를 내세워 전후 4차에 걸쳐서 일본에 사신을 파견한다. 정월과 11월에 보낸 사신의 파견자는 웅진도독부로 되어 있다. 그리고 2월과 6월의 파견자는 '백제'로 되어 있다. 웅진도독부가 파견하면서도 그 파견자를 '백제'로 한 것은 웅진도독부가 백제의 후신임을 강조하기 위한 것으로 생각된다. 최후로 그 해 11월 당은 일·당 관계를 재개시키는 데 앞장섰던 郭務悰이 거느리는 2000여 명의 사절단을 일본에 파견하여 원군을 요청한다. 그러나 일본으로서는 당이 승리할 경우 일본열도에 대한 당의 침공 가능성이 높아지기에 당에게 원군을 제공할 수는 없는 일이었다. 따라서 일본은 郭務悰의 구원 요청을 거절함으로써 신라를 지지하는 입장을 분명히 한다.[20]

669년 신라와 당의 싸움이 시작되어 677년 당이 패배하여 한반도에서 완전히 철수할 때까지 일본은 668·670·675·676년 신라에 사신을 파견하고, 신라도 668·669·671·672·673년 등 거의 매년 사신을 파견하면서 서로 협력한다. 반면 당에 대해서는 671년 郭務悰의 원군 요청을 거절한 뒤 30여 년이 지난 701년에야 다시 견

20 郭務悰의 도일에 대해서는 김현구, 위의 논문(2000) 참조.

당사를 파견하여 국교를 재개한다. 물론 그 사이 당도 일본에 사신을 파견하지 않는다. 여기서 신라·당·일본이라는 동아시아 세계의 기본 틀이 자리를 잡는다. 백제 정토를 시작으로 한 당의 동방정책의 의도가 한반도는 물론 일본 열도까지 그 영향하에 두려고 하는 것임이 노골화되자 한반도를 통일한 신라와 백제를 후원하던 일본이 오랜 적대관계를 청산하고 손을 잡고 당에 대항함으로써 한국·중국·일본이라는 오늘날 동아시아 세계의 원형이 자리를 잡게 되었다는 것이다.

결어

백촌강 싸움은 한반도의 통일 과정에 당과 일본이 개입함으로써 일어난 싸움이다. 당은 백제 정토를 계기로 한반도는 물론 일본 열도까지 그 영향하에 두려고 했다. 그럼에도 불구하고 당은 백제와 고구려를 정토할 때까지는 신라를, 그리고 신라와 싸울 때에는 일본을 끌어들이려는 이중적인 태도를 취한다. 신라는 한반도를 통일하기 위해서 당을 끌어들였지만 당이 한반도를 직접 지배하려 하자 분연히 맞서서 싸운다. 그리고 오랜 적대 관계에 있던 일본과 손을 잡고 당에 대항했던 것이다. 일본은 한반도가 당의 영향하에 들어가는 것은 곧 일본 열도에 대한 위협이라는 생각에서 백촌강 싸움에 참여했다. 그리고 백촌강 싸움에서 패배한 뒤에는 오랜 적대 관계에 있던 신라와 손을 잡고 당에 대항한다.

백촌강 싸움의 결과 신라·당·일본이라고 하는 오늘날 동아시아 세계의 기본 틀이 자리를 잡게 된 것이다. 그런 면에서는 백촌강 싸움은 한국·중국·일본이라는 동아시아 세계에서 3국이 정립되는 출발점이었다고 할 수 있을 것이다.

2. 백촌강 싸움 전야의 동아시아 정세

근래 동아시아 각국의 역사학계에서는 자국의 역사를 거시적으로 동아시아의 역사 속에서 조망하려는 생각에서 동아시아 역사를 구조적으로 이해하려는 움직임이 높아지고 있다. 그러나 아직까지는 그 구체적인 방법을 모색하고 있는 단계에 있는 것으로 생각된다.[21]

동아시아의 역사를 구조적으로 파악하기 위해서는 먼저 동아시아 각국이 연관된 사건들을 검토해 나가면서 보편성을 확보하는 것이 하나의 유력한 방법이 될 수 있다고 생각한다. 이 경우에는 일본·백제·고구려의 연합군과 신라·당의 연합군이 백제 부흥 문제를 둘러싸고 어우러져서 싸운 663년의 백촌강 싸움이야말로 당시 동아시아 각국이 관계한 대표적인 사건이라고 할 수 있다. 따라서 동아시아의 역사를 구조적으로 파악하고자 할 경우 백촌강 싸움은 가장 좋은 검토 대상이 될 수 있다고 생각된다.

백촌강 싸움은 당시 동아시아 각국의 이해관계가 뒤엉킨 싸움이

21 菊池英男, 1979, 〈總說 — 研究史的回顧と展望〉, 《隋唐帝國と東アジア世界》, 汲古書院.

므로 그 분석을 통해 우리나라를 거시적으로 동아시아 세계 속에서 이해하고 한국과 일본, 중국 등과의 관계를 조망할 수 있게 되리라고 생각된다. 그리고 미래의 바탕이 현재이고 현재의 바탕이 과거에 있는 만큼 백촌강 싸움에 대한 올바른 성격 규명은 현재의 한일관계를 재정립하고 미래의 바람직한 한일관계를 제시하는 데에도 크게 기여하게 되리라고 생각된다.

백촌강 싸움에 대해서는 종래 크게 두 가지 견해가 있었다. 그 하나는 주로 일본 학자들이 주장한 것으로 당나라가 중심이 된 대제국주의와 일본이 중심이 된 소제국주의가 부딪힌 고대의 제국주의 전쟁이라는 설이다.[22] 그리고 다른 하나는 한국 학자들의 주장으로 백촌강 싸움의 한 당사자인 大和 정권의 주도세력이 백제의 도래인들이었으므로 백촌강 싸움은 그들이 멸망한 조국의 부흥을 위해서 싸운 조국부흥전쟁,[23] 혹은 귀소성적 구국전쟁이었다는 설이다.[24]

그러나 고대제국주의전쟁설이나 조국부흥전쟁설은 다같이 백촌강 싸움에 대한 연구 결과로 나온 것이라기보다는 고대에 일본이 한반도 남부를 지배하고 있었다거나 한반도에서 건너간 사람들이 고대 일본을 지배하고 있었다는 전제하에서 도출된 결론이라는데 그 특징이 있다. 그렇지만 고대에 일본이 한반도 남부를 지배하고

22 石母田正, 1970,《日本の古代國家》, 岩波書店, 70쪽.

23 林宗相, 1974, 〈七世紀中葉における百濟–倭關係〉,《古代日本と朝鮮の基本問題》, 學生社.

24 변인석, 1994,《백촌강전쟁과 백제·왜 관계》, 한울아카데미. 최근에 정효운(1995,《고대 한일 정치교섭사 연구》, 학연문화사)는 신라를 정복하기 위한 전쟁이라는 새로운 설을 제시한 바 있다.

있었다거나 한반도에서 건너간 사람들이 일본을 지배하고 있었다는 확실한 증거는 어디에도 없다.[25]

따라서 백촌강 싸움은 어떤 전제를 설정하지 않고 각국 관계를 입체적으로 검토함으로써만 그 성격을 파악할 수 있다고 생각된다. 백촌강 싸움은 동아시아 각국이 뒤엉켜 싸운 사건으로서 그 성격에 대해서 간단히 결론을 내릴 수 있는 문제가 아니다. 그런데 백촌강 싸움은 크게 그 원인에 해당하는 백촌강 싸움에 이르는 과정과 백촌강 싸움의 진행과정, 그리고 그 결과에 해당하는 백촌강 싸움이 끝난 뒤 동아시아 각국 간의 관계가 재편성되는 과정으로 나누어 볼 수 있다. 따라서 본고에서는 먼저 연구의 편의상 그 원인에 해당하는 백촌강 싸움에 이르는 과정을 검토하려고 한다.

1. 한반도를 중심으로 한 동아시아 정세의 개관

640년대는 동아시아 세계에 중대한 변화가 일어나는 시기이다. 641년 신라에 대한 공세를 본격화하는 백제 의자왕의 등장을 신호로, 642년에는 고구려에서 대당강경론자인 연개소문이 등장한다. 그리고 일본에서는 645년 개신정권이 등장하여 잠시 백제와의 관계를 청산하고 신라·당과의 3국연합체제를 추진하기도 하지만 결국은 내부의 권력투쟁을 거쳐 다시 655년에는 강력한 친백제 정책으로 회귀한다. 이런 상황에서 북방의 돌궐과 서역의 고창 등 주변세

25 金鉉球, 1985,《大和政權の對外關係硏究》, 吉川弘文館.

력 정복을 완료한 당이 644년 마지막으로 동방의 강자인 고구려 원정에 나선다. 그리고 신라에서도 647년 金春秋가 毗曇의 난을 평정하고 실권을 장악한 다음 백제의 공세에 대항하기 위해서 당과의 유대를 강화해 나간다. 여기서 이미 신라가 당을 끌어들여서 백제·일본·고구려 세력과 대결하는 백촌강 싸움은 그 구도가 정해졌다고 할 수 있다. 따라서 백촌강 싸움의 직접적인 원인은 655년 친백제 정책으로 회귀한 일본의 야마토 정권이 663년 당·신라를 상대로 한 백촌강 싸움에 참여한 데 있지만, 당시의 변화는 641년에 등장한 의자왕의 신라에 대한 본격적인 공세에서 시작되었다고 할 수 있다.

백제에서는 641년 의자왕이 등장하기 이전까지는 무왕(600~640)의 집권기이다. 이 시기에 백제는 중국을 통일한 수(581~619)에 접근하여[26] 고구려 원정을 요청하면서[27] 다른 한편으로는 끊임없이 신라를 공격한다.[28] 그런데 백제가 수에게 고구려 원정을 요청하거나 수의 고구려 원정에 대한 지원은 약속을 하면서도 실제 수가 고구려 원정에 나서도 아무런 지원도 않는 이중적인 태도를 취했던

26 《三國史記》 백제본기 威德王 36년조에 의하면 수가 진을 멸망시키고 중국을 통일하자 589년 백제가 표류하던 수의 전선편에 재빠르게 축하사절을 파견하여 접근하고 있다.

27 598년에는 수의 고구려 원정에 즈음해서 사신을 파견하여 군의 길잡이가 될 것을 청하고(《三國史記》 고구본기 영양왕 9년조), 607년에도 사신을 보내서 고구려를 칠 것을 요청한 것으로 되어 있다(《三國史記》 백제본기 무왕 8년조). 그리고 611년에도 수가 고구려를 치려 한다는 소식을 듣고 군기를 청하고 있다(《三國史記》 백제본기 무왕 12년조).

28 《三國史記》에 의하면 신라가 백제를 공격한 것은 605·618년의 2회에 불과한데 반해서 백제가 신라를 공격한 것은 602·611·616·623·624·626·627·628·632·633·636년 등 11회에 이른다.

점으로 보아서[29] 백제의 의도는 신라를 공격하는 동안 수로 하여금 배후의 고구려를 견제하게 하려는 데 있었던 것이 아닌가 생각된다.[30] 다만 백제의 신라에 대한 공격은 시간적인 간격이나 그 규모로 보아서 신라를 멸망시키기 위한 본격적인 것은 아니고 신라에게 빼앗겼던 고토를 회복하기 위한 것이 아니었는가 생각된다.

그런데 백제의 적극적인 공세에 비해서 신라가 백제를 공격한 것은 605년과 618년의 2회에 지나지 않는 것으로 보아 신라는 백제와의 관계에서 수동적인 태도를 취하고 있었던 것으로 생각된다.

고구려는 수가 진을 멸망시킨 소식을 듣고 두려워하여 병기를 수리하고 곡식을 비축하는 등, 수에 대한 경계를 늦추지 않자 수의 고조는 고구려가 말로는 신속한다고 하면서도 성의를 다하지 않는다는 경고를 발한다.[31] 중국에 통일국가가 출현하자 중국을 통일한 수와 동방의 강자인 고구려 사이에 긴장감이 감돌기 시작한 것이다.

양국의 긴장관계는 598년 고구려가 말갈군 1만여 명을 이끌고 요서지역에 대해 선제공격을 가하고 이에 대해 수가 수륙 30만 대

---

29 598·607·611년 등 세 차례나 고구려 원정을 요청하면서도 실제 수가 고구려 원정에 나서자 말로는 돕겠다고 하면서도 양단책을 쓰면서 한 번도 지원을 하지 않고 있다(《三國史記》 백제본기 무왕 13년조, 《三國史記》 고구려본기 영양왕 23년조 및 《隋書》 열전 백제조). 더욱이 백제가 고구려를 칠 것을 청하자 607년에는 수가 고구려의 동정을 살피게 하고 611년에는 사신을 보내서 고구려 정벌을 논의하는 데도 불구하고 백제는 전혀 실제 행동을 취하지 않고 있다(《三國史記》 백제본기 무왕 8년조 및 同 12년조).

30 정효운(앞의 책, 48쪽)은 백제가 중립을 취한 이유가 백제의 대수 접근에 대한 598년과 607년 고구려의 즉각적인 대응에 있었다고 보고 있다. 그러나 중립을 지키기 위한 것이라면 일부러 수에게 고구려 원정을 요청할 필요가 없었다고 생각된다.

31 《三國史記》 고구려본기 평원왕 32년조에 의하면 590년에 수는 번국으로서 성의를 다하지 않는다고 책망하는 글을 고구려에 보낸 것으로 되어 있다.

병을 보내서 고구려 원정에 나섬으로써 마침내 본격적인 전쟁관계에 돌입한다. 그러나 이 전쟁은 수가 장마에 의한 보급 중단과 폭풍에 의한 병선의 침몰로 원정을 중지하고 고구려가 사죄함으로써 일단락되었다.[32] 그리고 다음 해부터 607년까지는 서로 자제하여 별 충돌이 없는 가운데 600년 고구려의 조공,[33] 603년 고승 파견[34] 등을 수가 받아 들였던 것으로 보아 고구려는 유화정책을 취했고, 수도 1차 고구려 원정의 타격과 국내가 불안정한 터라 직접적인 충돌을 자제하고 있었던 것으로 생각된다.

그런데 607년 돌궐 啓民可汗의 군막에 행차했던 수양제가 고구려 사신이 그곳을 방문한 사실을 알고 고구려가 돌궐에 접근하는 저의를 의심하여 왕의 입조를 요구했다.[35] 그러나 고구려가 이를 거절하자 수의 양제는 611년 고구려 원정 준비에 착수하여 612·613·614년 연년 친정을 단행하였으나 내란 등으로 실패로 끝나고 만다.[36] 수의 고구려 원정이 성과 없이 끝난 뒤에도 수의 입조 요구를 고구려가 거절하는 등,[37] 618년 수가 멸망할 때까지 양국의 긴장관계는 계속된다. 그런데 수와 고구려의 관계를 보면 언제나 고구려가 선제공격을 하거나 도발을 하고 수가 고구려를 정벌하는 형태를 취하고 있다. 고구려로서는 수가 안정되기 전에 선제공격을 가

32 《三國史記》 고구려본기 영양왕 9년조.

33 《三國史記》 고구려본기 영양왕 11년조.

34 《三國史記》 고구려본기 영양왕 14년조.

35 《三國史記》 고구려본기 영양왕 18년조.

36 《三國史記》 고구려본기 영양왕 23·24·25년조. 612년에는 을지문덕에 의해서, 613년에는 揚玄感의 반란으로, 그리고 614년에는 국내 혼란과 고구려의 화해 요청으로 고구려 원정은 실패로 끝난다.

37 《三國史記》 고구려본기 영양왕 25년조.

하는 것이 유리하다고 생각했고 수는 동방의 강자인 고구려를 복속시켜 주변 세계의 통일과 국내의 안정을 기하려고 한 때문이었다.

618년 당이 수를 대신해서 들어섰다. 그런데 수에 대한 선제공격의 태도와는 달리 고구려가 당에 대해서는 신중한 태도를 취한다. 고구려는 조공을 하거나,[38] 사신을 파견하면서[39] 선진문물을 요청하는 등[40]의 형태로 당에 접근한다. 그리고 626년 백제·신라와 화평하라는 당의 요구에 대해서도 사죄를 한다던가,[41] 고구려에 대한 압력으로 나타날 628년 돌궐 가한의 체포에 대해서도 오히려 치하하고 강역도를 바치는 등 복속의 태도를 보이고 있다.[42] 고구려로서는 수와는 다른 당의 강대한 면모 때문에 선불리 선제공격을 할 수가 없었기 때문이 아니었는가 생각된다. 고구려의 접근에 대해서 당도 유화적인 태도를 취하고 있다. 622년에는 화해책으로서 고구려와 수의 전쟁 당시 포로에 대한 교환을 제의하고,[43] 624년에는 고구려왕을 책봉한다.[44] 그리고 626년에도 고구려가 당에 입조하는 길을 막는다는 신라와 백제의 호소에 대해서 위압적인 방법이 아니고 평화적인 방법으로 고구려에 화해를 권한다.[45] 당도 수를 멸망시켰다

38 《三國史記》 고구려본기 영양왕조에 의하면 고구려는 618·621·622·623·624·629년에 조공을 한 것으로 되어 있다.

39 《三國史記》 고구려본기 영류왕조에 의하면 624·625·628년에 사신을 파견한 것으로 되어 있다.

40 《三國史記》 고구려본기 영류왕 7년조와 8년조에 의하면 624년에는 달력을, 625년에는 불교와 도교의 교법을 요구한 것으로 되어 있다.

41 《三國史記》 고구려본기 영류왕 9년조.

42 《三國史記》 고구려본기 영류왕 11년조.

43 《三國史記》 고구려본기 영류왕 5년조.

44 《三國史記》 고구려본기 영류왕 7년조.

45 《三國史記》 고구려본기 영류왕 9년조.

고는 하지만 주변에는 아직도 북방의 돌궐, 서역의 고창, 동방의 고구려라는 강자가 버티고 있었고 국내가 아직 미회복 상태인데다가 명분도 부족했기 때문에 선불리 고구려 원정에 나설 수가 없었던 것이 아닌가 생각된다.

상호 간에 신중을 기하고 있던 당과 고구려의 관계가 631년경부터 본격적인 대립 국면에 들어간다. 당은 고구려에 대해서 보이던 종래의 유화적인 태도를 버리고 631년 수의 대고구려전 전사자들을 제사지내는 한편 고구려의 대수전쟁 전승탑이라고 할 수 있는 경관을 파괴하는 등 적대감을 노골화한다.[46] 당이 고구려에 대한 적대감을 노골화하기 시작한 것은 630년 돌궐의 멸망을 계기로 한 북방의 안정에서 오는 자신감에서 비롯된 것이 아닌가 생각된다.

그러나 당은 고구려에 대한 적대감에도 불구하고 수의 고구려 원정에 의한 관동 제주(諸州)의 피폐가 아직 미회복 상태이고[47] 또한 고창이라는 서역의 강자가 남아 있었기 때문에 본격적인 원정에는 나서지 못하고 있었다.[48] 한편 고구려도 당의 적대적인 태도에 대해서 북방에 장성을 쌓는 등 대결의 태세를 분명히 한다.[49]

---

46 《三國史記》 고구려본기 영류왕 14년조. 이러한 일련의 조처가 적대적인 것임은 이 직후부터 고구려가 천리장성의 축조에 착수한 사실로서도 알 수가 있다.

47 山尾幸久, 1982, 〈遣唐使〉, 《東アジア世界における日本古代史講座》 6, 學生社.

48 高昌이 멸망한 다음 해인 641년부터 본격적으로 고구려 원정을 논의하는 것으로 보아 고창이 당의 고구려 원정에 걸림돌이 되고 있었음을 알 수 있다.

49 《三國史記》 고구려본기 영류왕 14년(631)조에 의하면 당이 수의 전사들을 제사지내고 대수전쟁의 전승탑이라고 할 수 있는 경관을 파괴한 직후인 그 해 2월부터 고구려도 백성들을 동원해서 동북의 부여성으로부터 서남으로는 발해만에 이르기까지 천리에 걸친 장성을 쌓기 시작한 것으로 되어 있다.

한편 이 기간에 고구려는 신라를 3회에 걸쳐 공격을 하고,[50] 한 번 공격을 받았으며,[51] 백제와는 침략을 받은 일은 없고 2회의 공격만을 가하고 있다.[52] 따라서 당시 고구려에게는 신라나 백제 문제는 큰 관심의 대상이 되지 못했던 것으로 생각된다. 고구려로서는 중국에 통일국가가 출현하여 긴장이 고조되고 있었기 때문에 남방의 신라나 백제에 관심을 기울일 여유가 없었기 때문이었던 것으로 생각된다. 그리고 신라나 백제도 고구려와 전쟁을 치르기에는 아직 국력의 차이가 컸을 뿐만 아니라 양국 간의 긴장 관계 때문에 고구려와 분쟁을 일으킬 처지가 못 되었던 것으로 생각된다.

2. 백제의 對신라 공세와 동아시아 정세의 변화

640년대 초까지 한반도 정세는 고구려와 수·당과의 긴장으로 고구려는 한반도 내부문제에 관심을 기울이지 못하고 당도 고구려에 대한 원정을 생각은 하면서도 주변세력에 대한 불안과 국내의 불안정으로 아직 실행에 옮기지 못하는 상황이었던 것으로 생각된다. 이런 상황 속에서 백제가 신라에 대해 일방적으로 공세를 취하고 있었던 것이다. 그리고 고구려도 기본적으로는 백제의 신라에 대한 공

50 《三國史記》에 의하면 고구려는 603·608·638년에 걸쳐서 신라를 공격한 것으로 되어 있다.

51 《三國史記》 고구려본기 영류왕 12년조에 의하면 629년에 신라의 침입을 받은 것으로 되어 있다.

52 《三國史記》 고구려본기 영양왕 9·18년조에 의하면 598년과 607년에 백제를 보복 공격한 것으로 되어 있다.

세에 보조를 같이하고 있었다.[53] 그러므로 백제와 고구려의 공세에 직면해 있던 신라로서는 백제의 공격이 강화되면 강화될수록 의지할 수 있는 세력을 밖에서 찾을 수밖에 없었다. 당시 외부세력으로서는 일본의 야마토 정권과 중국의 당이 있었다.

일본의 야마토 정권은 6세기 말 이래 蘇我氏가 정권을 장악하고 있었다. 당시 대외관계에서 야마토 정권의 지배층을 규제하고 있던 것은 선진문물의 도입 문제였다. 그런데 한반도에서는 6세기 중반까지는 지정학적으로 백제가 신라나 고구려보다는 중국 남조의 선진문물을 유리한 입장에서 도입하고 있었다. 따라서 야마토 정권은 한반도 3국 중에서 가장 선진적이었던 백제에서 선진문물을 도입하고 그 대신 군원을 제공하는 특수한 용병관계를 맺고 있었다. 백제와의 관계에서 중개자로서 두각을 나타내기 시작한 것이 백제계의 蘇我氏였다.

그러나 6세기 중반 백제가 대중국 통로인 한강 하류를 신라에게 빼앗기고 또한 백제에게 선진문물을 제공하던 중국의 남조가 멸망하고 중국을 북조가 통일함으로써 백제는 더 이상 야마토 정권에게 독점적으로 선진문물을 제공할 수가 없게 되었다. 따라서 야마토 정권은 백제를 대신해서 새로이 선진문물을 제공할 수 있게 된 신라나 중국과도 관계를 갖지 않을 수 없게 되었다. 당시 신라나 중국과도 관계를 가지기 위해서는 야마토 정권의 실권을 장악하고 있던

53 《三國史記》 고구려본기 영양왕 23년조에 의하면 백제가 수에게 고구려 원정을 청하면서도 몰래 고구려와 통하고 있었던 것으로 되어 있다. 그리고 양국 간에 전투가 벌어진 것은 598년과 607년의 2회뿐이며 후술하는 것처럼 630년경부터는 양국이 연합 관계에 들어간다.

蘇我氏가 더 이상 전면에 서 있을 수는 없는 일이었다.

따라서 야마토 정권에서 실권을 장악하고 있던 蘇我馬子는 정권의 전면에서 일보 물러나 혈연관계에 있으면서 신라나 고구려 등과도 특수한 관계에 있던 聖德太子를 推古天皇(593~628)의 섭정으로 삼아 야마토 정권의 전면에 내세움으로써 신라·고구려·당 등과도 관계를 맺어서 선진문물을 도입하는 정책으로 전환한다. 이것이 6세기 말부터 나타나기 시작한 야마토 정권의 다면외교다. 야마토 정권이 백제를 대신해서 선진문물을 신라나 당에서 도입하면서 자연히 신라나 당과 깊은 관계에 있는 인물들이 그 전면에 등장하게 되었고 그들의 발언권이 높아 가게 되었다.

야마토 정권의 다면외교는 서로 적대관계에 있던 신라와 백제 사이의 평화관계를 전제로 한다. 만약 신라와 백제가 극단적인 대립관계에 들어가게 되면 야마토 정권으로서는 결국 양자 중에서 택일할 수밖에 없었기 때문이다. 그런데 蘇我氏가 중심이 된 야마토 정권이 기본적으로는 백제와 깊은 관계를 맺고 있으면서 선진문물은 신라나 고구려·당 등에서 도입하고 있었으므로 야마토 정권 내부에서는 백제와의 관계를 단절하고 신라·당과의 관계를 주장하는 세력들이 등장하게 되었다. 그 대표적인 인물은 623년 당나라 유학에서 돌아와 당·신라와의 관계를 요구한 惠日과 혜일의 요구를 계기로 친신라 정책을 공식적으로 제기한 田中臣 등이라고 할 수 있을 것이다.[54]

7세기에 들어서면서 한반도에서 백제와 신라 사이에 전쟁이 격

54 金鉉球, 앞의 책, 328-335쪽.

화되어 감에 따라 蘇我氏로써도 결국은 백제나 신라 중에서 택일하지 않을 수가 없게 되었다. 그 위에 632년에는 당이 高表仁을 보내서 백제와의 관계를 청산하고 친신라 정책을 취할 것을 요구한 것이다. 그러므로 蘇我氏로서도 더 이상 선택을 미룰 수가 없게 되었다.

蘇我氏로서는 친백제 정책으로 돌아가는 것은 지배층의 요구에 반하는 것으로 야마토 정권 내부에서의 지도력을 상실하게 되고, 백제와의 관계를 단절하고 친신라 정책을 취하는 것은 자신의 권력 기반의 상실을 야기할 수 있었다. 따라서 정권을 유지해 나가기 위해서는 친백제 정책으로 회귀하지 않을 수 없었던 것이다. 이것이 640년대 초의 친백제 정책으로 나타난다.[55] 이런 蘇我氏 정권을 쿠데타로 무너뜨리고 새로운 대외관계를 모색하기 시작한 것이 645년의 大化改新이다. 따라서 신라가 백제, 고구려의 공격을 벗어나기 위해서 한반도 밖에 있는 국가들로부터 구원을 얻으려고 하던 640년대 초는 야마토 정권의 대외정책이 친백제 정책으로 회귀되어 있었던 때였다. 따라서 신라가 취할 수 있는 최대의 조처는 야마토 정권이 반신라적인 정책을 취하지 못하도록 하는 수밖에 없었다고 생각된다.

신라의 의도를 잘 알고 있던 당은 귀국하는 야마토 정권의 견당 유학생들을 그때까지 백제를 통해서 귀국시키던 관례를 깨고 신라로 보내왔다. 따라서 신라는 그들을 송사로 하여금 정중하게 일본까지 보내 줌으로써 야마토 정권 내부에 당과 신라 유학생들을 중

55 舒明朝(629~641)에 야마토 정권이 다면외교를 버리고 친백제 정책으로 회귀하고 있음은 金鉉球, 앞의 책, 354-359쪽 참조.

심으로 친신라 세력이 성장하도록 뒷받침하고 있었다.[56]

그러나 아직까지는 일본의 지원을 기대할 수가 없었다. 따라서 신라가 직접 기댈 수 있는 나라는 중국밖에 없었으므로 중국을 통일한 수의 대한반도 정책에 호응해서 수의 책봉을 받는 한편[57] 방물을 바치거나[58] 사신을 파견하면서[59] 지원을 요구한다.[60] 그리고 618년 당으로 바뀐 뒤에도 642년 백제의 침입을 받을 때까지 10회에 걸쳐서 조공을 하거나 방물을 바치면서[61] 때로는 입조하는 길을 고구려가 막으려 한다는 사실을 알리거나[62] 자제의 국학에 대한 입학을 청하는 등[63] 변함없이 중국에 의지하려는 태도를 보이고 있다.

이에 대해서 632년 당은 고구려를 배후로부터 견제하기 위해서 高表仁을 야마토 조정에 보내서 신라를 지원할 것을 요구한다.[64] 이것은 고구려를 견제하기 위해서 그 배후에 있는 백제와 신라 중에서 당이 신라를 선택했음을 의미한다. 당에서 유학을 마친 뒤 신라를 거쳐 신라의 송사와 함께 귀국하여 당·신라와의 관계를 주장하

56 金鉉球, 앞의 책, 354쪽.

57 《三國史記》 신라본기 진평왕 16년조에 594년 책봉 사실이 보인다.

58 595년과 602년에 방물을 바치는 사실이 《三國史記》 신라본기 진평왕 18년조와 24년조에 보인다.

59 《三國史記》 신라본기 진평왕 26년조에 의하면 604년에 견사한 사실이 보인다.

60 《三國史記》 신라본기 진평왕 33년조에 의하면 611년 수에 乞師表를 바친 것으로 되어 있다.

61 《三國史記》에 의하면 621·623·625·626·629·631·633·642·627년 6월, 11월에 사신을 보내거나 방물을 바친 것으로 되어 있다.

62 《삼국사기》 신라본기 진평왕 47년(625)조.

63 《三國史記》 신라본기 선덕왕 9년(640)조.

64 金鉉球, 앞의 책, 340-348쪽.

던 혜일[65]을 630년 1차 견당사로 당에 파견한 사실이나[66] 백제를 경유하던 관례를 무시하고 혜일과 함께 신라를 거쳐 도일한 당사 高表仁이 신라를 지원할 것을 요구한 사실로 보아 당이 이때부터 고구려에 대한 견제세력으로서 백제와 신라 중에서 신라를 선택했음을 알 수 있다.[67] 그 이유는 백제가 수에게 고구려 원정을 권하면서도 수와 고구려 사이에 전쟁이 일어나면 오히려 고구려와 내통한 사실이 있고, 또 백제와 고구려가 같은 뿌리라는 인식을 당이 했기 때문이 아니었는가 생각된다.[68] 따라서 후일 당이 고구려의 배후인 백제를 공략하기 위해서 신라와 연합하는 기본구도가 이때에 이미 형성되었다고 할 수 있을 것이다.

이에 대해서 당은 624년에는 진평왕[69]을, 635년에는 선덕왕[70]을 책봉함으로써 그 책봉 체제 내에 신라를 묶어 두려고 한다. 그리고 632년에는 高表仁을 야마토 정권에 파견하여 친신라 정책을 요구하기도 하였는데, 이는 고구려를 견제하는 데 효과가 있었기 때문이 아닌가 생각된다. 그러나 아직까지 신라가 적극적으로 당에 군원을 요청한 흔적은 없다. 그것은 백제의 신라에 대한 공세가 지엽적이었을 뿐만 아니라 신라가 의지하려고 하는 중국이 아직 대내외적으로 안정된 상태에 들어가지 못한 점과 무관하지 않았다고 생각

65 《日本書紀》 推古 31년조.
66 《日本書紀》 舒明 2년조.
67 金鉉球, 앞의 책 〈多面外交の後退と蘇我氏の危機〉 참조.
68 《舊唐書》와 《唐書》 동이전에는 고구려와 함께 백제를 '扶余之別宗'이라고 서술하고 있고, 《隋書》에서는 백제를 '出自高句麗'라고 서술하고 있다.
69 《三國史記》 신라본기 진평왕 46년조.
70 《三國史記》 신라본기 선덕왕 4년조.

된다.

한편 친백제 정책으로 회귀한 만큼 야마토 정권의 蘇我氏는 백제와 신라 사이에 대립이 심화되면 백제에 대한 지원에 나서지 않을 수 없었지만 지배층 일반의 반대 속에서 백제에 대한 지원에 나설 수는 없는 일이었다. 따라서 蘇我氏는 백제로 하여금 신라와 극한적인 대립을 회피하도록 하는 수밖에는 없었다. 백제의 신라에 대한 공격이 636년 이래 중단상태에 들어가는 것도 이런 蘇我氏의 생각과 무관하지 않다고 생각된다.

그런데 백제에서는 641년 의자왕이 등극하자마자 신라와의 평화관계를 주장하던 40여 명의 야마토 정권과 가까운 세력을 일본으로 축출한다.[71] 그리고 이듬해부터 신라에 대해서 대대적인 공세를 취하기 시작하는 것이다. 즉 642년 7월에는 신라의 40여 성을 빼앗고 8월에는 대야성을 공격하여 신라의 실력자 金春秋의 사위인 성주 품석까지 살해한 것이다.[72] 따라서 일대 위기에 처한 신라는 먼저 10월에 金春秋가 고구려에 들어가서 원군을 요청했다. 그러나 그 해 9월 영류왕을 제거하고 집권한 대외강경론자인 연개소문[73]은 오히려 金春秋를 감금하고 신라가 이전에 공취한 죽령 서북땅의 반환을 요구하는 강경한 태도를 취한다.[74] 따라서 한반도 내에

71 《日本書紀》 皇極 4년조.

72 《三國史記》 백제본기 의자왕 2년조. 山尾幸久, 《古代の日朝關係》(1989, 塙書房, 383쪽)에 의하면 6세기 중엽 백제가 신라에게 빼앗겼던 지역을 이때에 백제가 되찾았다는 것이다.

73 연개소문의 쿠데타 시기에 대해서는 《資治通鑑》에 의한 10월설과 《日本書紀》에 의한 9월설이 있지만 정효운의 앞의 책 63쪽에 의해서 9월설을 취했다.

74 《三國史記》 列傳 제4 居柒夫傳에 의하면 이 죽령은 551년 신라가 고구려로부터 빼앗았던 곳임을 알 수 있다.

서는 백제와 고구려의 강경한 태도에 직면하고 일본에서는 친백제적인 蘇我氏가 정권을 장악하고 있던 상황에서 신라로서는 당밖에는 의지할 곳이 없었다고 할 수 있다.

그런데 그 다음 해 8월에는 백제와 고구려가 신라의 대당 통로를 단절하기 위해서 당항성의 공략에 나선 것이다.[75] 이것은 신라와 당의 연결을 저지하기 위한 것이었다. 그리고 655년에도 고구려가 백제와 더불어 신라 북경의 33성을 취한다. 이에 신라는 백제와 고구려가 입조하는 길을 막으려 한다는 사실을 당에 알림과 동시에 지금까지와는 달리 당에 직접 원군을 요청하기에 이르렀다.[76] 양국의 동맹에 위기감을 느끼지 않을 수 없었던 것이다. 따라서 백제와 고구려가 신라의 대당 통로를 단절하기 위해 당항성 공략에 나선 643년 쯤에는 이미 양국 사이에 동맹관계가 형성되기 시작했다고 할 수 있을 것이다.[77]

3. 당의 고구려 원정

대립은 있었지만 직접적인 공격은 삼가고 있던 당이 본격적으로 고

75 여러 가지 설이 있으나 여기서는 정효운의 앞의 책 66쪽을 취했다.

76 《三國史記》 신라본기 선덕여왕 11년조에는 642년의 사실로 되어 있으나 백제와 고구려가 당항성을 취하려 한 것이 643년 8월이므로 《三國史記》 백제본기 3년조를 취해서 643년으로 했다.

77 이 단계에서의 양국의 동맹관계는 642년 백제에게 대야성 등 신라의 40여 성을 빼앗긴 직후 金春秋가 직접 방문하여 요청한 군원을 고구려가 거절한 사실에서도 엿볼 수 있다.

구려 원정을 생각하기 시작한 것은 신라의 사신이 입당하기 이전인 641년경으로, 이때부터 이미 陳大德을 보내서 지리를 조사시키는 등 전쟁준비에 돌입한 것이다.[78] 다만 명분이 부족하고 산동이 영락하여 미회복 상태에 있었기 때문에 아직 원정에 나서지는 못하고 있었지만 이때 이미 당의 조정에서는 고구려에 대한 정벌론이 등장하고 있었던 것이다.[79] 따라서 641년 무렵 이미 고구려를 정벌한다는 방침이 굳어져 있었던 것으로 생각된다. 이는 그 전 해에 서역의 高昌을 멸망시킴으로써 주변에는 오직 동방의 고구려만 남게 되었으므로 당으로서는 이제 고구려 원정에 전념할 수 있게 되었기 때문이 아닌가 생각된다.[80] 따라서 당은 643년 8월에 이루어진 신라의 구원 요청과는 별도로 이미 고구려를 정벌할 의사를 가지고 있었음이 분명하다.

그런데 이미 주변에 대한 평정을 끝내 명분이 없고, 아직 산동이 영락하여 미회복 상태라 기회만 엿보고 있던 당에게는 642년 10월 연개소문이 왕을 시해한 쿠데타는 좋은 명분을 제공한 셈이었다. 즉 당 태종은 643년 6월 고구려 원정을 본격적으로 논하기 시작한다.[81] 그러나 그 필요성은 누구나 인정하면서도 長孫無忌의 좀더 기다려

78 《三國史記》 고구려본기 영류왕 24년조에는 태자의 입조에 대한 답례사로서 온 陳大德이 고구려의 허실을 정탐하고 간 사실이 자세히 서술되어 있다.

79 《三國史記》 고구려본기 영류왕 24년조.

80 《三國史記》 고구려본기 영류왕 24년조에 의하면 고구려가 高昌 멸망 소식을 듣고 두려워한 것으로 되어 있다. 이는 거꾸로 고창 멸망이 당의 고구려 원정의 한 요인이 될 수 있음을 보여 주는 사건이 아닌가 생각된다.

81 《三國史記》 고구려본기 보장왕 2년 6월조에는 당 태종이 연개소문이 왕을 죽인 사실을 근거로 고구려 원정을 발의한 것으로 되어 있다.

보자는 신중론에 밀려서 그 실행이 잠시 중단된 상태에 있었다.[82]

그런데 643년 9월 백제와 고구려가 연합하여 신라를 공격한다는 사실을 신라가 당에 알리면서 재차 구원을 요청하자[83] 당 태종이 신라사에게 이른바 3책을 제시한다. 내가 병을 보내어 거란과 말갈을 거느리고 요동으로 쳐들어가게 하여 적의 공격을 잠시 멈추게 하거나, 수천의 붉은 옷과 붉은 기를 줄 것이니 고구려·백제 군사가 이를 때에 그것을 세워 놓아 중국 군사로 여기어 달아나게 하는 방법, 그리고 바다를 통해서 백제를 엄습하는 방법 등이 있다. 그러나 그대 나라는 여자를 임금으로 삼고 있어서 어려우므로 일시 친족 한 사람을 왕으로 삼는 방법 등이 있다는 요지의 이른바 3책을 제시하는[84] 한편 이듬해(644년) 정월에 玄奬을 고구려에 보내서 무기를 거두지 않고 다시 백제와 함께 신라를 침공하면 명년에는 고구려를 정벌하겠다는 경고를 발한다.[85] 그러나 연개소문이 이를 거절하자 명분상 당으로써도 고구려 원정을 더 이상 미룰 수 없게 되었다.[86]

따라서 643년 9월에 있었던 신라의 고구려 원정 요청이 다음 해 11월부터 시작되는 당의 고구려 원정의 중요한 계기가 되었음은 부정할 수 없는 사실이라고 생각된다. 그런데 643년 6월에 이미 고구려 원정 방침이 정해져 있었고 당이 제시한 3책을 신라가 수락한 흔

82 《三國史記》 고구려본기 보장왕 2년조.
83 《三國史記》 신라본기 선덕왕 12년조.
84 《三國史記》 신라본기 선덕왕 12년조.
85 《三國史記》 고구려본기 보장왕 3년조.
86 《三國史記》 고구려본기 보장왕 3년조에 의하면 현장의 보고를 받고 고구려 정토를 결심한 것으로 되어 있다.

적이 없음에도 불구하고 644년 7월부터 고구려 원정 준비에 착수한 것으로[87] 보아 당의 고구려 원정은 9월에 있었던 신라의 요청에 응했다기보다는 당의 주변정책의 일환으로 이루어졌던 것으로 생각된다. 그것은 645년 정월 태종이 고구려 원정에 즈음해서 사신들에게 '요동은 본래 중국 땅인데 수가 네 번이나 출동하였으나 취하지 못하였다. 연개소문이 왕을 죽인 것을 징치한다. 천하를 통일하고 오직 고구려만 남았다'[88]라는 요지의 말을 한 것에서도 잘 나타난다. 핵심은 역시 고구려가 원래 중국의 땅이었다는 점과 주위를 모두 평정하고 고구려만 남았다는 데 있었던 것이다.

당 태종은 7월부터 정벌 준비에 들어가 10월에는 장로들과 고구려 원정을 논의하고 11월에는 신라·백제·계·거란 등에게 길을 나누어서 고구려를 공격하도록 함과 동시에 張亮을 평양도행군대총관, 李世勣을 요동도행군대총관으로 한 수륙 양도의 대대적인 공격을 개시한다. 그러나 승승장구하던 당 태종의 친정군은 9월 안시성싸움의 패배를 고비로 고구려 원정을 중단한다.[89] 그 뒤 당은 소모전으로 방침을 바꿔[90] 647년과 648년에 걸쳐 육로와 해로로 파상적인 공격을 감행한다. 그러나 파상적으로 전개되던 소모전도 649년 태종의 죽음과 고구려 원정을 중단하라는 그의 유조로 중단된다.

---

87 《三國史記》 고구려본기 보장왕 3년조.
88 《三國史記》 고구려본기 보장왕 4년 3월조.
89 《三國史記》 고구려본기 보장왕 3년 및 4년조.
90 《三國史記》 고구려본기 보장왕 6년조에는 당이 소모전으로 방침을 바꾸는 과정이 소개되어 있다.

그런데 여기서 하나 주목되는 사실은 고구려를 공격하라는 당의 명령에 따라 645년 5월 신라는 3만 군을 출병시킨 데[91] 반해 백제는 군사를 출동시키지도 않았을 뿐만 아니라 신라가 군사를 출동시킨 틈을 타서 신라의 7개 성을 취하고[92] 647년에는 무산성을 공격하고,[93] 648년에는 신라 서변의 10여 성을 취하고[94] 그리고 649년에는 또다시 7개 성을 취하였다.[95] 백제는 당과 고구려의 분쟁을 틈타서 신라를 공격하는 것이 목적이지 당에 협력할 의사가 없었던 것이다. 반면 신라는 645년 5월 3만의 군사를 동원해서 고구려를 공격함으로써 당을 측면에서 지원하고 있었다.

4. 야마토 정권의 친백제 정책 회귀와 당의 고구려 원정 재개

640년대 초 蘇我氏의 친백제 정책으로의 회귀는 내외적으로 큰 영향을 미쳤다. 먼저 친백제 정책 때문에 당과의 관계가 단절되고, 야마토 정권 내부에서 지배층의 이해와 상반되게 친백제 정책을 주도하던 蘇我氏의 고립이 심화되었다. 그리고 친백제 정책으로 회귀했다고는 하지만 蘇我氏의 야마토 정권 내부에서의 발언권 약화로 백제에 대한 실질적인 지원이 불가능해지자 백제 측의 불만도 높아만

91 《三國史記》 신라본기 선덕여왕 13년조. 그러나 《舊唐書》 신라전에는 이때에 신라가 5만군을 출동시킨 것으로 되어 있다.
92 《三國史記》 백제본기 의자왕 5년조.
93 《三國史記》 백제본기 의자왕 7년조.
94 《三國史記》 백제본기 의자왕 8년조.
95 《三國史記》 백제본기 의자왕 9년조.

가고 있었던 것이다. 이런 백제의 불만이 폭발한 것이 641년 의자왕의 쿠데타와 친일본파의 대량 축출 사건이고 이 사건은 蘇我氏의 입장을 더욱 약화시켰다고 할 수 있다. 그런데 그 2년 후부터 당의 고구려 원정이 시작되는 것이다. 이는 야마토 정권의 지배층에게 커다란 위기의식을 불러일으켰고, 이런 불안이 신라나 당과 관계를 갖고 있던 사람들을 중심으로 蘇我氏의 타도로 시작되는 645년의 大化改新으로 나타난 것이다.

大化改新은 선진문물은 당·신라에서 도입할 수밖에 없었으나 씨족적 특성 때문에 친백제 정책을 취하는 蘇我氏의 대외정책에 반대해서 일어난 만큼 개신정권은 신라와의 관계를 서두르지 않을 수 없었다. 따라서 646년9월 당·신라 유학생으로 개신정권의 국박사가 된 高向玄里가 신라에 와서 개신정권의 등장을 알리게 된 것이다.

고구려로부터 구원병을 얻는 데 실패한 후 당의 고구려 원정에 협력하고 있던 金春秋로서는 실질적인 원군을 얻는 것과는 별개로 백제와의 관계에 있어서 후방의 안정을 기하기 위해 먼저 일본과의 관계를 돈독히 해 둘 필요가 있었다. 金春秋는 647년 高向玄里와 함께 도일하여 야마토 정권과의 관계를 타개했다. 그런데 당시에는 당의 고구려에 대한 정벌이 진행 중인 때로 고구려에 대한 간접적인 견제 역할을 할 수 있는 야마토 정권의 신라 지원 약속을 당에 알릴 필요가 있었다. 金春秋는 648년 일본에서 귀국하자마자 당이 632년 高表仁을 통해서 야마토 정권에게 요구했던 신라 지원 요청을 수용함과 동시에 일본 측 유학생을 받아달라는 야마토 정권의 국서를 휴대하고 입당하여 632년 이래 단절되었던 당과 일본과의 관계를 복원시켰다. 그 결과 신라와 일본과 당 사이에는 3국연합체제가 형성되었다. 이때 金春秋는 당 태종에게 백제 때문에 조공로가 막혀 있음을 호소하고 원군을 요청하여 허락을 받음과 동시에 당의 복식 채용 및 자기 아들의 숙위를 요청함으로써 당의 고구려 원정을 적극 유도했다.[96] 그런데 바로 이런 때에 태종이 죽고 그의 유언으로 고구려 원정이 중단되는 것이다.

그런데 태종의 유조가 있었다고는 하지만 신라·당·일본이라는 3국연합체제가 형성되어 고구려를 정벌할 수 있는 호기가 도래했음에도 불구하고 당이 649년부터 고구려 원정을 중단했다는 사실은 3국연합체제를 고구려 원정을 결정짓는 중대한 요인으로 인식하고 있지 않았음을 의미한다. 그것은 660년 고구려 정벌의 전단계로서 백제 정벌에 나서는 당이 야마토 정권이 다시 친백제 정책으로 회귀함으로써 오히려 고구려의 배후가 안정되는 655년에 도리어 고구려 원정을 재개한다는 사실로도 입증된다. 따라서 고구려 원정의 중단은 당의 내부 사정에 의한 것이고 3국연합체제나 한반도 내부 정세와는 무관한 것이었다고 생각된다.

일단 야마토 정권에 있어서는 3국연합체제가 들어서는 648년 이래 孝德體制가 몰락하는 654년까지, 649년 백제의 신라 공격[97]을 제외하고는 한반도에서 백제와 신라의 충돌이 발생하지 않음으로써 야마토 정권이 실질적으로 신라를 지원할 기회는 없었다. 그런데 孝德天皇의 후계체제를 둘러싼 孝德天皇과 中大兄皇子의 대립

96 《三國史記》 신라본기 진덕왕 2년조.
97 《三國史記》 백제본기 의자왕 9년조.

이 외교노선의 대립이라는 형태로 전개되기 시작한 것이다. 651년 신라의 사신이 당의 복장을 하고 도일한 사건을 계기로 孝德天皇을 견제할 필요가 있던 中大兄皇子 측은 당의 지원하에 신라가 너무 강해지는 것은 일본 열도에 위협이 될 수 있다고 주장하기 시작한다. 따라서 3국연합체제를 청산하고 내륙의 아스카로 천도하여 방비를 굳게 하는 한편 백제와 손잡고 당의 세력을 한반도에서 저지할 필요가 있다는 주장을 편 것이다. 이에 반해서 孝德天皇은 당·신라와의 관계를 공고히 하는 것이 오히려 일본에 안전하고 당·신라와의 관계를 위해서는 대륙과의 관계에 있어서 중요한 위치를 차지하고 있는 難波에 신궁을 조영해서 긴밀하게 협조할 필요가 있다는 주장을 편 것이다. 일찍부터 難波에 新宮을 조영하는 문제를 계기로 전개되던 양자의 대립은 급기야 中大兄皇子가 649년 孝德體制의 기둥이라고 할 수 있는 좌대신 蘇我倉山田石川麻呂와 우대신 阿部內麻呂臣를 제거하여 야마토 정권의 주도권 장악 후 651년부터는 공개적으로 신라를 견제하기 시작하는 것이다.

中大兄皇子와의 대립 속에서 孝德天皇이 기반을 강화할 수 있는 유일한 길은 당·신라로부터 선진문물을 도입함으로써 지배층 일반의 요구에 응하는 수밖에는 없었다고 생각된다. 그런데 신라와의 관계를 반대하는 中大兄皇子 세력이 주도권을 장악하게 되어 신라에서 선진문물을 도입할 수 없게 되자 이제는 선진문물을 당에서 도입할 수밖에는 없게 되었다. 따라서 648년 金春秋를 통해서 신라에 대한 군사지원을 약속하면서 얻어낸 대가로 653년 240여 명의 유학생이 중심이 된 2차 견당사를 파견하게 되는 것이다.

그런데 2차 견당사 파견 직후 孝德天皇이 中大兄皇子의 아스카로의 천도 주장을 거절하자 中大兄皇子는 자기 세력을 이끌고 아스카로 돌아가 버림으로써 개신정권은 그 기반이 무너졌고 당에게 약속한 신라에 대한 군사지원 약속도 이행할 수 없게 된 것이다. 따라서 정권을 유지하기 위한 최후의 보루라고 할 수 있는 당과의 관계를 유지하기 위해서는 신라에 대한 군사지원을 약속한 대신에 유학생을 파견한 만큼 군사지원이 불가능하게 된 사유를 당에게 설명하지 않을 수 없게 되었던 것이다. 이것이 654년 3국연합체제 출범의 주인공인 高向玄里를 책임자로 한 제3차 견당사의 파견이다. 그러나 당이 신라에 대한 군사지원 약속의 이행을 강력하게 요구함으로써 孝德體制는 국내외적으로 그 기반을 상실하게 되었고 게다가 그 해에 孝德天皇이 죽음으로써 친백제 정책을 주장하는 中大兄皇子가 주축이 된 齊明體制(655~661)가 등장하게 되는 것이다. 즉 강력한 친백제 정권이 다시 등장하게 된 것이다.

中大兄皇子는 우선 자신이 직접 등극하지 않고 孝德體制에 의해서 물러났던 어머니 皇極天皇(642~645)을 齊明天皇(655~660)으로 재등극시켰다. 따라서 齊明정권은 필연적으로 친백제 정책을 표방하지 않을 수 없는 정권이었다고 할 수 있다. 따라서 3국연합체제가 성립되었다가 개신정권이 붕괴되는 648년부터 654년 사이에 자체 사정으로도 야마토 정권이 신라를 지원할 수 있는 기회는 없었다고 할 수 있다. 그리고 3국연합체제가 성립되었다고는 하지만 야마토 정권의 실질적인 지원이 불가능하고 당의 고구려에 대한 원정이 중단된 상황에서 신라가 백제에 적극적으로 반격을 개시할 수도 없었다고 생각된다.

그런데 齊明天皇이 등극한 655년 대륙에서는 중단되었던 당의 고구려 원정이 재개된다. 그런데 중국의 내부 사정에는 큰 변화가 없었던 것으로 생각된다.

반면 신라는 당 태종이 죽고 고구려 원정이 중단된 뒤에도 650년에는 태평송을 바치고,[98] 651년에는 김인문을 숙위시키고,[99] 652년에는 조공을 하고,[100] 653년에는 금총포를 바치면서[101] 끊임없이 당에 접근한다. 그리고 백제에 대한 반격을 꾀하던 金春秋가 654년 진덕여왕의 뒤를 이어 태종무열왕으로 등극하여 당의 책봉을 받게 된다.[102]

한편 고구려는 654년 10월 말갈과 함께 거란을 공격한다.[103] 그리고 655년 정월에도 백제·말갈과 함께 신라의 30여 성을 공파하자 신라의 金春秋는 당에게 구원을 요청한다.[104] 그런데 고구려의 공격을 받고 있던 거란과 신라는 다같이 당의 대고구려 관계에 있어서 우호세력인 것이다. 따라서 거란과 신라에 대한 고구려의 공격은 당으로서는 자신에 대한 도전으로 받아들일 수밖에 없었다고 생각된다. 그렇기 때문에 당은 고구려 원정에 나서기 직전인 654년 10월에 한반도의 배후에 있는 야마토 정권이 친백제 세력에게 장악되는 불

98 《三國史記》 신라본기 진덕여왕 4년조.
99 《三國史記》 신라본기 진덕여왕 5년조.
100 《三國史記》 신라본기 진덕여왕 6년조.
101 《三國史記》 신라본기 진덕여왕 7년조.
102 《三國史記》 신라본기 태종무열왕 원년조.
103 《三國史記》 고구려본기 보장왕 13년조.
104 《三國史記》 고구려본기 보장왕 14년조.

리한 조건에도 불구하고 고구려 원정에 나선 것이 아닌가 생각된다. 당의 고구려 원정은 고구려의 당 외곽세력에 대한 공격과 신라의 구원요청에서 비롯되었다고 할 수 있다.

655년 2월에 재개된 당의 고구려 원정은 백제가 멸망하는 660년까지 연년 계속된다. 그해 5월에는 程名振 등이 요동성의 외곽과 성을 불태우고 돌아가고,[105] 658년 6월에도 실패는 하지만 程名振과 薛仁貴가 침입하고 있다.[106] 그리고 백제 원정 직전인 659년 11월에도 薛仁貴로 하여금 고구려를 공격하게 하고 있으며,[107] 백제가 멸망한 직후인 660년 11월에도 고구려에 대한 침공을 계속하고 있다.[108] 고구려에 대한 침공은 그 뒤에도 연년 계속된다.[109] 따라서 당의 주목표가 고구려이고 660년의 백제 공격은 고구려 공격의 일환이었음을 쉽게 짐작할 수 있다.

그런데 고구려를 공략하던 당이 돌연 660년 방침을 바꿔 고구려의 배후인 백제 정벌을 시작한 것이다. 한편 신라가 백제를 칠 목적으로 당의 구원병을 얻기 위해서 사신을 파견한 것이 659년 4월이고, 10월까지도 회보가 없어서 걱정하고 있었던 것으로 되어 있다.[110] 이런 와중에 당은 야마토 정권이 파견한 659년의 4차 견당사를 다음 해의 백제 정벌을 누설시킬 염려가 있다고 해서 그 해 12월

105 《三國史記》 고구려본기 보장왕 14년조.
106 《三國史記》 고구려본기 보장왕 17년조.
107 《三國史記》 고구려본기 보장왕 18년조.
108 《三國史記》 고구려본기 보장왕 19년조에는 당의 대규모 침입이 있던 것으로 되어 있다.
109 《三國史記》 고구려본기 보장왕 20-21년조.
110 《三國史記》 신라본기 태종무열왕 6년조.

유폐시킨다.[111] 따라서 백제 원정 방침은 659년 4월에서 12월 사이에 정해진 것이 아닌가 생각된다.

그렇다면 당의 백제 원정 방침에는 659년 4월에 파견된 신라사와 무관하지 않은 셈이다. 더욱이 백제 원정은 신라의 협력을 필요로 하고, 660년에 실제로 신라와 합동으로 백제를 공략하고 있기 때문이다. 그러나 당의 백제 원정은 643년 9월에 신라에게 제시한 3책의 내용 속에 이미 포함되어 있던 것으로 다만 이때에 와서 실행에 옮겼을 뿐인 것이다. 그것은 645년 태종에 의한 대대적인 고구려 원정의 실패, 별 성과를 거두지 못한 647년부터 시작된 소모전, 그 위에 고구려가 654년부터 당의 외곽세력에 대해 가하기 시작한 일련의 선제공격에서 온 방향전환이 아닌가 생각된다.

그런데 당의 주공격 목표가 고구려이고 백제 공격은 고구려 공격의 일환이었다고는 하지만 655년 2월에 시작된 고구려에 대한 공세는 백제를 멸망시키는 직전과 직후에도 계속되는 것이다. 따라서 660년의 백제 원정을 전후한 고구려 원정은 백제 공략을 앞둔 양동작전의 일환이 아니었는가 생각된다.

결어

백촌강 싸움 직전의 동아시아 정세는 동방의 강자인 고구려와 주변에 대한 통일정책을 추진해 나가는 당과의 최후의 대결로 좁혀져

111 《日本書紀》 齊明 5년조 인용 〈伊吉博德書〉.

나감에 따라 양자의 대립을 축으로 전개되어 나갔다. 당은 630년 북방의 돌궐을 멸망시키면서 고구려에 대한 강경책을 취하기 시작하여 640년 서역의 고창을 멸망시킨 뒤부터는 본격적으로 야욕을 드러내기 시작한다. 그 결과가 644년부터 시작되는 고구려 원정으로 나타난 것이다.

한편 한반도 내에서는 6세기 중반에 신라가 고구려·백제로부터 한강 유역을, 그리고 백제로부터 가야지역을 빼앗음에 따라 고구려와 백제가 한강 유역과 가야지역을 되찾기 위해서 신라에 대한 공세를 취하는 구도로 전개되고 있었다. 그런데 고구려는 수·당과의 대결 때문에 한반도 내부 문제에 국력을 기울일 여유가 없었으므로 주로 백제가 신라를 공격하고 고구려가 때때로 백제와 연합하는 형태를 취하고 있었다. 이 위기를 탈출하기 위해서 신라가 당에 구원을 요청하고 당은 대립 관계에 있는 고구려의 후방을 견제할 필요성에서 신라와 연합하게 되는 것이다.

그런데 일본 열도에서는 우여곡절을 거쳐서 655년 강력한 친백제 정권이 다시 등장하게 된다. 따라서 일본 열도에 친백제 정권이 등장하는 655년경에는 고구려·백제·일본과 당·신라가 대결하는 구도가 확립되는 셈이다. 그리고 이 대결구도 속에서 655년부터 당이 신라의 요청을 계기로 고구려에 대한 공격을 재개한다. 그러나 고구려에 대한 공격이 여의치 않자 당은 방향을 돌려 먼저 백제를 공격한다. 그 무렵 백촌강 싸움의 한 주역을 담당했던 야마토 정권은 아직 당·신라와 백제·고구려·일본이라는 대결구도에 직접적인 영향을 미치지는 못하고 있었다. 그런데 백제가 당과 신라의 연합군에게 멸망하자 돌연 국력을 기울여 백촌강 싸움에 참여하게 된다. 따라서 한반도 문제에 직접 관여하지 않고 있던 야마토 정권이 왜 갑자기 전 국력을 기울여 백촌강 싸움에 참여했는가를 밝히는 문제야말로 금후의 과제라고 하지 않을 수 없다.

3. 大化改新의 주도 세력과 대외정책

645년 蘇我씨 본종가(本宗家)를 타도한 乙巳의 변과 이어지는 大化改新은 일본 고대사 연구에 있어서 최대 쟁점 중 하나이다. 이에 대해서 필자는 일찍이 졸저《大和政權の對外關係研究》(1985, 吉川弘文館)에서 을사의 변은 蘇我씨가 주도하던 친백제 정책을 지속할 것인가 친신라 정책으로 전환할 것인가를 둘러싸고 일어난 사건으로, 그 주도자는 中大兄皇子(=天智 천황)가 아니라 經皇子(=孝德天皇)로 改新政權이 적어도 大化연간(645-649)에는 蘇我씨가 주도하던 친백제 정책에 대해서 친신라 정책으로 전환하였음을 밝힌 바 있다.[112] 그러나 아직까지도 통설은 乙巳의 변과 이어지는 大化改新은 당의 한반도에 대한 압력이 가중되는 와중에 이에 대항하여 중앙집권을 강화하기 위한 것으로 蘇我씨가 주도하던 친백제 정책에는 변함이 없었으며 中大兄皇子가 시종일관 그 중심에 서 있었다는 것이다.

그런데 근래 改新政權이 친신라 정책[113] 내지는 최소한 친백제

112 본고는 그간의 연구 성과를 참조하여 위의 졸저를 약간 보완하여 논리적으로 재정리한 것임.

113 일찍이 八木充(1986[初出:1975], 〈七世紀中期の政權とその政策〉,《日本古代政

정책과 균형을 이루는 대신라 정책을 취했다는 주장이 늘어남으로써[114] 적어도 개신정권 내에 친신라 정책을 주장하는 세력이 일정한 세를 이루고 있었다는 주장이 학계에서 설득력을 얻어 가고 있다고 생각된다.[115] 그러나 대부분의 연구자들은 아직도 中大兄皇子를 중심으로 하는 체제가 일관되고 있었다는 입장을 취함으로써[116] 개신

治組織の研究》, 塙書房, 68·88·90쪽)도 大化 이후의 皇極·葛城(=中大兄皇子) 정권에 의한 친신라적인 정책과 白雉연간 孝德파 정권에 의한 친백제적인 정책이 있었음을 논한 바 있다. 이에 대해서 石母田正(1986[初出:1975],《日本の古代國家》,《石母田正著作集》3, 56·58쪽)는 개신정부의 정책은 신라를 매개로 하는 당과의 결합이었음을 지적하고 있다. 그리고 鈴木靖民(1992, 〈七世紀東アシアの戰亂と變革〉,《新版 古代の日本2 アシアからみた日本》, 角川書店, 287-289쪽)도 孝德파는 친신라 정책을 기본으로 하면서 대신라·당정책을 모색한 전방위 외교를 실현하는 외교방침의 대전환을 단행했다고 서술함으로써 개신정권이 친신라 정책을 모색하고 있었음을 주장하고 있다.

114 山尾幸久(1989,《古代の日朝關係》, 塙書房, 395·401쪽)는 孝德 시대에는 대외정책이 친백제파와 친당파의 두 입장이 대립하고 있었음을 논하고 있다. 鈴木英夫(1996[初出:1980], 〈七世紀中葉における新羅の對倭外交〉,《日本の倭國と朝鮮諸國》, 青木書店, 318-320쪽)도 개신정권에서 친신라파와 친백제파가 대립하고 있었음을 지적하고 있다.

115 개신정권의 새로운 노선이 "백제·신라에 대한 종주적인 입장을 유지하고자 한 방침"이라는 上光貞(1986[初出:1975], 〈大化改新と東アシア〉,《井上光貞著作集》5, 108쪽)나 "양국의 대립 상태를 이용하여 양국으로부터 계속 조공을 확보하고자" 했다는 鬼頭清明(1976[初出:1971], 〈七世紀後半の東アシアと日本〉,《日本古代國家形成と東アシア》, 校倉書房, 122·127·133·141쪽)도 신라를 백제와 대등하게 취급하고 있다는 면에서 이런 범주에 든다고 할 수 있다.

116 孝德朝는 일반적으로는 명목적인 권위로서의 孝德(또는 齊明)天皇 아래에 황태자가 집중적인 권력을 장악하는 체제라는 생각이 통석적인 위치를 점하고 있다. 石母田正(1989[初出:1971]), 전게서, 56-58쪽; 上光貞(1986[初出:1975]), 전게서; 鬼頭清明(1976[初出:1971]), 전게서, 122·127·133·141쪽; 鈴木靖民(1992), 전게 논문, 287·289쪽.

"孝德 시대의 권력중추는 天智 이후의 그것과 같이 일원화되어 있지 않았고 대외정책도 친백제파와 친당파의 두 가지 입장으로 이루어져 있다고 볼 수 있다. 蘇我石川麻呂의 변(649)부터 有間皇子의 변(658)까지를 통틀어 대략적으로 말한다면 孝德 시대에 孝德과 中大兄를 권력의 핵으로 하는 두 개의 파벌세력이 길항(拮抗)하고 있었다"라는 山尾幸久(전게서, 401쪽)나 "급진적인 孝德天皇의 개혁과 저항세력인 中大兄이 대립하고 있었다"는 森公章(2006,《戰爭の日本史1 東アシアの動

정권의 친당·친신라적 노선이 어째서 백촌강에서 당·신라연합군과 싸우는 반당·반신라적 노선으로 전환했는가를 설명하지 못하고 있다.[117] 이러한 경우에는 "鈴木英夫(1996[初出:1980], 〈七世紀中葉における新羅の對倭外交〉, 《日本の倭國と朝鮮諸國》, 青木書店, 318-320쪽)처럼 中大兄皇子의 외교적 입장은 명확하지 않다고 하던지, 본인(1985, 《大化政權の對外關係硏究》, 吉川弘文館, 391·393쪽)처럼 白雉기(650-654) 이후 中大兄皇子에 의한 정책의 전환을 상정하는 방법 외에 달리 해석의 길을 찾을 수 없게 된다"(仁藤敦史, 2010, 〈孝德期의 對外關係〉, 《동아시아 속의 한일관계사》 상, 고려대학교 일본사연구회 편, 144쪽)는 결론에 이르게 된다.[118]

이런 면에서는 근래 을사의 변 주모자가 經(=孝德天皇)皇子와 蘇我石川麻呂였고(門脇禎二, 1991, 《〈大化改新〉史論》 上, 思文閣出版; 條川

亂と倭》, 吉川弘文館, 235쪽)는 예외적인 경우라고 할 수 있다. 그러나 두 사람도 두 개의 외교노선이 존재하고 있었다는 사실은 인정하지만 "孝德朝의 외교는 종래의 균형외교를 답습한 것으로 특별히 커다란 변화는 간취할 수 없다"는 森公章 씨의 지적처럼 근본적인 외교방침의 전환이나 中大兄의 주도권을 부정하지는 않는 것으로 생각된다.

117 大化 이후의 皇極·葛城 정권에 의한 친신라적인 태자방식과 白雉연간 孝德파 정권에 의한 친백제적인 소가방식을 논하고 있으면서도 그 전환에 대한 설명이 없는 八木充(전게서, 68·88·90쪽)는 그 대표적인 경우라고 할 수 있을 것이다. 제설의 모순에 대해서는 李在碩, 〈孝德朝權力闘爭の國際的契機 — 東アシアの政變と飛鳥遷都論〉(2010, 《律令國家史論集》, 塙書房)이 자세하다.

118 이런 면에서는 "中大兄을 중심으로 하는 체제가 일관되고 있었다는 입장을 취하는 한, 을사의 변 전후에 있어서도 蘇我씨의 외교와 中大兄의 외교는 전체적으로 변화하지 않는다는 西本昌弘설(1987, 〈東アシアの動亂と大化改新〉, 《日本歷史》 486)이나 森公章설(2006, 〈戰爭の日本史〉, 《東アシアの動亂と倭國》, 吉川弘文館, 235쪽) 쪽이 합리적이다"(仁藤敦史, 2010, 〈孝德期의 對外關係〉, 《동아시아 속의 한일관계사》 上, 고려대학교 일본사연구회 편, 145쪽)라는 이유 때문에 개신 이후의 蘇我씨의 친백제 정책에 근본적인 변화는 없다는 설이 아직도 생명력을 가지고 있는 것이다.

賢, 2001, 〈乙巳の變と〈大化〉の新政權〉, 《日本古代の王權と王統》, 吉川弘文館; 遠山美都男, 1993, 《大化改新》, 中央公論社) 孝德天皇이 개혁의 중심이었다는 주장(門脇禎二, 1981, 〈《大化改新〉から壬申の亂へ〉, 《東アジア世界における古代日本史講座》 5, 學生社; 條川賢, 전게서)은 일본 고대사 연구에 있어서 만시지탄의 감이 없지 않다. 그러나 아직까지도 대외정책의 변화 과정에 대해서는 孝德天皇 주도론자들도 명쾌한 답을 제시하지 못하고 있다.[119]

그런데 을사의 변이나 大化改新에 대한 中大兄皇子의 주도권이 의문시 된다면 대외정책의 변화뿐만 아니라 大化改新의 성격도 기

119 大化 이후 皇極·葛城 정권이 친신라적인 정책을 취한 데 대해서 白雉연간에는 孝德 정권이 친백제 정책을 취했다는 八木充(전게서, 68·88·90쪽)는 좋은 예라고 할 수 있다. 더 큰 문제는 개신정권의 한반도 삼국에 대한 정책에 관하여 대부분의 일본 연구자들이 당시 일본이 백제·신라에 대해서 종주국의 위치를 유지하기 위한 것이라는 입장을 취하고 있다는 면에서(仁藤敦史, 전게서, 144쪽; 김현구, 2010, 〈백촌강 싸움의 성격에 관한 일고찰〉, 《한일 역사쟁점 논집》 전근대편) 그 전제부터가 문제라고 생각된다. 이는 겉으로는 한반도 남부경영론을 이야기하지 않지만 변형된 한반도 남부경영론을 전제로 하고 있기 때문이다. 따라서 개신정권의 대외정책에 대한 기존의 연구는 그 전제부터 재검토할 필요가 있다고 생각된다. 이런 면에서는 최근 李在碩, 〈孝德朝權力鬪爭の國際的契機 — 東アジアの政變と飛鳥遷都論〉(2010, 《律令國家史論集》, 塙書房)이 孝德 정권의 대외 기조는 蘇我本宗家의 친백제노선과는 달리 친신라-당노선의 추구이고 中大兄에 의해서 다시 친백제 정책으로 전환되었다는 견해는 정곡을 찌르고 있다고 생각된다. 그리고 孝德天皇과 中大兄의 대립을 개인적인 대립이 아니라 조정의 지배체제 전체의 의사가 얽힌 문제로서 파악해야 한다는 지적도 탁견이라고 생각한다.
다만 中大兄의 친백제 정책으로의 전환이 649년 5월 신라사 金多遂가 가져온 당의 백제에 대한 선제공격이라는 정보 때문에 지배세력의 지지를 얻는 것으로 보고 있으나 좌대신 阿倍內麻呂와 우대신 蘇我倉山田麻呂의 죽음이 3월이고 金多遂의 도일이 5월인 점으로 보아 中大兄의 孝德에 대한 반격, 즉 친백제 정책으로의 전환의 명분은 그 이전에 이미 시작된 것이 아닌가 생각된다. 이런 면에서는 유일한 혈육 有間皇子를 후계자로 하려는 孝德天皇과 中大兄皇子 사이의 孝德天皇의 후계를 둘러싼 권력 투쟁에서 촉발된 中大兄의 친백제 정책으로의 전환 논리는 이미 성립되어 있었던 것이 아닌가 생각된다.

존의 통설과는 달라질 수밖에 없을 것이다.[120] 따라서 을사의 변이나 개신정권의 주도자를 밝히는 작업은 대외정책의 성격뿐만 아니라 지금까지도 논란이 계속되고 있는 大化改新의 성격을 밝히는 데도 지름길이 될 것이다. 여기에 大化改新의 주도 세력과 대외정책을 검토하는 이유가 있다.

1. 개신정권 수뇌부의 대립

645년 6월 蘇我氏 본종가를 타도하는 乙巳의 변과 뒤이은 大化改新을 주도한 인물이 中大兄皇子(=天智天皇: 662-671)라는 것은 아직까지도 일본 학계의 통설이라고 할 수 있다.[121] 그러나 을사의 변과 大化改新을 주도한 인물을 中大兄皇子라고 할 경우 여러 가지 모순이 발생한다.

을사의 변으로 皇極天皇(642-644)은 퇴위당하고 孝德天皇

120 이런 면에서는 遠山美都男(1993,《大化改新》, 中央公論社)나 條川賢(2001,〈乙巳の變と〈大化〉の新政權〉,《日本古代の王權と王統》, 吉川弘文館), 門脇禎二(1991,《〈大化改新〉史論》上, 思文閣出版]는 을사의 변의 본질은 왕위 다툼인데 蘇我씨 내분으로 이해함으로써 대외관계가 핵심 문제의 하나였다는 점을 간과하고 있는데 문제가 있다고 생각된다.

121 본인(1985,〈改新政權の主導者〉, 전게서)은 이미 을사의 변과 개신의 주도자가 經황자임을 논증한 바 있다. 그런데 經황자가 중심이었다는 설이 근년에 힘을 얻고 있는 분위기이다.(門脇禎二, 1981,〈大化改新〉から壬申の亂へ〉,《東アシア世界における古代日本史講座》 5, 學生社; 1991[初出:1989],《〈大化改新〉史論》上, 思文閣出版,; 條川賢, 2001,〈乙巳の變と〈大化〉の新政權〉,《日本古代の王權と王 統》, 吉川弘文館;《日本古代の王權と王統》, 吉川弘文館; 遠山美都男, 1993,《大化改新》, 中央公論社) 그리고 孝德이 그 개혁의 중심이었다는 것이다.(門脇禎二, 1991[初出:1989],《〈大化改新〉史論》上; 條川賢, 전게서.)

(645-654)이 등극했다. 그러나 을사의 변을 中大兄皇子가 주도했다고 한다면 孝德天皇(645-654)을 즉위시키기 위해서 어머니인 皇極天皇을 자기 손으로 퇴위시킨 셈이 된다. 그리고는 을사의 변으로 등극시켰던 孝德天皇의 사후(654) 이번에는 자기가 퇴위시켰던 어머니 皇極天皇(642-645)을 다시 齊明天皇(655-671)으로 즉위시킨 셈이 된다. 이는 中大兄皇子가 을사의 변의 결과를 부인하는 것으로 그가 을사의 변이나 적어도 초기 개신정권을 주도한 인물이 아니었음을 의미한다.

한편 을사의 변 직후인 645년 12월 개신정권은 수도를 飛鳥에서 급거 難波(현재의 오사카)로 옮긴다.[122] 이는 개신정권에게 難波 천도가 그만큼 긴박한 과제였음을 의미한다. 그런데《일본서기》白雉 4년(653) 시세조에는 '태자가 주하여, "倭의 京(=飛鳥)에 옮기시기 바랍니다"라고 여쭈었다. 천황이 허락하지 않았다. 황태자는 皇祖母尊(645년 을사의 변으로 물러난 皇極天皇, 뒤의 齊明天皇), 間人황후(中大兄皇子의 누이동생)를 모시고, 皇弟[大海人皇子(후일의 天武天皇) 672-685] 등을 거느리고 倭의 飛鳥河邊行宮으로 가 머물렀다. 공경대부, 백료들이 다 따랐다. 이 때문에 천황은 원한을 품고 황위를 버리려고 생각하시고…'라고 되어 있다. 中大兄皇子가 을사의 변 직후 개신정권이 천도한 難波에서 다시 飛鳥로 환도할 것을 주장하자 孝德天皇(645-654)이 강력히 거부함으로써 中大兄皇子와 孝德天皇이 돌이킬 수 없는 파국에 이르렀음을 보여 주고 있다. 수도 문제에 있어서도 中大兄皇子는 개신정권이 초기에 취한 정책을 번복

122 《日本書紀》大化 원년 12월조.

시키려 하고 있는 것이다. 그리고 孝德天皇은 이를 고수하려 하고 있다.

《일본서기》 齊明天皇(655-661) 4년(658) 11월조에 의하면 中大兄皇子가 孝德天皇의 후계자인 有間皇子가 모반을 꾀했다는 이유로 교수형에 처한 것으로 되어 있다. 有間皇子의 모반 사건도 中大兄皇子와 孝德天皇 간의 대립과 무관하다고는 할 수 없을 것이다. 언제부터인지는 알 수 없지만 개신정권 내부에 孝德天皇과 大化改新을 주도했다는 中大兄皇子 사이에 심각한 대립이 존재하고 있었음을 알 수 있다. 양자의 대립은 中大兄皇子가 개신정권이 취한 중요한 정책을 번복시키려 한 반면 孝德天皇은 이를 고수하려 했다는 데 그 특징이 있다. 中大兄皇子는 개신정권이 퇴위시킨 皇極天皇을 다시 추대하고, 개신정권이 천도했던 難波에서 다시 飛鳥로의 환도를 강력히 주장하고 있는 것이다. 따라서 皇極天皇의 퇴위라던가 難波 천도 등 적어도 개신정권이 초기에 취한 정책을 주도한 인물은 中大兄皇子가 아니었음이 분명하다. 그렇다면 을사의 변이나 초기 개신정권을 주도한 인물은 초기에 취했던 정책들을 번복하려는 中大兄皇子의 대척점에 서서 개신정권이 초기에 취했던 정책들을 고수하려고 했던 孝德天皇을 중심으로 한 세력이었다고 보는 것이 타당하다고 생각된다.[123]

사실 을사의 변의 결과 황위에 오른 인물도 中大兄皇子가 아니

123 따라서 '孝德을 개혁의 주도자라고 한다면 皇極의 생전양위(生前讓位)는 외교방침의 대립에 의한 강제적인 퇴위였을 가능성'이 있음을 지적한 仁藤敦史(전게 논문, 157쪽) 씨의 지적은 정곡을 찌르고 있다고 할 수 있다.

라 經황자(=孝德天皇)였다. 반면 中大兄皇子는 을사의 변 이후 孝德天皇(645-654) 10년, 齊明天皇(655-661) 7년, 공위시대 7년 등 20여 년이 지나서야 즉위하게 된다. 쿠데타의 주역이 20여 년이 지나서야 즉위한 예는 없다. 따라서 中大兄皇子의 등극은 을사의 변을 주도한 결과라기보다는 그 이후의 정세 변화에 따른 결과였다고 보는 것이 타당하지 않을까 생각된다.

개신정권이 취한 皇極天皇의 퇴위나 難波 천도 등을 주도한 인물이 中大兄皇子가 아니라 孝德天皇을 중심으로 한 세력이었다고 한다면 中大兄皇子가 개신정권의 주도권을 잡기 시작한 때는 언제부터였을까 하는 의문이 생긴다.

2. 개신정권 내부의 세력 교체

《일본서기》 大化 4년(649) 3월 24일조에는 蘇我臣日向이 中大兄皇子에게 이복형인 개신정권의 우대신 蘇我倉山田麻呂가 中大兄皇子를 살해하려고 한다고 밀고함으로써 蘇我倉山田麻呂를 비롯하여 그 일족들이 자결에 이르게 되는 사건이 보인다. 소위 蘇我倉山田麻呂 모반사건이다. 그런데 蘇我倉山田麻呂 모반 사건을 전후해서 개신정권의 수뇌부에는 중대한 인적 변화가 일어나고 있다.

蘇我臣日向의 밀고가 있기 일주일 전인 3월 17일에는 개신정권의 좌대신이요, 孝德天皇의 후계자로 中大兄皇子에 의해서 모반을 꾀했다는 이유로 교수형에 처해지는 有間皇子의 외조부인 阿倍

內麻呂가 병사한 것으로 되어 있다.[124] 그리고 좌대신 阿倍內麻呂와 우대신 蘇我倉山田麻呂가 1주일 간격으로 연달아 죽은 직후인 4월 20일에는 그들의 후임으로 巨勢德陀古臣와 大伴長德連가 각각 좌·우대신으로 임명된다.[125] 그리고 개신정권의 정책 입안을 담당하던 國博士 僧旻과 高向玄理도 좌·우대신 阿倍內麻呂와 蘇我倉山田麻呂가 巨勢德陀古臣와 大伴長德連로 교체된 649년 국박사직을 잃게 된다.[126] 蘇我倉山田麻呂 모반 사건을 전후하여 개신정권을 뒷받침하던 핵심 인물들이 대부분 교체되거나 관직을 잃게 된 것이다.

그런데 좌·우 대신 阿倍內麻呂와 蘇我倉山田麻呂, 국박사 僧旻과 高向玄理 등은 개신정권의 핵심 요직을 맡고 있었던 인물들이었으므로 적어도 蘇我倉山田麻呂 모반 사건이 일어나는 649년 초까지는 그들이 개신정권의 정책을 주도하고 있었다고 보는 것이 타당하다고 생각된다. 다시 말하면 中大兄皇子가 번복시킨 皇極天皇의 퇴위나 難波 천도 등은 그들의 주도하에 이루어졌다는 것이다. 그렇다면 649년 이들의 퇴진이야말로 中大兄皇子가 개신정권의 주도권을 잡는 계기가 된 것이 아닌가 생각된다. 다시 말하면 中大兄皇子가 좌대신 阿倍內麻呂의 병사를 계기로 蘇我倉山田麻呂의 모반사건을 만들어[127] 孝德天皇 체제를 뒷받침하던 좌·우 대신을 교체하여 巨勢德陀古臣와 大伴長德連로 하고 정책을 입안하던 국박사까

124 《日本書紀》 大化 4년 3월조.
125 《日本書紀》 大化 4년 4월조.
126 關晃, 1962, 〈大化改新〉, 《岩波講座 日本歷史》 古代 2, 220쪽.
127 《日本書紀》에는 사건의 이유가 명확히 제시되어 있지 않다.

지 해임시킴으로써 개신정권의 주도권을 장악하기 시작했다는 것이다. 이런 사실은 대외정책에서도 확인된다.

3. 개신정권의 대한반도 정책

을사의 변으로 타도된 蘇我씨 본종가가 친백제 정책을 주도해 왔다는 것은 주지의 사실이다. 蘇我씨 본종가를 타도한 을사의 변은 蘇我倉山田麻呂가 '三韓의 表文' 읽는 데서부터 시작되어 '韓人'에 의해서 蘇我씨 본종가의 入鹿이 살해되는 것으로 되어 있다.[128] 그런데 친백제 정책을 주도하던 蘇我씨 본종가가 타도된 만큼 개신정권에서는 蘇我씨가 주도하던 기존의 친백제 정책에 어떤 변화가 있지 않았을까 하는 의구심이 들 수밖에 없다.[129]

대외관계라고 하는 것은 인적, 물적 교류로써 표현된다고 생각된다. 따라서 개신정권의 대외정책을 알기 위해서는 大化改新을 전후한 일본과 한반도 각국과의 인적, 물적 교류를 살펴볼 필요가 있다고 생각된다.《일본서기》에 보이는 大化改新 전후 일본과 한반도 각국과의 인적, 물적 교류는 〈표1〉과 같이 제시할 수 있다.

〈표1〉에 의하면 개신정권이 등장한 후 한반도 각국과의 인적, 물

128 《日本書紀》 皇極 4년 6월조.

129 仁藤敦史(전게 논문, 157쪽)는 孝德을 개혁의 중심에 자리매김한다면 개신기에 있어서 외교정책의 대립축은 개신의 중심이었던 孝德과 皇極(=齊明)·天智 사이에 존재한 것이 되며, 皇極의 생전양위(생전양위)는 외교방침의 대립에 의한 강제적인 퇴위였을 가능성을 지적하고 있다.

표1. 일본 측에서 본 일본과 한반도 각국과의 사신의 교류

	新羅		百濟		高句麗	
	來使	遣使	來使	遣使	來使	遣使
皇極元	三月, 賀騰使·弔使	二月, 吉士眞跡	正月, 弔使	二月, 吉士水鷄	二月, 使者	二月, 津守連大海
			正月, 調使			
二			六月, 調使		六月, 使者	
三						
四						
大化元	七月, 調使		七月, (調使)		七月, (高·百·新·任	
二	二月, 高·百·新·任	九月, 高向玄里	二月, (高·百·新·任		의 使者)	
	의 使者		의 使者)		二月, (高·百·新·任	
三	正月, 高·新의 使者				의 使者)	
	是歲, 金春秋				正月, (高·新의 使)	
四	是歲, 使者	二月, 學文僧		二月, (學文僧)		二月, (學文僧)
五	是歲, 金多遂等卌	五月, 三輪君色夫				
	七人					
白雉元	四月, 調使					
	六月, 調使	六月, 調使				
	是歲, 調使					
	四月, 調使	四月, 調使				
	六月, 調使	六月, 調使				
	七月調送使	七月, 送使		是歲, 弔使		
	是歲, 弔使	是歲, 弔使				

( )안은 그 사실성이 의심스러운 것들임[130]

적 교류에는 큰 변화가 있던 것으로 되어 있다.

皇極天皇(642-644) 연간에 고구려와는 1회의 견사와 2회의 래사 등 왕복 3회의 교환에 그치고 있다. 신라와도 1회의 견사와 1회의 래사 등 왕복 2회의 교환에 그치고 있다. 그러나 신라와 대립관계에 있던 백제와는 1회의 견사와 3회의 래사 등 왕복 4회로 신라보다는 빈번하게 교류하고 있었음을 알 수 있다. 적어도 신라와의 관계가 백제와의 관계를 능가하지는 못하고 있었다는 것이다.

그러나 개신정권이 들어서고 난 직후인 大化연간(645-649)에 기존의 대외관계에 큰 변화가 일어난다. 백제와는 견사 1회 래사 2회로 왕복 3회에 그치고 있다. 고구려와도 견사 1회 래사 3회로 왕복

130 김현구, 전게서, 414쪽.

4회에 그치고 있다. 그러나 신라와는 견사 3회 래사 6회 등 왕복 9회로 백제나 고구려와의 관계에 비해 격단의 차이를 보이고 있다. 더구나 백제나 고구려와 교류했다는 사자는 어느 하나도 확실한 게 없다.[131] 따라서 皇極天皇(642-644) 연간에는 비교적 백제와의 관계가 긴밀했던 데 반해 大化연간(645-649)이 되면 갑자기 신라와의 관계가 빈번해졌다고 할 수 있을 것이다.

그런데 신라와의 관계는 사자의 교환 횟수만 빈번해진 것이 아니라 질적인 면에서도 큰 변화가 일어나고 있다. 개신정권에서는 大化 2년(646) 정책입안을 담당하던 국박사 高向玄理가 신라에 파견되고, 신라에서는 귀국하는 국박사 高向玄理와 함께 당대 최고의 실력자라고 할 수 있는 金春秋가 일본에 파견되는 것이다. 이처럼 매년 신라와 사신을 교환하고 실력자들이 상호 방문한 예는 오랜 양국 관계에서 전무후무한 일이라고 할 수 있다. 개신정권이 이전 정권과는 달리 적어도 大化연간(645-649)에는 친신라 정책을 취하고 있었음을 알 수 있다.[132] 따라서 친백제 정책을 주도하던 蘇我씨 본종가를 타도하는 을사의 변과 이어지는 일련의 개신의 중요한 목적 중 하나가 친백제 정책에서 친신라 정책으로의 전환에 있었다고 할 수 있을 것이다.[133] 이는 을사의 변이 '韓政'에서 시작되어 친백제 정

131 大化연간의 백제사의 도일이 신뢰할 수 없음은 졸저(전게서, 413쪽)에 자세히 논증되어 있다.

132 '개신정권의 대한반도 정책'은 졸저의 〈日·羅·唐の三國聯合體制の成立〉을 참조할 것.

133 이런 면에서는 '中大兄이 아니라 經황자가 을사의 변을 주도했다면 大化期의 친당·친신라 정책은 經皇子가 주도한 것이 되고 을사의 변은 친백제에서 친당·친신라 노선으로의 전환이라는 다름 아닌 '韓政'의 문제가 되며 白雉期 이후의 中大兄과 齊明에 의한 권력 탈취에 따라 蘇我씨적인 친백제 외교로의 회귀가 이루어지게 되었

책을 주도하던 蘇我씨 본종가의 蘇我入鹿을 '韓人'들이 살해했다는 《일본서기》의 내용과도 잘 합치된다.[134]

그럼에도 불구하고 663년 백제를 구원하기 위해서 백촌강 싸움에 대군을 파견한 天智천황(662-671)이 바로 645년 을사의 변과 개신정권을 주도한 中大兄皇子이므로 개신정권에서도 蘇我氏의 친백제 정책은 변함없이 지속되었다고 하는 생각이 통설을 이루어 왔다. 그러나 大化연간에 개신정권을 주도한 인물이 中大兄皇子가 아니었다면 663년 백촌강 싸움에 백제를 위해서 대군을 파견한 인물이 中大兄皇子였다고 하더라도 〈표1〉에 반영된 大化연간의 친신라 정책이 잘 설명된다고 할 수 있을 것이다. 그렇다면 개신정권이 中大兄皇子 주도로 663년 백촌강 싸움에 대군을 파견하는 친백제 정책으로 회귀하기 시작한 것은 언제부터였었는가 하는 의문이 제기된다.

中大兄皇子가 개신정권의 주도권을 장악하게 된 계기가 649년 蘇我倉山田麻呂大臣의 모반사건이었다면 中大兄皇子에 의한 친백제 정책으로의 회귀도 649년 蘇我倉山田麻呂大臣의 모반사건 직후부터가 아니었는가 생각된다. 다시 말하면 663년 백촌강 싸움에 구원군을 보내는 中大兄皇子의 친백제 정책은 649년 蘇我倉山田麻呂大臣의 모반사건을 통한 인적 교체의 결과였다는 것이다.

蘇我倉山田麻呂大臣의 모반사건 2년 후인 《일본서기》 白雉 2년(651) 시세조에는 '신라의 조공사 知萬沙飡 등이 唐國의 의복을 입

다는 설명이 가능하게 된다'는 仁藤敦史씨의 견해(전게 논문, 145-146쪽)는 경청할 만하다.

134 《일본서기》 皇極 4년 6월조.

고, 筑紫(현재 九州의 福岡)에 묵었다. 조정에서는 마음대로 복제를 바꾼 것을 불쾌하게 생각하여, 책하여 逐아 돌려보냈다. 이때에 巨勢大臣이 주상하여, "지금 신라를 치지 않으시면, 후에 반드시 후회할 것입니다. 그 치는 방법은 어렵지 않습니다…'라고 되어 있어서 신라가 당과 가까워지고 있다는 명분으로 신라정벌론까지 등장하고 있음을 알 수 있다. 개신정권의 大化연간(645-649) 친신라 정책과는 전혀 상반되는 생각을 갖은 세력이 대두하고 있음을 보여 주고 있는 것이다. 그런데 신라 정벌론을 들고 나온 巨勢大臣은 649년 蘇我倉山田麻呂大臣의 모반 사건으로 개신정권의 수뇌부가 교체되면서 좌대신이 된 인물이다. 따라서 신라 정벌론 즉 친백제 정책으로의 전환은 蘇我倉山田麻呂大臣의 모반 사건을 계기로 한 인적 교체의 결과였다고 할 수 있을 것이다.

한편 〈표1〉에서 인적 쇄신 다음 해부터 시작되는 孝德天皇 후반인 白雉연간(650-654) 일본과 한반도 각국과의 관계를 보면 일본이 大化연간의 친신라 정책과는 달리 한반도 3국과 등거리 외교를 실시하고 있었음을 알 수 있다. 白雉 2·3·4년에는 신라와 백제가 다같이 調使를, 그리고 5년에도 다같이 送使와 弔使를 각각 일본에 파견한 것으로 되어 있다. 적어도 당시 《일본서기》 편자는 일본이 백제를 신라와 대등하게 취급하고 있었음을 알 수 있다.

白雉 5년의 送使와 弔使는 차치하고 白雉 2·3·4년의 調使는 전부 '新羅百濟遣使貢調獻物'로 신라와 백제가 함께 사신을 파견한 것으로 되어 있다. 그러나 당시 한반도에서 신라와 백제는 전쟁을 되풀이하고 있던 상태로 양국이 함께 사자를 파견했다는 것은 있을 수 없는 일이다. 따라서 白雉 2·3·4년의 調使에 관한《일본서기》의 내용이 그대로 사실이라고 생각되지는 않는다.

그런데《일본서기》白雉 원년 4월조의 신라사 도일 기사에는 '或本云, 是天皇世, 高麗·百濟·新羅, 三國, 每年遣使貢獻也'라는 분주가 보인다. 따라서《일본서기》白雉 2·3·4년에 보이는 '新羅百濟遣使貢調獻物'이라는 調使에 관한 기록은 白雉 원년 4월조의 或本에 보이는 것과 같은 기사를 참조로 하여 만들어진 것이 아닌가 생각된다. 그렇다면 白雉 2·3·4년에 신라와 백제가 각각 사자를 파견했다는 사실 자체는 인정해도 좋지 않을까 생각된다.《일본서기》편자는 양국 관계를 동등하게 처리하고 있었던 셈이다.

蘇我倉山田麻呂 모반 사건을 계기로 개신정권의 친신라 정책이 신라와 백제에 대한 등거리 정책으로 바뀌었다면 개신 초기의 皇極天皇 퇴위나 飛鳥 천도가 649년 蘇我倉山田麻呂大臣 모반 사건을 계기로 中大兄皇子에 의해서 번복되는 사실과 잘 합치된다. 그러나 蘇我倉山田麻呂 모반 사건을 계기로 中大兄皇子가 주도권을 장악했다고 하더라도 中大兄皇子의 飛鳥 환도 요청을 孝德天皇이 거절하는 사실에서 알 수 있듯이 친신라 정책을 일거에 친백제 정책으로 전환할 수는 없었으리라고 생각된다. 이러한 사실이 白雉연간 백제 신라에 대한 등거리정책으로 나타난 것이 아닌가 생각된다. 中大兄皇子가 친백제 정책으로 완전히 회귀하기 위해서는 孝德天皇의 퇴장을 기다릴 수밖에는 없었다는 것이다.[135] 그러나 이미 신라와의 관계가 소원해졌음은 657년 신라가 입당하는 일본 승려의 신라선

135 飛鳥로의 환도도 孝德天皇 사후에 이루어진다는 사실을 상기할 필요가 있다.

이용 요청을 거부하는 사실로도 확인된다.[136]

그런데 白雉연간(650-654)인 653년 5월의 2차 견당사와 654년 2월의 3차 견당사를 中大兄皇子에 의한 신라·당에 대한 우호정책으로 오해할 가능성도 있다.

《일본서기》 653년 5월조에는 '大唐에 보낼 大使小山上吉士長丹, 副使小乙上吉士駒 … 모두 121인이 같이 한 배에 탔다. … 또 大使大山下高田首根麻呂, 副使小乙上掃守連小麻呂 … 모두 120인이 같이 한 배에 탔다'고 되어 있어서 632년 당과 국교가 단절된 지[137] 20여 년 만에 240여 명의 대규모 2차 견당사를 파견한 것으로 되어 있다. 더구나 사절단의 대부분을 유학생들이 차지하고 있다. 2차 견당사는 당과의 우호적인 관계를 반영하고 있다고 할 수 있다. 그런데 다음 해 2월에는 '대당에 보낼 압사 大錦上高向史玄理, 大使小錦上河邊臣麻呂, … 등을 두 배에 분승시켰다. … 드디어 京에 이르러 천자를 뵈었다. 이에 東宮監門 郭丈擧는 상세하게 일본국의 지리 및 국초의 신의 이름을 물었다. 압사 高向史玄理는 대당에서 죽었다.'[138]로 기술하고 있어 2차 견당사가 귀국하기도 전에 연이어 3차 견당사를 파견했음을 알 수 있다.[139] 이는 2차 견당사를 파견한 뒤 대당 우호관계에서 긴급한 문제가 발생하였음을 의미한다.

그런데 일본에서는 3차 견당사로 高向史玄理를 파견하기 직전에

136 《일본서기》 齊明天皇 3년 시세조.

137 당과의 국교 단절 과정에 대해서는 졸저의 〈唐の新羅支援要請と蘇我氏の對唐斷交〉 참조.

138 《일본서기》 白雉 5년 2월조.

139 2차 견당사는 554년 7월에 귀국하고 있다.(《일본서기》 白雉 5년 7월조)

中大兄皇子가 飛鳥 환도 문제를 둘러싸고 孝德天皇과 결별하고 자기 세력들을 이끌고 飛鳥로 돌아가 버리는 사건이 일어난다. 그렇다면 3차 견당사는 中大兄皇子가 자기 세력을 데리고 飛鳥로 돌아가 버린 직후에 孝德天皇이 파견한 셈이다. 그리고 3차 견당사를 파견한 것이 孝德天皇이라면 그들을 파견한 까닭은 中大兄皇子에 의해서 더 이상 당·신라와의 관계가 불가능하게 되었음을 알리기 위한 것이 아니었는가 생각된다.[140]

결어

을사의 변을 주도하고 개신정권을 주도한 인물이 지금까지는 中大兄皇子라고 일컬어져 왔다. 그러나 적어도 초기에 개신정권을 주도한 인물은 孝德天皇을 중심으로 하는 세력이었고, 中大兄皇子가 주도권을 장악하게 된 것은 649년 소위 蘇我倉山田麻呂大臣의 모반 사건 이후부터였다고 할 수 있다. 따라서 통설과는 달리 645년 皇極天皇의 퇴위라던가 難波 천도 등 적어도 大化연간의 정책은 孝德天皇을 중심으로 한 세력이 주도했다고 생각된다.

《일본서기》에는 大化연간에 친신라 정책을 취한 것으로 되어 있다. 그럼에도 불구하고 을사의 변을 주도한 인물은 中大兄皇子인데, 그가 백제를 위해서 663년 백촌강 싸움에 대규모 구원군을 파견하

140 2차 견당사와 3차 견당사 파견 이유는 졸저의 〈日·羅·唐の三國聯合體制の成立〉(전게서)에 자세히 설명되어 있다.

는 것으로 보아 개신정권은 처음부터 친백제 정책을 취했다는 것이 학계의 통설이었다. 그러나 을사의 변이나 적어도 초기에 개신정권을 주도한 인물이 中大兄皇子가 아니라 孝德天皇이었다면 大化년간(645-649)에 친신라 정책을 취한 것으로 되어 있는《일본서기》의 내용을 액면 그대로 받아들여도 좋지 않을까 생각된다. 개신정권이 적어도 大化연간에는 친신라 정책을 취했고 친신라 정책을 주도한 세력은 孝德天皇을 중심으로 한 세력이었다는 것이다. 이는 을사의 변이 '韓政'에서 시작되었다는 사실과도 잘 합치된다. 孝德天皇이 중심이 된 친신라 정책을 中大兄皇子가 다시 친백제 정책으로 회귀시켰다는 것은 을사의 변 직후에 퇴위시켰던 皇極天皇을 齊明天皇으로 다시 즉위시키고, 천도했던 難波에서 다시 飛鳥로 환도하는 등 개신정권이 大化연간에 취한 정책들을 원점으로 환원시키는 中大兄皇子의 정책과도 잘 부합된다고 할 수 있다.

을사의 변과 이어지는 大化改新의 주도자가 中大兄皇子가 아니라 孝德天皇을 중심으로 하는 세력이었다면 中大兄皇子의 역할은 무엇이었으며 大化改新이 추구했던 것은 무엇이었는가를 전면적으로 재검토할 필요가 있다고 생각된다. 이것이 현재까지도 논란이 계속되고 있는 大化改新像을 재구성하는 지름길이라고 생각한다.

4. 백촌강 싸움

출병 과정을 중심으로

663년 8월 당·신라 연합세력과 일본·백제·고구려 연합세력이 白村江에서 격돌하였다. 백촌강 싸움은[141] 당시 동아시아의 주요 국가가 모두 관여한 사건인 만큼 그 성격에 대한 규명은 동아시아의 역사를 구조적으로 이해하는 데 있어서 중요한 실마리가 될 수 있을 것이다.[142] 그런데 백촌강 싸움이 갖는 역사적인 의의 및 그 중요성에 비해서는 연구 성과가 너무나 미약하다는 느낌이 든다.

종래 백촌강 싸움의 성격에 대해서는 크게 두 가지 견해가 있었다. 하나는 일본이 그 속국 내지 조공국인 백제를 구원하기 위해서 출병했다는 설이다. 이 설은 백제가 일본의 속국 내지 조공국이었다는 전제하에 출발한 것으로 주로 일본 학자들이 주장하고 있

141 《일본서기》에는 '白村' 혹은 '白村江'이라고 되어 있고, 《舊唐書》 劉仁軌傳 등에는 '白江'이라고 되어 있으며, 《삼국사기》에는 '白沙'라고 되어 있다(遠山美都男, 1997, 《白村江》, 講談社現代新書, 204쪽).

142 동아시아 세계의 구조적인 이해의 문제에 대해서는 菊池英男(1979, 〈總說 — 研究史的回顧と展望〉, 《隋唐帝國と東アジア世界》, 汲古書院)의 논고를 참조하기 바란다.

다.[143] 다른 하나는 당시 야마토 정권의 지배층이 그들의 조국을 해방시키기 위해서 출병했다는 설이다. 조국해방설은 백제에서 건너간 사람들이 야마토 정권의 수뇌부를 이루고 있었다는 전제하에서 나온 것으로 주로 한국 측에서 제기되었다.[144]

백촌강 싸움에 대한 연구 성과가 적은 것은 백촌강 싸움의 전제가 고정되어 있기 때문이 아닌가 생각된다. 전제가 너무 명확하기 때문에 결론이 자연적으로 도출되어 버린다는 것이다. 백촌강 싸움의 성격 자체에 대한 정밀한 연구가 사실상 이루어지지 않고 있는 이면에는 이러한 사정이 크게 작용하고 있다고 생각된다.

원래 백제가 일본의 조공국이었다거나 백제인들이 야마토 정권의 수뇌부를 이루고 있었다는 두 설의 전제는 그 자체가 확실한 근거를 가지고 있는 것은 아니다. 백제가 일본의 조공국이었다는 주장은 과거 식민지 사관의 연장선상에서 벗어나지 못한 것이고, 백제인들이 야마토 정권의 수뇌부를 이루고 있었다는 주장도 일본 측의 주장에 대한 감정적인 반발이라는 측면을 부정하기 어렵다. 따라서 백촌강 싸움의 성격은 그 전제부터 전면적으로 재검토해 볼 여지가

---

143 대표적인 것이 백촌강 싸움이 당나라가 중심이 된 대제국주의와 일본이 중심이 된 소제국주의가 부딪힌 고대 제국주의 전쟁이라는 石母田正(1970, 《日本の古代國家》, 岩波書店, 70쪽). 그 뒤 鬼頭清明(1981, 《白村江》, 教育社, 129쪽)은 백제 구원이라는 명목으로 조선 반도의 상황에 간섭하지 않으면 신라·백제·임나의 조를 받는 입장을 잃어버린다고 하여 이 설을 계승하고 있다. 그리고 遠山美都男(위의 책)도 이와 같은 입장을 취하고 있다.

144 林宗相(1974, 〈七世紀中葉における百濟·倭の關係〉, 《古代日本と朝鮮の基本問題》, 學生社)을 필두로 변인석(1994, 《白村江戰爭과 百濟·倭 관계》, 한울아카데미) 등을 들 수 있다. 최근 정효운(1995, 《古代 韓日 政治交涉史 硏究》, 학연문화사)은 신라를 정복하기 위한 전쟁이라는 설을 제시하고 있다.

있다고 생각된다.

그러나 백촌강 싸움의 성격을 밝히는 작업은 백촌강 싸움 자체에 대한 검토가 핵심이 될 수밖에 없다고 생각된다. 따라서 이 장에서는 백촌강 싸움의 준비 단계라고 할 수 있는 야마토 정권의 출병 준비 과정을 통해서 백촌강 싸움에 대한 성격의 일단을 살펴보고자 한다.

1. 백촌강 싸움의 구도 형성

654년에 입당한 3차 견당사 高向玄理는 일본·신라·당 3국 연합체제에도 불구하고 개신정권 내부 사정으로 더 이상 신라를 군사적으로 지원할 수 없게 되었음을 당에 통보한다.[145] 高向玄理의 통보에 대해서 거꾸로 당 고종은 신라를 군사적으로 지원하기로 했던 약속을 이행할 것을 촉구한다.[146] 그런데 직접 지원을 받아야 할 대상은 당이 아니라 신라였다. 그럼에도 불구하고 야마토 정권이 신라를 제쳐두고 당에게 통보했다는 것은 당을 적으로 돌리고 싶지 않다는 의사 표시였다고 생각된다.[147] 다시 말하면 당을 그만큼 두려

145 《일본서기》 白雉 5년(654)조에는 단순히 高向玄理를 당에 파견한 사실만 기록되어 있다. 그러나 그의 역할이 신라를 군사적으로 지원할 수 없다는 사실의 통보에 있었다는 것은 金鉉球의 《大和政權の對外關係硏究》(1985, 吉川弘文館)에 잘 설명되어 있다.

146 김현구, 위의 책, 467쪽.

147 당을 직접적인 적으로 하지 않겠다는 의사는 백촌강 싸움의 당사자가 당인데도 불구하고 신라를 정벌한다거나 고구려를 구원한다는 표현은 쓰면서도 당을 적대시한다거나 당과 싸운다는 표현은 전혀 쓰지 않고 있다는 면에서도 입증된다.

워하고 있었다는 이야기이다.

그런데 일본에서는 미처 高向玄理가 귀국하기도 전에 3국 연합체제를 만드는 데 앞장섰고 高向玄理의 파견자이기도 한 孝德天皇(645~654)이 죽고[148] 645년 孝德天皇 등에 의해서 하야했던 皇極天皇(642~645)이 齊明天皇(655~661)으로 다시 등극한다.

3국 연합체제를 출범시킨 장본인인 孝德天皇의 생존 중에도 이미 신라를 지원할 수 없게 된 상황에 더해서 친백제적인 蘇我氏 노선에 따르다가 孝德天皇 등에 의해서 물러났던[149] 皇極天皇이 재등극한 만큼 당연히 齊明天皇은 신라를 지원하라는 당의 요구를 묵살한다. 그리고 한 걸음 더 나아가서 당의 침공에 대비해 수도인 아스카의 방위체제를 강화한다.[150] 그런데 당의 요구를 묵살하면서 아스카의 방위체제를 강화했다는 것은 당을 위협의 대상으로 인식하기 시작했다는 의미가 된다.[151] 따라서 齊明天皇이 재등극하는 시점에서 3국 연합체제는 사실상 해체되고, 당과의 대립이 시작되었다고 할 수 있다.

야마토 정권은 高向玄理를 당에 파견했던 654년에 군사 원조의

148 《일본서기》 白雉 5년 2월조에 의하면 高向玄理는 당에서 죽은 것으로 되어 있다. 한편 高向玄理를 파견한 것은 654년 2월인데, 그 해 10월에 孝德天皇이 죽는다.

149 皇極天皇과 그 남편인 舒明天皇은 蘇我氏의 정치·외교 노선에서 정치를 한 인물들이다(鬼頭清明, 앞의 책, 129쪽).

150 齊明紀 2년 是歲條의 '於田身嶺, 冠以周垣…(中略)…迺使水工穿渠. 自香山西, 至石上山. 以舟二百隻, 載石上山石, 順流控引, 於宮東山, 累石爲垣. 時人謗曰, 狂心渠. 損費功夫, 三萬餘矣. 費損造垣功夫, 七萬餘矣'라는 내용은 아스카 방위를 위한 것이다(門脇禎二, 1977, 《新版飛鳥》, 日本放送出版協會, 201쪽).

151 끝까지 당을 적으로 돌리지는 않으려던 孝德天皇에 대해서 당을 일본 열도에 대한 위협 세력으로 간주한 齊明天皇이 등극할 수 있었던 것은 당시 야마토 정권의 지배층이 당을 위협 세력으로 간주하고 있었기 때문이라고 생각된다.

대상이었던 신라에게도 巨勢稻持 등을 파견하고 있다. 巨勢稻持 등을 파견한 표면적인 이유는 孝德天皇의 상을 알리는 데 있었던 것으로 되어 있다.[152] 그러나 3국 연합체제가 실질적으로 끝나는 시점에서 孝德天皇의 상을 알린다는 명목이기는 하지만 일부러 巨勢稻持 등을 파견했다는 것은 신라와의 연합체제는 유지할 수 없지만, 적으로 하고 싶지는 않다는 의사를 표시한 것이라 생각된다. 그런데 《일본서기》에는 巨勢稻持 등이 신라에 갔을 때 봉칙한 인물이 金春秋였던 것으로 되어 있다.[153] 그 金春秋는 당대 최고의 실력자였다. 그리고 당·일본과의 3국 연합체제를 만든 장본이기도 하였다. 그런 金春秋가 3국 연합체제가 해체되는 상황에서 야마토 정권의 사신을 직접 맞이했다는 것은 신라도 야마토 정권과의 연합은 어렵다 하더라도 적으로 돌리고 싶지 않다는 야마토 정권의 뜻을 金春秋가 수용하였다는 의미가 아닌가 생각된다. 양국 모두 연합체제는 유지할 수는 없지만, 적대하고 싶지는 않았다는 것은 신라의 경우 백제와의 대립이 계속되고 있는 가운데 배후의 일본을 적으로 돌릴 수는 없는 입장에 있었고, 당의 위협을 느끼고 있던 야마토 정권 역시 신라까지도 적으로 돌릴 수는 없다는 면에서 양국의 이해관계가 맞아 떨어진 결과라고 할 수 있다.

백제는 3국 연합체제의 주인공인 孝德天皇이 죽고 친백제적인

152 持通紀 3년 5월조의 '在昔難波宮治天下天皇崩時, 遣巨勢稻持等, 告喪之日, 翳飡金春秋奉勅'은 신라와의 옛일을 회고하는 내용인데, 10월에 孝德天皇이 죽자 巨勢稻持 등을 보내서 그의 상을 알린 것으로 되어 있다.

153 持通紀 3년 5월조에는 '在昔難波宮治天下天皇崩時 … 翳飡金春秋奉勅'으로 金春秋가 봉칙한 것으로 되어 있다.

齊明天皇이 등장하자 대대적으로 신라에 대한 공격에 나서 655년 1월에는 신라의 30여 성을 빼앗는다.[154] 그리고 일본에도 잇달아서 대규모의 사절을 파견한다. 齊明紀에 의하면 신라의 30여 성을 공취한 655년 7월에 150인에 이르는 사절단을 파견하고, 동년 是歲條에도 100여 명이나 되는 대규모 사절을 파견하고 있다.[155] 백제가 齊明天皇이 등극하자마자 대규모의 사절을 잇달아서 파견한 것은 3국 연합체제를 추진하던 孝德朝(645~654) 때와는 전혀 다른 양상이다. 그런데 당시 백제는 당과 신라의 위협을 받고 있었다. 따라서 백제가 이와 같이 야마토 정권에 접근한 것은 당·신라에 대항하기 위한 것이었다고 할 수 있다.

백제의 접근에 대해서 야마토 정권이 직접 사절을 파견한 기사는 보이지 않는다. 그러나 齊明紀 2(656)년 是歲條에는 西海使佐伯連栲繩과 小山下難波吉士國勝 등이 백제에서 귀국하는 기사가 보인다.[156] 그들이 언제 파견되었는지는 알 수가 없다. 그런데 3국 연합체제가 무너지고 백제가 최초로 야마토 정권에 사절을 파견하여 국교가 재개되는 것이 655년 7월이다. 따라서 그들의 파견 시기는 665년 7월에서부터 그들이 귀국하는 656년 是歲 사이가 아닌가 생각된다.

齊明紀 3년 是歲條에도 西海使小花下阿曇連頰垂와 小山下津臣

154 《삼국사기》 고구려본기 寶藏王 14년조.

155 齊明紀 원년 7월조에는 '幷設百濟調使一百五十人'이라고 되어 있고, 동년 是歲條에도 '高麗·百濟·新羅, 並遣使進調'라는 기사의 분주로서 '百濟大使西部達率余宜受, 副使東部恩率調信仁, 凡一百餘人'이라는 내용이 보인다.

156 '西海使佐伯連木孝繩,[闕位階級.] 小山下難波吉士國勝等, 自百濟還, 獻鸚鵡一隻'이라는 내용이 보인다.

傴僂가 백제에서 귀국하는 내용이 보인다.[157] 이들 역시 언제 파견되었는지는 알 수 없다. 그러나 그들의 귀국이 齊明紀 2년 是歲條의 西海使佐伯連栲縄과 小山下難波吉士國勝 등의 귀국보다 늦은 것으로 보아서 그들의 파견은 西海使佐伯連栲縄이 귀국한 이후부터 657년 是歲 이전이었다고 생각된다.[158] 어쨌든 백제의 적극적인 접근에 대해 야마토 정권도 백제에 못지않게 적극적으로 백제와의 관계를 추구했음을 알 수 있다.

백제가 야마토 정권에 접근한 것은 당에 대항하기 위한 것이었다. 그럼에도 불구하고 야마토 정권이 백제의 접근을 적극적으로 수용했다는 것은 백제와 손을 잡고 당에 대항하겠다는 의사 표시였다고 할 수 있다. 그런데 백제가 무너지면 일본이 직접 당의 타깃이 된다. 따라서 야마토 정권이 백제의 접근을 적극적으로 수용한 것은 일본 열도에 대한 당의 위협을 저지하기 위한 것이라고 생각된다.

한편 고구려에서도 656년 8월 80여 명에 이르는 대규모 사절이 도일한다.[159] 그리고 659년 9월에도 다시 고구려의 사인이 도일하고

157 '西海使小花下阿曇連頬垂 小山下津臣傴僂[傴僂, 此云俱豆麻], 自百濟還, 獻駱駝一箇驢二箇'라는 기사가 보인다.

158 齊明紀 4년 是歲條에도 '又西海使小花下阿曇連頬垂, 自百濟還言, 百濟代新羅還, 時馬自行道於寺金堂. 晝夜勿息. 唯食草時止.[或本云, 至庚申年(660), 爲敵所滅之應也.]'라는 齊明紀 3년 是歲條의 '西海使小花下阿曇連頬垂 — 小山下津臣傴僂' 등의 귀국과 비슷한 내용의 기사가 보인다. 양 기사 모두 사인의 이름이 같을 뿐만 아니라, 是歲條에 실려 있다는 것은 두 가지 모두 시기를 정확히 몰랐다는 것을 의미한다. 따라서 하나의 기사로 보는 것이 타당하다고 생각된다.

159 齊明紀 2년 8월조에는 '高麗, 遣達沙等進調.[大使達沙, 副使伊利之總八十一人.]'이라고 되어 있다.

있으며,[160] 그 다음 해 정월에도 100여 인이 도일하고 있다.[161] 고구려가 연속해서 사절을 보낸 것은 희귀한 일이라고 할 수 있다. 일본이 3국 연합체제를 파기하자마자 고구려가 일본에 적극적으로 접근해 갔다는 이야기가 된다.

당시 고구려는 매년 당의 침략을 받고 있었다.[162] 따라서 고구려가 적극적으로 접근해 간 것은 대당관계에서 무엇인가 야마토 정권의 도움을 받기 위해서였다고 생각된다. 그런데 고구려의 배후에는 당을 지원하는 신라가 자리잡고 있었고 그 배후에 자리잡고 있는 것이 일본이었다. 그러므로 지정학적으로 야마토 정권이 직접 고구려를 지원할 수 있는 길은 없었고, 간접적으로 고구려의 배후를 위협하고 있던 신라를 견제하는 방법밖에 없었다. 따라서 대규모 고구려 사절이 잇달아 도일한 것은 신라를 견제하기 위한 것이 아니었는가 생각된다.[163]

그런데 656년 8월 고구려의 대규모 사절이 도일하자 야마토 정

---

160 齊明紀 5년 是歲條에도 '高麗使人 … 客等羞怪而退'이라는 기사가 보인다.

161 齊明紀 6년 정월조에도 '高麗使人乙相賀取文等一百餘, 泊于筑紫. … 夏五月辛丑朔戊申, 高麗使人乙相賀取文等, 到難波館. 秋七月庚子朔乙卯, 高麗使人乙相賀取文等罷歸.'라는 기사가 보인다.

162 649년 태종의 유조에 의해서 중단되었던 고구려 원정은 655년 2월에 재개되어 백제가 멸망하는 660년까지 연년 계속되었다. 그 해 5월에는 鄭明鎭 등이 요동성의 외곽과 성을 불태우고 돌아가고, 658년 6월에도 실패하지만 정명진과 薛仁貴가 침입하고 있다. 그리고 백제 원정 직전인 659년 11월에도 설인귀로 하여금 고구려를 공격하게 하고 있다.(김현구, 1997, 〈백촌강 싸움 전야의 동아시아 정세〉, 《사대논집》 21)

163 天智紀 2년 3월조에 의하면, 663년에 한반도에 출병하면서 표면적으로 내건 명분은 신라를 정벌한다는 것이었다. 그리고 신라가 657년 일본 견당사의 신라 경유를 거절한 것도(齊明紀 3년 是歲條 주 27 참조) 일본을 적대 국가로 생각하고 있었음을 입증하고 있다.

권도 바로 다음 달인 9월에 대규모의 사절을 고구려에 파견하여 답한다. 야마토 정권이 고구려에 직접 사절을 파견한 것도 이례적인 일이지만 더욱이 '大使·副使·大判官·中判官·小判官' 등의 정중하고 격식을 갖춘 사절을 파견한 것도 매우 이례적이라고 할 수 있을 것이다.[164] 고구려의 접근에 대해 야마토 정권이 적극적으로 대응했다는 것은 야마토 정권도 고구려와의 관계를 필요로 하고 있었다는 의미가 된다. 당시 고구려는 당에 대항하기 위해서 야마토 정권에게 접근해 간 것이다. 따라서 야마토 정권이 고구려의 접근에 적극적으로 대응했다는 사실은 고구려의 대당전을 지원하겠다는 의미가 된다고 할 수 있을 것이다.[165]

야마토 정권은 이미 백제와 손을 잡고 당에 대항하려 하고 있었다. 그런데 고구려가 무너지면 백제가 위험해진다. 그리고 백제가 무너지면 일본이 직접 당의 타깃이 되는 것이다. 야마토 정권이 고구려의 접근을 적극적으로 수용한 이유는 일본 열도에 대한 당의 위협을 사전에 저지하기 위한 것이었다고 할 수 있을 것이다.

야마토 정권의 백제·고구려와의 관계 강화는 신라나 당으로서는 좌시할 수 없는 일이었다. 657년 신라는 야마토 정권의 견당사 沙門智達 등의 新羅船 이용 요청을 거절한다.[166] 당도 659년 7월에 입

164 齊明紀 2년 4월조에 '遣高麗大使膳臣葉積, 副使坂合部連磐鍬, 大判官犬上君白麻呂, 中判官河內書首.[闕名.] 小判官大藏衣縫造麻呂'라는 기사가 보이는데 사절단이 '大使·副使·大判官·中判官·小判官' 등의 구성을 갖추고 있는 것으로 보아서 그 규모나 정중함을 짐작할 수 있다.

165 天智天皇 卽位前紀 是歲條(661)와 天智紀 원년조에 보이는 백제 구원군이 당과의 대결을 앞두고 '고구려 구원'을 표방하고 있다는 사실이 이를 입증하고 있다.

166 齊明紀 3년 是歲條에는 '使使於新羅曰, 欲將沙門智達, 間人連御廐, 依網連稚子等, 付汝國使, 令送到大唐. 新羅不肯聽送. 由是, 沙門智達等還歸'로 신라가 야마

당한 일본의 4차 견당사 小錦下坂合部連石布 등을 감금하는 조치를 취한다.[167] 따라서 신라가 沙門智達의 신라 경유를 거절하는 657년 이후부터 4차 견당사 小錦下坂合部連石布와 大仙下津守連吉祥이 당에서 감금당하는 659년의 단계에는 일본·백제·고구려와 당·신라가 싸우는 백촌강 싸움의 구도가 완전히 표면화되었다고 할 수 있을 것이다. 그러나 齊明天皇이 등장하여 3국 연합체제를 파기하고 백제에 西海使佐伯連栲繩과 小山下難波吉士國勝 등을 파견하고 고구려에 高麗大使膳臣葉積 등을 파견하여 백제·고구려와의 관계를 적극적으로 추진하는 656년의 단계가 되면 이미 야마토 정권의 의도는 분명해졌다고 본다. 즉 656년 단계에는 이미 백촌강 싸움의 기본 구도가 성립되었다는 것이다.

2. 복신의 구원 요청과 출병 준비

사비성이 함락되고 義慈王이 항복함으로써 백제가 공식적으로 멸

토 정권 견당사의 신라선 이용을 거절하는 기사가 보인다. 단 齊明紀 4년 7월조에는 '是月, 沙門智通, 智達, 奉勅, 乘新羅船, 往大唐國, 受無性衆生義, 於玄奘法師所.'로 다음 해에는 신라가 그들의 新羅船 이용을 허용한 것으로 되어 있다. 그 이유는 여러 가지로 생각할 수 있을 것이다. 백제 정벌을 앞두고 당이 4차 견당사를 入唐시키면서도 정보의 누출을 염려하여 그들을 감금한 사실은 이 문제에 대해서도 시사하는 바가 있지 않을까 생각된다.

167 齊明紀 5년 7월조에는 '遣小錦下坂合部連石布, 大仙下津守連吉祥, 使於唐國. 仍以道奥蝦夷男女二人, 示唐天子.[伊吉連博德書曰 … 勅旨, 國家來年, 必有海東之政. 汝等倭客, 不得東歸. 遂匿西京, 幽置別處.… 困苦經年]' 다음 해에 단행할 백제 원정의 정보가 누설될 것이 두려워서 그들을 감금한 것으로 되어 있다.

망하는 것이 660년 7월 18일이다.[168] 그리고 백제가 達率(厥名), 沙彌覺從 등을 파견하여 신라와 당의 연합군에 의해서 군신들이 포로로 잡혀갔음을 알리는 것이 9월이다.[169] 그러나 達率(厥名), 沙彌覺從 등의 도일을 알리는 齊明紀 6년 9월조의 或本에는 '逃來告難.'으로 정식의 사신이 아니고 백제가 멸망하는 틈에 도망 나온 사람이 전한 것으로 되어 있다. 백제의 멸망만을 전하고 구원은 요청하지 않는 사실과 아직 백제 부흥 운동의 주체가 형성되지 않았다는 점에서[170] 볼 때, 沙彌覺從 등은 정식의 사자가 아니고 백제 멸망 중에 망명한 자라는 齊明紀의 내용에 틀림이 없다고 생각된다.

후일 백제 부흥 운동의 중심이 되는 福信의 공식적인 활동이 보이기 시작하는 것은 8월 26일 경이다. 蘇定方이 劉仁願으로 泗沘를 지키게 하고, 王文度를 熊津都督으로 삼아 지키게 한 다음 귀국

---

168 《삼국사기》 신라본기 武烈王 7년조에 의하면 蘇定方이 7월 18일 義慈王의 항복을 받고, 同 29일에는 新羅王의 치하를 받은 다음 9월 3일 劉仁願으로 사비를 지키게 하고 王文度를 熊津都督으로 임명한 다음 귀국한 것으로 되어 있다.

169 齊明紀 6년 9월조에는 '百濟遣達率[闕名.]沙彌覺從等, 來奏曰,[或本云, 逃來告難.] 今年七月, 新羅恃力作勢, 不親於隣. 引構唐人, 傾覆百濟君臣總俘, 略無噍類' 라고 9월에 백제의 멸망을 알린 것으로 되어 있다. 그리고 齊明紀 4(658)년 是歲條에는 '或本云, 至庚申年七月, 百濟遣使奏言, 大唐新羅, 幷力代我. 旣以義慈王, 王后, 太子, 爲虜而去. 由是, 國家, 以兵士甲卒, 陣西北畔. 繕修城柵, 斷塞山川之兆也' 로 660년에 백제 사신이 도일하여 당과 신라 연합군이 義慈王과 王后·太子 등을 잡아간 사실과 잔군이 서북부를 근거로 저항하고 있음을 알린 것으로 되어 있다. 齊明紀 4(658)년 기록은 是歲條에 실려 있어서 그 시기는 정확히 알 수가 없지만 백제의 멸망만을 알리고 구원은 청하지 않았다는 사실이 9월 沙彌覺從 등의 성격과 크게 다르지 않다.

170 뒤에서 논하는 것처럼 9월 5일 沙彌覺從이 도일하기 이전인 8월 26일 경에는 福信이 이미 부흥운동을 시작하고 있다. 그러나 부흥운동이 시작되면서 일본에 사자를 파견했다고 하더라도 沙彌覺從이 도일한 9월 5일 이전에 도착하기는 힘들다고 생각된다. 따라서 沙彌覺從 등은 멸망의 와중에 도망해서 건너간 자가 아닌가 생각된다.

하는 것이 9월 3일인데,[171] 이미 8월부터 백제 잔군의 저항이 보이기 시작한다.《삼국사기》 무열왕 7(660)년 8월 2일조에는 '백제의 여중이 南岑·貞峴·□□□城에 거하고, 佐平 正武가 豆尸原嶽(淸原郡 定山面)에 주둔하여 唐羅人을 약탈하였다'고[172] 되어 있다. 그리고 26일에는 신라군이 任存(大興)의 大柵을 공격하였으나 적이 많고 지리가 험하여 이기지 못한 것으로[173] 되어 있다. 그런데 唐 劉仁願紀功碑에는 福信과 道琛이 함께 任存城에서 거병한 것으로[174] 되어 있고,《일본서기》에는 福信이 任存城에서 거병한 것으로 되어 있다.[175] 따라서 26일 임존성에서 신라의 공격에 저항한 중심인물이 福信임을 알 수 있다.

백제 부흥 운동의 중심인물인 福信이 佐平 貴智 등을 보내서 원군과 일본에 머물고 있던 왕자 豊璋의 귀국을 청하는 것이 10월이다.[176] 당시 의자왕은 당나라로 잡혀갔고, 풍장은 아직 귀국하지 않은 상태였으므로 부흥운동을 주도하던 福信이 원군과 풍장의 귀국을 요청한 것은 당연하다고 밖에 할 수 없을 것이다.[177]

---

171 《舊唐書》 199上, 百濟傳 顯慶 5(660)년조.《삼국사기》 신라본기 무열왕 7년 9월조.

172 百濟餘賊據南岑貞峴□□□城 又佐平正武聚衆庄豆尸原嶽 抄掠唐羅人

173 攻任存大柵 兵多地嶮 不能克 但攻破小柵

174 '反逆即有僞僧道琛, 僞扞率鬼室福信. 出自閭巷其魁首. 招集狂狡 堡處任存 峰屯蟻起彌山滿谷'(唐 劉仁願紀功碑, 1992,《譯註韓國古代金石文》 1, 가락국사적개발연구소)

175 齊明紀 6년 9월조.

176 齊明紀 6년 10월조에는 '百濟佐平鬼室福信, 遣佐平貴智等, 來獻唐俘一百餘人. 今美濃國不破, 片縣, 二郡唐人等也. 又乞師請救. 并乞王子余豊璋曰'이라고 되어 있다.

177 齊明紀 6년 12월조의 '天皇幸干難波宮. 天皇方隨福信所乞之意, 思幸筑紫, 將遣救軍' 福信의 요청에 따라 구원군을 보내려 한다는 내용으로도 당시 구원군의 요청자가 福信임이 입증된다.

그런데 齊明紀 6(660)년 10월조에는 '百濟佐平鬼室福信, 遣佐平貴智等, 來獻唐俘一百餘人. 今美濃國不破, 片縣, 二郡唐人等也.'로 福信이 660년 10월에 당의 포로 100여 명을 바친 것으로 되어 있다.[178] 福信이 원군과 풍장의 귀국을 요청하기 위해서 바친 것이 아닌가 생각된다.

福信이 거병한 것이 8월인데 그가 파견한 佐平 貴智 등이 10월에 일본에 도착한 것으로 보아 福信은 부흥운동을 시작하자마자 먼저 원군과 풍장의 귀국을 요청한 셈이다. 福信의 구원 요청을 받은 齊明天皇은 筑紫(北九州)에 가서 직접 출병을 준비하기 위하여 12월에는 難波宮에 행차해서 백제 구원을 위한 제반 무기를 준비하게 한다.[179] 그리고 齊明紀 6년 12월조의 '天皇方隨福信所乞之意, 思幸筑紫, 將遣救軍'에서도 알 수 있듯이 齊明天皇은 그 출병이 福信의 요청에 의한 것임을 분명히 하고 있다.[180] 그런데 齊明紀 6(660)년

178 天智天皇卽位前紀 11월조에 인용되어 있는《日本世記》의 '十一月, 福信所獲唐人續守言等, 至于筑紫. 或本云, 辛酉年(661), 百濟佐平福信所獻, 唐俘一百六口, 居于近江國墾田. 庚申年(660) 旣云福信獻唐俘. 故今存注. 其決焉.]'이라는 내용으로도 그와 같은 사실이 뒷받침된다. 다만《日本世記》가 天智天皇 卽位前紀(661)에 인용되어 있어서《日本世記》는 당의 포로들을 보낸 기사를 661년으로 인식하고 있는 것처럼 되어 있다. 그러나 660년에 포로들을 일본에 보냈고, 그들을 661년에 近江으로 옮긴 것이라면 齊明紀 6년 10월조의 내용과《日本世記》의 내용은 상충되는 것은 아니다. 福信이 사자를 파견한 것이 660년 10월이라는 사실로 보더라도 당 포로를 바친 것은 660년 10월이 되어야 할 것이다.

179 齊明紀 6년 12월조에는 '天皇幸干難波宮. 天皇方隨福信所乞之意, 思幸筑紫, 將遣救軍, 而初幸斯, 備諸軍器.'라고 되어 있다. 그리고 齊明天皇이 筑紫를 행해서 가는 도중에 제반 무기를 준비시켰다는 것은 齊明紀 7년 1월조의 齊明天皇이 海路西征의 길을 떠난다는 사실로도 입증된다. 즉 서정을 떠나기 위해서는 이미 출병을 결심했다는 이야기인데 출병을 위해서는 무엇인가 준비가 필요했을 것으로 생각되므로 그 한 달 전에 해당되는 660년 12월에 출병을 위한 준비가 행해졌다는 것은 타당하다고 생각된다.

180 蘇我氏의 방침에 따라서 정치·외교를 행한 결과(鬼頭淸明, 앞의 책, 107쪽)라 할

是歲條에는 '欲爲百濟, 將伐新羅, 乃勅駿河國造船.'으로 출병준비를 하던 660년에 백제를 구원하러 가기 위해서 駿河國에 배를 만들게 명령한 것으로 되어 있다.[181] 따라서 배를 만들라고 駿河國에 명한 것이 660년 12월에 難波宮으로 행차해서 제반 무기를 준비하라고 내린 명령의 일환이었음을 알 수 있다.[182] 따라서 駿河國에 造船을 명한 것이 660년 12월경이라고 한다면 그 명령은 661년 8월의 출병 계획에 맞추어진 것이라고 할 수 있다. 다만 661년 8월에 발표된 출병 계획 중 '本隊'의 파견은 663년 3월에 이루어지고, 盧原君臣이 이끄는 '後續部隊'는 663년 8월에 출발하게 되는 것이다.[183]

齊明紀에 의하면 660년 10월에 福信의 구원 요청을 받고 12월 24일 오사카의 難波宮에 행차해서 제반 무기를 갖추도록 한 齊明天皇은 다음 해 정월 6일에 북규슈의 筑紫를 향해서 항해를 시작

수 있다.

181 그런데 663년 8월 백촌강 싸움의 '後續部隊'를 이끌고 출병한 盧原君臣은 바로 배를 만들라는 명령을 받은 駿河國 출신인 것이다. 駿河國 출신들이 백제로 출병을 하고 있다는 점에서도 駿河國에 造船을 명했다는 내용은 신뢰성이 높다고 생각된다.

182 福信의 구원 요청이 10월에 있고 그에 응해서 무기를 준비하라는 명령을 내리는 것이 12월인 점으로 보아서 같은 해에 내려진 배를 만들라는 명령은 12월의 무기를 준비하라는 명령의 일환으로 보는 것이 타당하다고 생각된다.

183 本隊의 파견은 663년 3월에 이루어지지만 계획은 661년 8월에 발표되는 만큼 660년의 造船 명령을 661년 9월의 豊璋을 호송한 別軍에 연결시키려는 池內宏說(1960, 〈百濟滅亡後の動亂及び唐·羅·日三國の關係〉, 《滿鮮史硏究》 上世 第二册, 吉川弘文館)은 인정하기 어렵다. 八木充說(1970, 〈百濟の役と民衆〉, 《小葉田淳教授退官記念國史論集》)은 本隊의 출병에 맞추어서 이루어진 것이라는 측면에서는 타당하지만, 백제 부흥군이 663년 2월 2일 州柔城으로 이동하고 있는데 663년 2월에 도일한 백제사가 제보한 한반도 정보에 근거해 663년 3월의 본대 출병에 맞추어졌다고 한다는 면에서는 시간적으로 인정하기 어렵다. 정용운의 주장(앞의 책)처럼 신라의 대공세가 이미 2월에 시작되는데, 2월 2일에 간 사신의 정보를 기초로 준비하기 시작했다고 보기는 어렵다는 것이다.

한다. 8일에는 大佰海(岡山縣邑久郡의 바다)에 다다르고, 14일에는 四國 伊豫의 熟田津에 있는 石湯行宮에 들렀다가, 두 달 만인 3월 25일에는 원래의 항로로 복귀해서 娜大津(北九州)에 이르러서 磐瀬行宮에 자리를 잡는다. 4월에 이곳 磐瀬行宮에서 福信의 풍장 귀국에 대한 독촉을 받는다. 그리고 5월 9일에는 朝倉橘廣庭宮으로 옮겨서 백제 구원을 준비하다가 7월 24일에 급사한다. 齊明天皇이 급사하자 中大兄皇子가 8월 1일 磐瀬宮으로 운구한 다음 10월 7일 해로에 올라 11월 7일 飛鳥川原에 빈궁을 차리고 9일까지 發哀한다.[184]

그런데 오사카의 難波에서 출항하여 瀬湖內海를 山陽道諸國의 연안을 따라서 서쪽으로 항해하는 경우에는 四國에 있는 伊豫의 熟田津에 들르는 것은 항로에서 약간 벗어난다고 할 수 있다.[185] 그럼에도 불구하고 伊豫의 熟田津에 들렀다는 것은 다른 목적이 있음을 보여준다고 할 수 있다. 《備中風土記》 逸文에 의하면 齊明天皇과 동행한 中大兄皇子가 大佰海와 熟田津 사이에 있는 備中國下道郡邇磨鄕 부근에서 군사를 모은 것으로 되어 있다.[186] 따라서 伊豫의 熟田津에 들른 것도 군사를 모으기 위한 목적이 아니었나 생각된다.[187] 그것은 伊豫를 비롯해서[188] 백촌강 싸움에 파견한 많은

184 齊明紀 7년조.

185 遠山美都男, 앞의 책, 45쪽.

186 《風土記》 逸文 備中國邇磨鄕條 '皇極天皇六年 大唐將軍蘇定方 率新羅軍伐百濟 百濟遣使乞救 天皇幸筑紫 將出救兵 時天智天皇 爲皇太子 攝政從行 路宿下道郡 見一鄕戶邑甚盛 天皇下詔 試徵此鄕軍士 卽得勝兵二萬人 天皇大悅 名此邑曰二萬鄕 後改曰邇磨 其後天皇 崩御筑紫行宮 終不遣此郡'

187 이 점에 대해서는 이미 遠山美都男(앞의 책, 144쪽)도 지적한 바 있다.

188 당에 포로가 되었다가 돌아온 사람들의 기록에 의해서 당시 군사를 동원한 지역을

군대가 四國에서 동원된 사실로도 입증된다.[189] 齊明天皇은 筑紫로 행차하면서 군사를 모은 것이다. 筑紫로 행차하면서 군사를 모았다는 것은 야마토 정권에게 백제 구원이 얼마나 급박하고 중요한 일이었는지를 잘 보여 준다. 지정학적으로 백제가 무너지면 일본이 직접 당의 타깃이 되는 것이다. 따라서 야마토 정권이 백제 구원을 서두른 것은 일본 열도에 대한 당의 위협을 사전에 저지하기 위한 것이 아니었는가 생각된다.

3. 출병의 명분

한반도에서 최초로 확인되는 야마토 정권의 군대는 661년 豊璋의 호송군으로 파견되어 百濟加巴利濱에 주둔하고 있던 '別軍'이다.[190] 그 別軍은 백제 부흥군의 요청에 의해서 파견되었다.[191] 따라서 그

추측할 수 있는데 伊豫國에서 동원된 예가 둘 확인되고 있다. 伊豫國 風早郡의 物部藥은 당의 포로가 되었다가 持統 10년 4월에 귀국한다(以追大貳, 授伊豫國風速郡物部藥, 與肥後國皮石郡壬生諸石. … 以慰久苦唐地). 그리고《日本靈異記》에 의하면 伊豫國 越智郡의 大領의 祖上 越智直도 일행 8명이 당군의 포로가 되었다가 무사히 돌아온 것으로 되어 있다.

189 四國에서 동원된 예는 伊豫國의 두 예를 제외하고는 讃岐國 那賀郡의 錦部刀良이 당군의 포로가 되었다가 707년 5월에 귀국한 예가 확인된다. 그리고 701년의 遣唐使 田朝臣眞人은 당에서 포로가 되어 관노로 있는 讃岐國 那賀郡의 錦部刀良, 陸奧國 信太郡의 任生五百足, 筑紫國山門郡의 許勢部形見 등을 만난 사실이 있다(遠山美都男, 위의 책, 12쪽).

190 齊明紀 7년 是歲條의 '又日本救高麗軍將等, 泊于濟加巴利濱, 而燃火焉. 灰變爲孔, 有細響. 加鳴鏑'이 한반도에서 확인되는 야마토 정권이 파견한 최초의 군대이다. 그런데 661년에 파견된 군대는 9월에 파견된 풍장의 호송군밖에는 없다. 따라서 풍장을 호송한 '別軍'임을 알 수 있다.

191 齊明紀 6년 12월조에는 '天皇幸于難波宮. 天皇方隨福信所乞之意, 思幸筑紫, 將

정확한 명칭은 '백제 구원군'이어야 할 것인데 '고구려 구원군'을 칭하고 있다.[192] 그리고 662년 단계에도 변함없이 '고구려 구원군'을 표방하고 있다.[193] 뿐만 아니라, 백촌강 싸움을 석 달 앞둔 663년 5월의 시점에서는 실제로 야마토 정권의 사자가 고구려와 군사 문제를 상의하고 있다.[194]

야마토 정권의 '別軍'이 '고구려 지원군'을 표방하고 있던 당시에는 당이 백제를 멸망시키고 고구려에 대한 공세를 취하고 있는 중이었다.[195] 그러므로 고구려를 구원한다는 것은 당과 싸우겠다는 의미가 된다. 그런데 당시에는 백제 부흥을 위해서도 당과의 일전을 앞

遣救軍'으로 백제 부흥 운동을 주도하던 福信의 요청에 따라서 구원군을 보내려 하고 있음을 분명히 하고 있다. 실제로 군대의 파견을 준비하면서도 齊明紀 6년 是歲條에는 '欲爲百濟, 將伐新羅, 乃勅駿河國造船'으로 백제를 위한 출병의 준비임을 분명히 하고 있다. 그리고 天智天皇 卽位前紀 8월조에도 '遣前將軍大花下阿曇比邏夫連, 小花下河邊百枝臣等, 後將軍大花下阿倍引田比邏夫臣 … 救於百濟. 仍送兵仗, 五穀'으로 출병의 계획을 발표하면서 그 목적이 백제를 구원하는 데 있음을 분명히 밝히고 있다.

192 天智卽位前紀 是歲條 '又日本救高麗軍將等, 泊于濟加巴利濱, 而燃火焉. 灰變爲孔, 有細響. 加鳴鏑. 或曰, 高麗, 百濟終亡之徵乎.'

193 天智紀 원년 3월조에는 '唐人·新羅人, 伐高麗. 高麗乞救國家. 仍遣軍將, 據䟽留城. 由是, 唐人不得略其南堺, 新羅不獲輸其西壘'로 662년 단계에서도 고구려의 요청으로 고구려를 구원하기 위해서 출병한 것처럼 표방하고 있다.

194 天智紀 2년 5월조에는 '犬上君[闕名.]馳, 告兵事於高麗而還. 見糺解於石城. 糺解仍語福信之罪.'로 犬上君(厥名)이 풍장에게 들러서 고구려에서 상의한 군사 문제를 보고한 것으로 되어 있다. 이런 면에서 백촌강 싸움에서 패배한 뒤 풍장이 고구려로 도주했다는 점은 시사하는 바가 크다.

195 《삼국사기》 신라본기 무열왕 7년 3월조 '唐高宗命左武衛大將軍蘇定方爲神丘道行軍大摠管 金仁問爲副大摠管 帥左驍衛將軍劉伯英等水陵十三萬', 동년 7월조 '義慈率左右夜遁走 保熊津城 義慈子隆與大佐平千福等出降 … 定方以百濟王及王族臣寮九十三人百生一萬二千人 自泗沘乘船廻唐'에서 蘇定方은 7년 7월에 백제를 멸망시킨 후 귀국했다. 그리고 동년 11월조부터 고구려를 공격하고 있다(《삼국사기》 고구려본기 寶藏王 19(660)년 11월조 '唐左驍衛大將軍契苾何力爲浿江道行軍大摠管 左武衛大將軍蘇定方爲遼東道行軍大摠管 左驍衛將軍劉伯英爲平壤道行軍大摠管 蒲州刺史程名振爲鏤方道摠管 將兵分道來擊).

두고 있는 시점이기도 했다. 따라서 고구려를 지원하다가 실패할 경우 당의 위협이 직접 일본 열도에 미칠 가능성이 커진다고 할 수 있을 것이다.[196]

그럼에도 불구하고 야마토 정권이 고구려 구원에 나섰다는 것은 고구려를 도와서 당과 한반도에서 싸우는 것이 고구려가 무너진 뒤에 일본이 직접 당의 타깃이 되는 것보다 유리하다고 판단했다는 이야기가 된다. 당의 고구려 정벌을 저지하는 길만이 일본에 대한 위협을 해소하는 길이었던 것이다.

야마토 정권의 한반도 파견군은 처음부터 福信의 요청에 응하는 형태를 취하고 있었다.[197] 따라서 660년 군대 파견의 준비 단계에서부터 '爲百濟'라고 하여 백제를 구원하기 위한 군대임을 밝히고 있다.[198] 또한 661년 8월 군대의 출병 계획을 발표하면서 '救於百濟'라고 하여 백제를 구원하기 위한 군대임을 분명히 하고 있다.[199] 그런데 '백제 구원군'은 '고구려 구원군'도 겸칭하고 있었던 것이다. 야마토 정권이 파견한 하나의 군대가 '백제 구원군' 이외에도 '고구려 구원군'을 표방하고 있었다는 것은 '백제 구원'이 곧 '고구려 구

---

196 김현구, 2000, 〈백촌강 싸움과 일본의 대륙관계의 再開 — 唐과의 관계를 중심으로〉, 《글로벌리즘과 韓日文化》, 고려대학교 일본학연구소 개소기념 국제학술 심포지엄.

197 齊明紀 6년 12월조에는 '天皇幸于難波宮. 天皇方隨福信所乞之意, 思幸筑紫, 將遣救軍'으로 福信의 요청에 따라서 구원군을 보내려 하고 있음을 명확히 하고 있다.

198 齊明紀 6년 是歲條에는 '欲爲百濟, 將伐新羅, 乃勅駿河國造船'로 백제를 위한 출병 준비임을 분명히 하고 있다.

199 天智天皇 卽位前紀 8월조에도 '遣前將軍大花下阿曇比邏夫連, 小花下河邊百枝臣等 … 救於百濟. 仍送兵仗, 五穀'으로 출병의 계획을 발표하면서 그 목적이 백제를 구원하려는 데 있음을 분명히 밝히고 있다.

원'과 같은 뜻을 가진다는 의미가 된다. 그런데 백제를 구원하면 자연히 고구려의 위기는 감소된다. 그러므로 '백제 구원'이 '고구려 구원'이 될 수도 있는 것이다. 그리고 고구려 구원은 궁극적으로 일본에 대한 당의 위협을 감소시킨다. 따라서 백제 구원은 궁극적으로는 일본에 대한 당의 위협을 저지하기 위한 것이라고 할 수 있을 것이다.

'백제 구원'이나 '고구려 구원'은 다 같이 당과의 대결을 의미한다. 백제를 구원하기 위해서는 당장 웅진도독부가 있는 웅진성이나 백제의 도성이던 사비성을 점령하고 있는 당과 싸워야 하고, 고구려를 구원하기 위해서도 고구려를 공격 중에 있는 당과 싸워야 하기 때문이다. 그리고 당과의 대결에서 이겨야만 일본에 대한 당의 위협을 해소시킬 수 있는 것이다. 그러나 야마토 정권의 파견군은 '백제 구원군'이나 '고구려 구원군' 또는 백제를 구원하기 위해서 신라를 정벌한다는 표현은 쓰지만,[200] 당과 싸우기 위해서 출병한다는 표현은 어디에도 없다. 심지어는 당을 적대한다는 표현조차 없다.[201]

---

200 660년 10월 福信의 구원 요청에 대해서 공격의 목표가 신라임을 분명히 하고 있다. 齊明紀 6년 是歲條에는 출병을 준비하면서도 그 목적이 '欲爲百濟, 將伐新羅'로 신라를 정벌하는 데 있음을 분명히 하고 있다. 663년 3월 본대가 출발할 때도 天智紀 3년 3월조에는 '遣前將軍上毛野君稚子, 間人連大蓋, 中將軍巨勢神前臣譯語, 三輪君根麻呂, 後將軍阿倍引田臣比邏夫, 大宅臣鎌柄, 率二萬七千人, 打新羅'로 그 명분은 '打新羅'로 신라를 친다는 것에는 변함이 없다. 그리고 663년 3월에 본대가 파견되어서 실행한 최초의 작전도 天智紀 2년 6월조에는 '前將軍上毛野君稚子等, 取新羅沙鼻岐奴江二城.'으로 신라를 취하는 것에 두고 있다. 백제 부흥을 위해서 출병하는 야마토 정권이 신라를 공격의 목표로 하는 것은 너무나 당연한 사실이다.

201 654년 3국 연합체제를 유지할 수 없게 되었을 때에도 일부러 高向玄理를 파견하

그런데 당과 싸우기 위해서 출병한다는 명분으로는 당시 일본 지배층이나 백성들의 동의를 얻을 수 없었다고 생각된다. 당시 일본이 당과 싸워서 이길 수 있다고 생각한 사람은 없었을 것이기 때문이다. 그리고 당을 주적으로 설정하는 경우에는 백제 구원이나 고구려 구원이 실패하는 경우에는 일본에 대한 당의 위협은 배가 될 수밖에 없다. 따라서 출병에 대한 폭넓은 동의를 얻고 당의 위협을 가능한 한 최소화시키는 방법은 어디까지나 백제를 구원하기 위해서 신라를 정벌하거나 고구려 구원을 표방하는 길밖에 없었을 것이라고 생각된다.

결어

645년 大化改新에 의해서 물러났던 皇極天皇(642~645)은 기본적으로 蘇我氏 노선에 따라서 백제·고구려와의 관계를 중시하던 인물이었다. 그 皇極天皇이 齊明天皇으로 재등극하여 신라·당과의 3국 연합체제를 종식시키고 다시 백제·고구려와 연합하는 蘇我氏 노선으로 복귀하는 것이 656년경이다. 따라서 656년의 단계에서 백제·고구려·일본과 당·신라로 나누어져 싸우는 백촌강 싸움의 구도가 확립되었다고 할 수 있을 것이다. 당의 백제 멸망에 대항해서 야마토 정권이 구원군을 파견하는 구도가 656년의 단계에서 이

여 3국 연합체제를 유지할 수 없게 된 사정을 당 측에 설명한 사실과도 맥을 같이 한다 할 수 있을 것이다.

미 정해졌다는 것이다.[202]

야마토 정권이 3국 연합체제를 포기하고 백제·고구려와의 연합을 택했다는 것은 백제·고구려와 손을 잡고 당에 대항하겠다는 의미가 된다. 그런데 당이 고구려를 정벌하기 위해서 먼저 배후의 백제를 정벌한 것이다. 그리고 백제 부흥군이 구원을 요청해 온 것이다. 따라서 백제를 구원하지 못하면 고구려가 무너지게 되고 고구려가 무너지면 일본은 직접 당의 위협하에 놓이게 되는 것이다. 일본 열도에 대한 당의 위협을 저지하기 위해서는 백제 구원에 나서지 않을 수 없었다는 것이다.

그런데 당과 싸우기 위해서 출병한다는 명분으로는 국내에서 폭넓은 지지를 얻을 수가 없었다. 그리고 패배하는 경우에는 일본에 대한 위협은 배가 되는 것이다. 따라서 직접 대결해야 할 세력이 당임에도 불구하고 백제를 구원하기 위해서라는 명분을 내걸고 출병할 수밖에 없었던 것이다.

백제 구원군의 파견이 일본에 대한 당의 위협을 저지하기 위한 것이었다고 한다면 백촌강 싸움의 성격은 속국을 구원하기 위해서라거나 조국 부흥을 위해서라는 종래의 설과는 크게 다르게 되는 것이다. 그러나 '백촌강 싸움이 끝난 뒤 대륙과의 관계를 재개하는 과정'에 대한 검토를 하지 않은 단계에서 조급한 결론을 내리는 것

202 그런데 일관되게 일본에 대한 당의 위협을 저지하는 것을 과제로 하고 있었던 야마토 정권이 당·신라와의 3국 연합체제를 종식시키고 백제·고구려와의 연합을 추구했다는 것은 당·신라와의 3국 연합체제가 종국적으로는 당의 일본 열도에 대한 위협을 해소시키지 못한다고 판단했다는 것이다. 이것은 개신정권과의 차이점이기도 한 것이다.

은 시기상조라고 생각된다. 따라서 '백촌강 싸움이 끝난 뒤 대륙과의 관계를 재개하는 과정'에 관한 검토를 통해서 최종 결론을 내리고자 한다.

5. 백촌강 싸움과 대륙관계의 재개

신라와의 관계를 중심으로

역사적으로 동아시아 세계의 질서는 격동의 시기를 겪으면서 재편되어 왔다. 그런데 663년 백촌강에서는 동아시아 세계의 거의 모든 중요 국가들이 어우러져 싸웠다. 따라서 백촌강 싸움 후 동아시아 세계의 재편 과정은 동아시아 세계가 격동을 겪은 뒤 자리를 잡아가는 하나의 전형이라고 할 수 있다. 이 과정을 통해서 동아시아 세계를 구조적으로 이해하고 대륙에 대한 일본 대외정책의 한 패턴을 엿볼 수 있으리라고 생각된다.

일본·백제·고구려와 신라·당이 어우러져 싸운 663년의 백촌강 싸움의 패배로 일본은 대륙과의 관계가 완전히 단절된다. 일본이 손을 잡았던 백제와 고구려가 멸망하고 적대 관계에 있던 신라와 당이 한반도를 장악하게 되었기 때문이다. 따라서 일본으로서는 대륙과 새로운 관계 정립이 당면 과제로 등장하게 되었다.

종래에는 당이 백촌강 싸움의 주적이었고 국교 재개의 시기가 신라보다 앞섰다는 사실을 근거로 일본의 대륙 관계 재개에 관한 연구는 당과의 관계를 중심으로 하고 신라와의 관계를 부차적인 것으로 취급해 온 경향이 있었다.

그러나 일본의 주적이었던 당을 백촌강 싸움에 끌어들인 것은 신라였다. 그런데 백촌강 싸움이 끝난 뒤 신라도 일본과 마찬가지로 당의 위협하에 놓이게 되었다. 그 결과 당의 침입을 저지하기 위해서는 일본과 신라가 손을 잡지 않을 수 없는 처지에 놓이게 되었다. 이런 면에서 일본의 신라 관계 재개에 관한 연구는 그 재개의 시기가 당보다 늦었고 싸움의 주적은 아니었지만 당과의 관계 못지않게 중요할 뿐만 아니라 일본의 대륙 관계 정책을 이해하는 데 있어서 핵심적인 과제가 아닌가 생각된다.

1. 신라와 당의 한반도 분할 약속

신라가 백제와 사투를 계속하고 있던 고구려를 기습 공격하여 고구려가 차지하고 있던 한강 상류 지역을 점령하는 것이 551년이다.[203] 이를 계기로 신라와 고구려의 관계는 결정적인 대립 국면으로 접어들게 된다.[204]

---

203 《삼국사기》 신라본기 진흥왕 12년(551)조에는 신라 왕이 居柒夫 등에게 명해서 고구려의 10개 군을 취한 것으로 되어 있다.

204 《삼국사기》 신라본기 선덕왕 11년(642)조에 의하면 642년 金春秋가 고구려에 들어가서 구원을 청하자 고구려는 원병을 보내 주는 조건으로 신라가 빼앗아 간 '죽령 서부' 지역의 반환을 요구한 것으로 되어 있다. 따라서 551년 신라가 고구려의 한강 상류 지역 즉 죽령 서북 지역을 빼앗은 것이 양국 관계가 대립 국면으로 접어들게 된 결정적인 계기가 되었음을 알 수 있다.

신라는 고구려의 한강 상류 지역을 빼앗은 2년 뒤인 553년에 고구려에 대항하기 위하여 공수동맹을 맺고 있던 백제에게도 공격을 가하여 한강 하류 지역을 빼앗고 그곳에 新州를 설치한다.[205] 이에 반격을 시도하던 백제의 성왕을 554년 관산성 싸움에서 패사시킨다.[206] 그리고 그 여세를 몰아 562년에는 백제의 영향력하에 있던 가야 지역까지도 차지해 버리는 것이다. 그 결과 신라는 백제와도 돌이킬 수 없는 적대관계에 들어가게 된다.

한편 618년 당의 출현으로 고구려는 한반도 내부 문제에 관심을 가질 여유가 없었다. 따라서 한반도는 주로 백제와 신라가 싸움을 벌이고 고구려는 관망을 하는 형태였다. 그런데 641년 의자왕이 등극하자 백제는 신라에 대해서 본격적인 공세를 취하기 시작한다. 즉위 이듬해인 642년 7월에는 옛 가야의 40여 성을 함락시키고[207] 8월에는 대야성을 쳐서 신라의 실력자인 김춘추의 사위인 품석 부부까지 죽이는 것이다.[208]

이에 김춘추는 고구려에 들어가서 구원을 청한다.[209] 그러나 고구려는 신라가 빼앗아 간 죽령 서북 땅의 반환을 요구하면서 오히려 백제와 연합하여 643년에는 신라의 대당 통로를 차단하기 위하여

205 《삼국사기》 신라본기 진흥왕 14(553)년조에 의하면 신주의 치소는 廣州로 되어 있다.

206 《삼국사기》 백제본기 성왕 32년조 및 진흥왕 15년조.

207 《삼국사기》 백제본기 의자왕 2(642)년조에는 獼猴 등 40여 성을 취한 것으로 되어 있으나 선덕왕 11년조에는 서부 40여 성이라고 되어 있다. 그런데 이어서 8월에는 백제가 大耶城을 함락시키고 있다. 따라서 백제가 취한 땅은 대야성과 멀지 않은 신라의 서쪽, 즉 백제의 동남 방향이므로 옛 가야의 땅이라고 생각된다.

208 《삼국사기》 백제본기 의자왕 2(642)년조.

209 《삼국사기》 신라본기 선덕왕 11(642)년조.

黨項城에 대한 공격을 개시한다.[210] 따라서 신라로서는 당밖에 의지할 곳이 없게 되었다.[211]

그런데 중국에 수(589~618)·당(618~916)이라는 강력한 통일 국가가 출현하자, 자연히 동북의 강자인 고구려와 중국 통일 세력과의 대립이 표면화되기 시작한다. 그 결과가 수·당의 고구려 정토로 나타난다. 수의 고구려 정토 시도가 실패로 끝나자 뒤를 이은 당은 고구려 배후의 백제와 신라를 끌어들여서 고구려를 협공하려 했다.[212] 그러나 백제는 도리어 고구려와 손을 잡고 신라에 대해 대대적인 공세를 취하는 것이었다.[213] 반면 신라는 백제와 고구려의 공세를 저지하기 위해서 적극적으로 당에 접근하고 있었다.[214] 따라서 고구려에 대한 정면으로부터의 공격에 한계를 느끼고 있던 당으로서는 먼저 백제를 정토하여 신라의 위기부터 해소할 필요성을 느끼게 되었던 것이다. 즉 당으로서는 고구려 정토의 한 방법으로서 백제 정토를 생각하게 되었다는 것이다.[215]

---

210 《삼국사기》 신라본기 선덕왕 11년(642)조 및 의자왕 3년(643)조.

211 《삼국사기》 신라본기 선덕왕 12년조에는 643년에 입당한 신라사가 '遣使大唐上言高句麗百濟侵凌臣國 累遭攻襲數十城 兩國連兵 期之必取 將以今茲九月大擧 下國社稷必不獲全謹遣陪臣歸命大國 願乞偏師'라고 백제와 고구려에게 시달리고 있음을 당에 호소하는 내용이 보인다.

212 김현구, 1997, 〈백촌강 싸움 전야의 동아시아 정세〉, 《사대논집》 21, 고려대학교 사범대학.

213 주 210) 참조.

214 주 211) 참조.

215 《삼국사기》 신라본기 선덕왕 12년(643)조에는 신라사가 백제와 고구려의 침입을 호소하자 당 태종이 '帝謂使人曰…百濟國恃海之嶮 不修機械 男女紛雜 互相燕聚 我以數十百船 載以甲卒 銜枚泛海 直襲其地'라는 제안을 하고 있다. 그런데 당시 당의 과제는 고구려를 정토하는 데 있었으므로 이때 백제 정토 제안은 고구려를 정토하기 위한 방법이었다고 할 수 있다. 그리고 《舊唐書》 劉仁軌傳의 '則百濟餘燼不日更與高麗捕藪 何時可滅'나 '階下若欲殄滅高麗 不可棄百濟土地'로도 당이 고

이와 같이 당시 신라와 당은 먼저 백제를 정토하고 이어서 고구려를 정토해야 한다는 데 이해관계가 일치하고 있었다. 그런데《삼국사기》신라본기 文武王 11년조의 회고에는 648년 구원을 청하기 위해서 입당한 김춘추에게 당 태종이 '先王貞觀二十二年 入朝 面奉太宗文皇帝恩勑 朕今伐高麗 非有他故 憐你新羅攝乎兩國 每被侵陵 靡有寧歲 山川土地 非我所貪 玉帛子女 是我所有 我平定兩國 平壤已南百濟土地 並乞你新羅 永爲安逸'라고 말한 것으로 되어 있다. 즉 태종은 백제와 고구려를 평정하면 '평양 이남, 백제의 토지는 다 그대 신라에게 준다'고 약속했던 것이다.[216] 이것은 평양 이북은 당이 차지하기로 했다는 의미가 된다. 당시 두 사람 사이에는 백제와 고구려를 정토하기로 하고 그 정토가 성공하는 경우 백제의 옛 땅은 신라가, 그리고 고구려의 옛 땅은 당이 차지하기로 약속을 했던 것이다. 따라서 신라와 당에 의한 660년 백제 정토는 648년의 김춘추와 당 태종의 간의 한반도 분할 약속에 따라서 이루어졌음을 알 수 있다.

2. 당과 신라의 불화

당과 신라 연합군은 660년 백제를 멸망시키고 이어서 663년에는

구려 정토에 있어서 백제를 얼마나 중요하게 생각하고 있었는가를 알 수가 있다.

216 백제의 옛 땅을 신라에게 약속했음은《舊唐書》백제전의 도침과 福信이 劉仁軌에게 사자를 보내서 전한 '聞大唐與新羅約誓 百濟人無問老小一切殺之 然後以國附新羅'라고 한 말에서도 확인된다.

백촌강 싸움에서 백제 부흥군을 제압한다. 당은 660년 백제를 멸망시킨 다음 蘇定方의 郎將 劉仁願으로 사비성을 진수하게 하는 한편, 백제의 옛 땅에 5도독부를 설치하여 구백제지를 직접 지배하려는 계획을 세웠다. 그러나 9월 28일 웅진도독으로 부임한 王文度가 급사함에 따라서 5도독부 체제는 계획으로만 끝나고 만다.[217] 그런데 《삼국사기》 신라본기 문무왕 11년조의 회고에 의하면 '至麟德元年 復降嚴勑 責不盟誓 卽遣人於熊嶺 築壇共相盟會 仍於盟處 遂爲兩界 盟會之事 雖非所願 不敢違勑 又於就利山築壇 對勑使劉仁願 歃血相盟 山河爲誓 畫界立封 永爲疆界 百姓居住 各營產業'으로 당이 663년 백제 부흥운동을 제압한 다음 劉仁願의 주관으로 664년 2월에는 웅진도독에 부임한 夫餘隆과 신라 문무왕의 동생인 김인문으로 하여금 就利山에서 양국의 국경을 확정하는 회맹을 하게 한 것으로 되어 있다.[218] 당이 백제 왕자인 부여융을 웅진도독에 임명하여 백제의 옛 땅을 통치하게 한다는 것은 당이 백제의 옛 땅을 직접 지배하겠다는 의미가 된다.

이것은 648년 당 태종이 김춘추에게 백제와 고구려를 평정하면 평양 이남의 백제 땅은 신라에게 주겠다는 약속에 위배되는 것이다. 따라서 당이 백제의 옛 땅을 직접 지배하려는 데 대해서 신라가 반발하지 않았을 리 없었다고 생각된다. 그런데 위에 제시한 《삼국사기》 신라본기 문무왕 11년조의 회고에 의하면, 부여융과 문무왕

---

217 《舊唐書》 百濟傳 顯慶 5년조.

218 664년 2월의 회맹에 참여한 사람이 유인원·부여융·김인문 등 3인이라는 것은 《삼국사기》 신라본기 문무왕 4년조에 의해서, 그리고 665년 8월의 회맹에 참여한 사람이 유인원·부여융·문무왕인 것은 同 문무왕 5년조에 의해서 확인된다.

이 그 경계를 확정지은 664년 회맹은 신라의 반대 속에서 반강제적으로 이루어진 것으로 되어 있다. 뿐만 아니라, 사실은 백촌강 싸움이 끝난 직후인 663년부터 '백제를 평정한 뒤에는 회맹을 하라'는 칙을 근거로 杜大夫가 신라에 회맹을 종용했으나 아직 任存城이 남아 있음을 들어서 신라가 회맹을 거부한 것으로 되어 있다.[219]

1차 회맹이 열린 것은 664년 2월의 일이고, 다음 해 8월에 또 한 번 회맹이 열렸다. 다만 就利山에서 이루어진 2차 회맹이 熊嶺에서 이루어진 1차 회맹과 다른 것은, 주관자와 신라 측 참석자만 김인문에서 문무왕으로 바뀌었다는 점이다.[220] 그런데 회맹의 내용은 백제와 신라 간의 국경 획정에 관한 것으로 거의 차이가 없다. 그렇다면 2차 회맹은 1차 회맹에 신라의 문무왕이 참석하지 않았기 때문에 그를 참석시키기 위해서 다시 했던 것이 아닌가 생각된다. 이것이 사실이라면 1차 회맹 때부터 당이 문무왕의 참석을 요구했으나 신라가 김인문을 보냈기 때문에 다시 문무왕을 참석시킨 회맹을 했다는 이야기가 된다. 그 같은 사실은 1차 회맹이 신라의 반대 속에서 반강제적으로 이루어졌다는 점에서도 입증된다. 따라서 당시 당이 백제의 옛 땅을 직접 지배하려는 데 대해 신라가 강하게 반발하고 있었다는 이야기가 된다.

그런데 당시에는 당과 신라가 고구려를 정토하려는 중이었다. 따

219 《삼국사기》 신라본기 문무왕 11년조 '至麟德三年 … 杜大夫云 準勑旣平已後 共相盟會 任存一城 雖未降下 卽可共相盟誓 新羅以爲準勑 旣平已後 共相盟會 任存未降 不可以爲旣平 又且百濟 姦詐百端 反覆不恒 今雖共相盟會 於後恐有噬臍之患 奏請停盟 至麟德元年 復降嚴勑 責不盟誓 卽遣人於熊嶺 築壇共相盟會 仍於盟處 遂爲兩界 盟會之事 雖非所願 不敢違勑'

220 주 218) 참조.

라서 신라의 입장에서는 당의 회맹 요구에 반대는 하면서도 일단은 응하지 않을 수 없었던 것이다. 그것은 668년 고구려 정토가 끝나자마자 신라가 백제의 옛 땅에 대해서 전면적인 공세를 가하기 시작하는 사실에서도 입증된다.

3. 백촌강 싸움 패배 후 일본과 신라의 과제

663년의 백촌강 싸움 패배 이후 대륙과의 관계에서 일본의 지배층을 규제하고 있던 주요인은 당의 침입 문제였다. 반면 당은 백제의 옛 땅에는 웅진도독부를 두고 신라에는 계림도독부를 두는 한편 고구려 정토를 착착 진행시킴으로써 한반도를 직접 지배하려는 의도를 노골화하고 있었다. 그런데 당의 고구려 정토의 진전은 당의 일본에 대한 침공 가능성을 점증시키는 결과가 된다. 지정학상 한반도를 직접 지배하게 되면 자연히 일본이 그 다음 목표가 되지 않을 수 없기 때문이다.[221] 그렇다고 해서 백촌강 싸움에서 패배한 일본이 다시 출병하여 고구려를 지원할 수도 없는 일이었다. 따라서 일본으로서는 대당 방어체제를 강화하면서 대륙의 추이를 지켜볼 수밖에 없는 입장이었다.

---

221 실제로 당시 당이 일본을 침공하려고 한다는 소문이 나돌고 있었다. 한편 松田好弘(〈天智朝の外交について ― 壬申の亂との關聯をめぐって〉, 《立命館大學》 415·416·417合本)도 신라가 당과의 전쟁에서 승리했기 때문에 당이 일본에 쳐들어오지 않았다고 지적함으로써 고구려와 신라가 무너지면 일본이 그 다음 목표가 될 가능성이 있었음을 제시하고 있다.

한편 당이 백제를 정토한 것은 고구려를 정토하기 위한 하나의 방법이었다. 따라서 당으로서는 고구려를 정토하기 위해서는 그 후방 기지가 될 백제의 옛 땅을 하루 빨리 안정시킬 필요가 있었다. 그리고 백제의 옛 땅을 안정시키기 위해서는 백제와 밀접한 관계를 가지고 있던 일본과의 관계를 안정시킬 필요가 있었다. 당은 백제 부흥운동을 제압한 직후인 664년과 665년 연달아 郭務悰과 劉德高를 일본에 보내어 국교 재개를 요구한다.[222] 당이 일본에 국교를 요구한다는 것은 일본을 침공하지 않겠다는 사실을 전제로 한다. 따라서 당의 침공 위협하에 있던 일본으로서는 일단 당의 요구를 수용하지 않을 수가 없었다. 그래서 665년 小錦守君大石을 劉德高의 답사로서 당에 파견하게 되는 것이다.[223] 그의 파견을 계기로 양국 간에 국교가 재개된다.

그런데 신라는 고구려 정토가 끝나면 당과의 충돌이 불가피한 상태에 있었다. 따라서 당이 일본과 국교를 재개하는 것은 앞과 뒤로 적을 맞는 것으로서 용납할 수 없는 일이었다. 그러나 신라의 입장에서 당과의 정면 대결을 각오하지 않는 한, 당을 제치고 일본에 접근할 수는 없는 일이었다. 당과의 긴장 속에서 당이 손을 잡고 있는 일본에 손을 뻗는다는 것은 당에 대한 도전을 의미하기 때문이다.

일본으로서도 657년 신라에게 유학생의 승선을 부탁했다가 거절당한 이래[224] 실질적으로는 신라와의 관계가 단절된 상태였다. 게

222 《일본서기》 天智紀 3년조 및 4년조.
223 《일본서기》 天智紀 4년조.
224 《일본서기》 齊明紀 3년조.

다가 663년 백촌강 싸움에서 정면으로 대결하게 됨으로써 완전히 적대 관계에 빠지게 되었다. 일본의 백제 구원군이 백촌강에서 직접 싸운 것은 당이었지만 실제로 당을 끌어들인 것은 신라였기 때문이다. 그러나 신라와 당과의 대립이 표면화되기 시작함에 따라서 백제에 이어 고구려가 멸망하고 신라까지 무너진다면 일본이 그 다음 목표가 될 것임이 분명해졌으므로[225] 일본은 당에 대항하기 위해서는 신라와 손을 잡을 필요가 있었다. 그렇지만 당과의 정면 대결을 각오하지 않는 한 일본이 먼저 신라에게 접근할 수는 없는 입장이었다. 당과 신라의 대립이 표면화되고 있는 와중에 신라에 접근한다는 것은 이미 국교를 재개한 당에 대한 도전을 의미하기 때문이다. 그러나 신라의 약화는 일본에 대한 위협이 된다. 따라서 일본으로서는 신라의 태도를 지켜볼 수밖에 없는 입장이었다.

4. 일본과 신라의 국교 재개

신라와 당은 백제의 옛 땅에 대한 지배권 문제를 둘러싼 대립에도 불구하고 고구려 정토라는 공동의 목표 때문에 협력은 하고 있었지만, 고구려를 멸망시키고 나면 대결은 불가피한 입장에 있었다. 당이 백제에 이어 고구려까지도 평정하게 되면, '평양 이남을 신라에게 주기로 한' 648년 김춘추에 대한 당 태종의 약속이 현안으로 떠

---

225 주 221) 참조.

오르지 않을 수 없기 때문이다.[226] 그런데 신라는 고구려가 멸망한 다음 해인 669년 고구려 왕실의 安勝이 투항해 오자 그를 받아들여 金馬渚에 안치시킨다.[227] 그리고 그 다음 해인 670년 劍牟岑이 당에 대해서 난을 일으키자 이에 호응해서 2만 군을 파견하는데, 이때 안승의 부하였던 延武를 함께 투입하고 있다.[228] 따라서 669년 안승을 맞아들인 것은 유민 세력을 대당전쟁에 끌어들이기 위한 정당성의 확보 때문이 아니었나 생각된다.

한편 신라는 670년부터 당이 차지하고 있던 백제의 옛 땅에 대해서도 대대적인 공세를 취한다. 670년에는 80여 성을 취하고,[229] 다음 해에는 웅진과 사비를 함락시킨 뒤 사비에 所夫里州를 설치하는 것이다.[230] 이를 보아 신라는 이미 고구려 멸망을 전후한 시기부터 고구려와 백제의 옛 땅을 둘러싼 당과의 대결을 준비하기 시작했다고 할 수 있다.

668년 9월 12일 돌연 신라사 級湌 金東嚴 등이 도일한다.[231] 그러나 신라사의 도일은 656년 실질적으로 일본과의 국교가 단절된 지 12년, 백촌강 싸움이 끝난 지 5년 만의 일이다. 따라서 김동엄의 도일은 무엇인가 중요한 목적이 있었다고 하지 않을 수 없을 것이

226 결국은 신라가 무력으로 백제의 옛 땅을 되찾는 사실에서도 입증된다.

227 池內宏, 1960, 〈高句麗滅亡後の流民の反亂及び唐 ― 新羅との關係〉, 《滿鮮史研究 上世》 2, 吉川弘文館, 426-427쪽.

228 池內宏, 위의 논문.

229 《삼국사기》 신라본기 문무왕 10년조.

230 《삼국사기》 신라본기 문무왕 11년조. 이 과정에 대한 자세한 내용은 池內宏, 위의 논문 참조.

231 《일본서기》 天智紀 7(668)년 9월조에는 '新羅遣沙喙級飡金東嚴等進調'라고 되어 있다.

다. 그런데 그가 도일한 날짜는 당과 신라의 연합군에 의해서 평양이 함락되기 하루 전인 9월 12일이다.[232] 그리고 대당전쟁에 이용하기 위해 고구려의 유민 세력을 끌어들이기 시작하기 1년 전의 일이다. 따라서 그의 도일 목적은 일본과 손을 잡고 당과 대항하기 위한 데 있었던 것이 아닌가 생각된다. 백촌강에서 싸운 일본과 적대 관계를 해소하지 못한 상태에서 그대로 당과의 전면전에 들어갈 수는 없었다고 생각되기 때문이다. 당만 해도 감당하기 어려운데 배후에다 적을 두고 당과 싸울 수는 없는 일이었던 것이다.[233]

그러나 일본은 전해에 近江으로 천도했다. 그리고 백촌강 싸움의 패배로 더 이상 대륙에 출병할 수 있는 여력도 없었다고 생각된다. 이런 정황상 金東嚴의 도일은 원군을 청하려는 것보다는 일본과의 국교 재개로 후방의 안정을 기하기 위한 데 있었던 것이 아닌가 생각된다.[234]

한편 일본으로서는 신라와 오랜 적대 관계에 있었다. 그리고 이미 당과 국교를 재개한 상태에 있었다. 따라서 당과 신라의 대결이 눈앞에 다가오는 상황에서 당과의 대결을 각오하지 않는 한, 간단히 신라의 요청에 응할 수는 없는 처지였다고 생각된다. 그러나 당시에는 이미 당이 일본을 침공할 수 있다고 인식할 수 있는 객관적

---

232 《舊唐書》 高祖紀에는 9월 13일 고구려가 멸망한 것으로 되어 있으나, 일본 측 기록에서는 그 멸망을 10월로 기록하고 있다(《日本書紀》 天智 7년 10월조와 《續日本紀》 神龜 4년 12월조).

233 방법은 다르지만, 倉本一宏(1997, 〈天智朝末年の國際關係と壬申の亂〉, 《日本古代國家成立期の政治構造》, 吉川弘文館)도 이미 이 점을 지적하고 있다.

234 金東嚴의 도일을 계기로 양국 간에 국교가 재개되었는데도 불구하고, 이후 신라와 당과의 싸움에 일본이 아무런 조치를 취하지 않았다는 면에서도 김동엄의 도일 목적이 군원을 얻기 위한 것이 아니었음이 입증된다.

인 상황이 존재하고 있었다.[235] 그리고 당과의 대결에서 신라가 패배하면 당의 일본 침입 가능성은 배증되는 것이다. 따라서 당의 침입을 저지하기 위해서는 신라와 손을 잡지 않을 수 없는 상황에 이르렀었다고 할 수 있다.

그런데 일본은 668년 9월에 도일한 김동엄의 귀국에 즈음해서 신라 왕에게 '賜新羅王, 絹五十匹, 錦五百斤, 韋一百枚'를 전달하고 있다.[236] 그리고 공식적으로 신라 왕에게 선물을 전달한 외에도 당시 일본의 실력자인 中臣鎌足이 신라의 실력자인 김유신에게 배 한 척을 따로 선물한 것으로 되어 있다.[237] 당시 기록에는 일본이 신라 왕에게 공식적인 선물을 전하는 예가 없을 뿐만 아니라 일본의 실력자가 신라의 실력자에게 따로 선물을 전하는 예도 전무후무한 파격적인 조치였다고 할 수 있다. 더구나 신라와는 오랫동안 적대 관계에 있었다. 따라서 일본은 신라의 요청에 우호적인 반응을 보였다고 하지 않을 수 없을 것이다. 다시 말하면 일본은 신라의 국교 재개 요청에 응했다는 것이다. 일본이 신라의 요청을 적극적으로 수용했음은 김동엄의 귀국에 즈음해서 그의 답사로서 小山下道守臣麻呂·

235 《삼국사기》 신라본기 문무왕 11년조의 문무왕의 회고에 의하면, '至總章元年 … 又通消息云 國家修理船艘 外託征伐倭國 其實欲打新羅 百姓聞之 驚懼不安'이라고 해서 당시 대륙에서는 당이 일본을 침공하려 한다는 소문이 나돌고 있었음을 알 수 있다. 이는 그 사실성 여부를 떠나서 당이 일본에 침공할 수 있다는 객관적인 상황이 존재하고 있었음을 의미한다고 생각된다.

236 《일본서기》 天智紀 7년 11월조에는 '賜新羅王, 絹五十匹, 錦五百斤, 韋一百枚, 付金東嚴等. 賜東嚴等物, 各有差'라고 되어 있다.

237 《일본서기》 天智紀 7년 9월조에는 '丁未. 中臣內臣, 使沙門法辨·泰筆, 賜新羅上臣大角干庾信船一隻, 付東嚴等.'이라고 되어 있다.

吉士小鮪 등을 신라에 파견한 사실로도 입증된다고 생각된다.[238]

원래 일본이 당과 국교를 재개하고 웅진도독부를 인정한 것은 당이 한반도를 정토한 후 일본에 침공할 가능성 때문이었다. 그러나 당의 한반도 지배의 진전은 객관적인 면에서는 오히려 일본에 대한 당의 침공 가능성을 높이는 결과가 되는 것이다. 따라서 신라와 손을 잡지 않을 수 없었다. 그러나 신라와 당과의 긴장이 높아지는 가운데 신라와 손을 잡을 경우 당이 신라를 제압하게 되면 오히려 당의 침입을 자초하게 되는 것이다. 따라서 신라와의 국교 재개를 반대하는 세력이 없을 수 없었다고 생각된다.《家傳》에도 中臣鎌足이 김유신에게 선물을 보내는 것에 반대하는 의견이 있었던 것으로 되어 있다.[239] 이것은 당시 신라와의 국교 재개를 반대하는 세력이 실존하고 있었음을 의미한다. 그러나 그들의 반대를 무릅쓰고 中臣鎌足은 金庾信에게 선물을 보냈던 것이다. 이것이 사실이라면 中臣鎌足이야말로 신라와의 관계를 타개하는 데 앞장선 인물이었다고 할 수 있을 것이다.[240]

원래 中臣鎌足은 645년에 大化改新을 주도하고 일본·신라·당

---

238 《일본서기》 天智紀 7년 11월조에는 '乙酉. 遣小山下道守臣麻呂-吉士小鮪於新羅. 是日, 金東嚴等罷歸.'라고 되어 있다. 그런데 倉本一宏(앞의 논문)은 下道守臣麻呂 등의 파견을 당을 위협하기 위한 것이 아닌가 추측하고 있다. 그러나 백촌강 싸움에서 패배하고 당의 위협에 직면한 일본에게 그러한 여유가 있었다고 생각되지 않는다.

239 《家傳》에는 '七年秋九月 新羅進調 大臣卽附使金東嚴 賜新羅上卿金庾信船一隻 或人諫之 大臣對曰 普天之下 莫非王土 率土之濱 莫非王臣也'라고 되어 있다.

240 《일본서기》 天智紀의 내용을 근거로 鬼頭淸明(1988, 〈壬申亂國際的契機〉, 《千葉史學》 13)도 일찍이 이 점을 지적하고 있다.

의 3국 연합체제를 만든 장본인으로[241] 김유신과도 무관하지 않은 인물이다.[242] 그리고 본인도 신라와는 깊은 관계를 가지고 있는 인물이다.[243] 이런 면에서도 신라와의 관계를 재개하는 데 中臣鎌足이 앞장선 것은 지극히 당연한 일이었다고 생각된다. 그리고 이때 신라와의 국교 재개는 당과의 관계를 중시하는 정책과는 모순되지만, 백촌강 싸움 이래의 대당 방어체제의 강화나 고구려와의 우호관계를 유지하려던 정책과는 잘 합치된다. 따라서 신라와의 국교 재개로 백촌강 싸움에서의 패배 이래 당의 침입을 두려워하던 일본이 일단 신라와 손을 잡고 당에 대항하는 정책으로 방향을 정한 셈이다.

5. 대외정책의 전환

신라사 김동엄이 귀국한 다음 해인 669년 9월부터 신라와 당과의 싸움이 시작된다. 그런데 같은 달에 신라에서는 2차로 沙湌 督儒 등이 도일한다.[244] 그러나 일본은 2차 신라사에게는 아무런 반응을

241 당시 신라의 金春秋와 大和政權의 高向玄理가 중심이 되어 일본·신라·당의 3국 연합체제가 성립되었다. 그런데 大和政權의 정책을 실질적으로 수행한 실력자가 中臣鎌足이다. 따라서 3국 연합체제도 그와 무관하지 않다고 생각된다.

242 中臣鎌足는 김춘추와 더불어 신라·당·일본의 3국 연합체제를 만들었는데 김춘추는 김유신과 깊은 관계에 있었다. 따라서 中臣鎌足과 김유신은 관계가 없을 수 없었다고 생각된다. 金鉉球, 1985, 《大和政權の對外關係硏究》, 吉川弘文館, 385-388쪽 참조.

243 中臣鎌足의 신라계 내지 신라와의 깊은 관계에 대해서는 金鉉球, 위의 책, 385-388쪽 참조.

244 《일본서기》 天智紀 8년 9월조에는 '新羅遣沙湌督儒等進調'라고 되어 있다.

보이지 않은 채, 오히려 그 해 말 6차 견당사를 당에 파견하는 것이다.[245]

그리고 6차 견당사를 파견한 이듬해(670)에는 신라에 대해서 來使도 없는데 사자를 파견하고 있다.[246] 따라서 669년의 2차 신라사에게 직접적인 반응을 보이지 않은 것은 전해에 재개된 신라와의 관계에 변화가 생겼기 때문이 아니라, 신라사의 도일 목적이 무엇인가 직접적인 반응을 요구한 것이 아니었기 때문이라고 생각된다. 다시 말하면 신라사의 도일은 일본에게 무엇인가를 적극적으로 요구하기 위한 것이라기보다는 오히려 일본에게 무엇인가를 제공하기 위한 것이었다는 이야기이다. 그런데 신라사의 도일 후 일본이 대외 관계에서 취한 유일한 조치가 6차 견당사 小錦中河內直鯨 등의 파견이다. 따라서 신라사가 제공한 내용은 6차 견당사의 파견과 무관하지 않다고 생각된다.

그런데《삼국사기》문무왕 11년조의 회고에 의하면 '至總章元年 … 又通消息云 國家修理船艘 外託征伐倭國 其實欲打新羅 百姓聞之 驚懼不安'이라 하여 2차 신라사가 도일한 669년에는 이미 당이 일본을 치려고 한다는 소문이 나돌고 있었음을 알 수 있다.[247] 그 사실성 여부를 떠나서 당이 일본을 정벌하려 한다는 소문이 나돌

245《일본서기》天智紀 8년 是歲條에는 '遣小錦中河內直鯨等 使於大唐'이라고 되어 있다. 그런데 6차 견당사에 대해서《舊唐書》東夷傳 日本條에는 '咸亨元年(670) 遣使賀平高麗'라고 하여 다음 해 봄에야 高宗을 알현한 것으로 되어 있다. 따라서 6차 견당사는 669년 아주 늦은 시기에 파견되었다고 생각된다.

246《일본서기》天智紀 9년 9월조에는 '遣阿曇連頰垂於新羅'라고 되어 있다.

247 松田好弘(앞의 논문)은《일본서기》持統紀 4년조에 보이는 '洎天命開別天皇三年, 土師連富杼·氷連老·筑紫君薩夜麻·弓削連元寶兒, 四人, 思欲奏聞唐人所計'가《삼국사기》의 내용과 일치함을 입증하여 그 사실성을 높이고 있다.

고 있었다는 것은 당시 당이 일본을 정벌할 객관적인 상황이 존재하고 있었음을 의미한다.[248] 따라서 신라로서는 당이 일본을 치려고 한다는 사실을 유대 관계에 있던 일본에 알려줄 필요가 있었을 것이라고 생각된다. 고구려가 붕괴됨에 따라 일본과는 당에 대한 위기의식을 공유하고 있었고, 당이 일본을 치려고 한다는 사실을 일본에게 알려주는 것은 일본의 지지를 확보하는 지름길이 되기도 했기 때문이다. 이런 면으로 볼 때 669년 신라사의 도일은 당이 일본을 침입하려 한다는 소식을 알리기 위한 것이 아니었는가 생각된다.[249] 2차 신라사의 도일 직후 일본이 당의 일본 침입 여부를 확인하기 위해서 6차 견당사를 파견하는 사실로도 그와 같은 사실이 입증된다.

그런데 天智紀 8년 是歲條에 의하면, 669년 일본은 고구려 평정을 축하하는 6차 견당사 河內直鯨 등을 파견한 것으로 되어 있다.[250] 그러나 당의 고구려 평정은 축하할 일이라기보다는 일본에 대

248 당시 실제로 치려하고 한 대상은 문무왕의 주장대로 왜가 아니라, 신라였다고 생각된다. 그런데 당이 치려고 한 것이 신라였다는 문무왕의 주장은 당에 대한 공격의 정당성을 주장하기 위한 것이고 당시 실제로 치려고 한 것은 왜였다는 주장도 있다(松田好弘, 앞의 논문). 그러나 지정학적으로 보아서 당이 신라를 먼저 치지 않고 왜를 치기는 어려운 일이라고 생각된다. 더구나 당시에는 이미 당과 신라가 적대적인 관계에 들어가고 있었기 때문에 당이 신라를 건너뛰어 곧바로 왜를 치는 것은 불가능했다고 생각된다.

249 倉本一宏(앞의 논문)은 '進調使'로 이해하고 있다. 그러나 다른 한편으로는 이때의 2차 신라사 沙湌 督儒 등이나 671년 6월에 내일하는 3차 신라사 중 어느 한쪽이 당이 일본을 정벌하려 한다는 정보를 제공했을 것이라 추측하고 있다.

250 《일본서기》 天智紀 8(669)년 是歲條 '遣小錦中河內直鯨等 使於大唐'으로, 《舊唐書》 東夷傳 日本條에는 '咸亨元年(670) 遣使賀平高麗'라 되어 있다. 그러나 《冊府元龜》 外臣部朝貢 3에는 총장 2(669)년 12월과 咸亨 원년(670)에 걸쳐 일본의 사신이 두 번 입조한 것으로 되어 있다. 그리고 咸亨 원년의 사신이 고구려 평정을 축하하는 사절인 것처럼 되어 있다. 양자의 관계에 대해서는 한쪽은 6차 견당사 河內直鯨의 일행이고, 다른 하나는 한반도에 머무르던 일본인 세력이 보낸 것이라는 설과, 두 번 다 일본에서 파견되었다는 설이 있다(松田好弘, 앞의 논문).

한 침략 가능성이 높아지는 일로 오히려 경계를 강화해야 할 일이었다. 더구나 한반도 쪽에서는 이미 당이 일본을 정벌하려 한다는 소문이 나돌고 있는 상황이었다. 따라서 6차 견당사는 명목은 고구려 평정을 축하하기 위한 것이라고 하지만, 오히려 당의 일본 침략 여부를 확인하는 데 그 목적이 있었던 것이 아닌가 생각된다.

한편 669년 6차 견당사 河內直鯨을 파견한 다음 해 9월 이번에는 신라에 사절을 파견하고 있다.[251] 그런데 6차 견당사는 그 전해 2차 신라사의 도일 직후에 파견되었던 것이다. 따라서 670년 신라에 대한 사절의 파견은 6차 견당사의 파견 결과를 알려주기 위한 것이 아니었는가 생각된다.[252] 이것이 사실이라면 결국 신라 측의 669년 9월 일본에 대한 사자와 669년 말 일본 측의 6차 견당사, 670년 신라에 대한 사절의 파견은 당의 침입이라는 공유된 위기의식에 따른 정보 교환 차원에서 이루어진 셈이다. 그리고 이는 당의 침입이라는 공유된 위기의식을 바탕으로 668년부터 시작된 양국의 교류가 당을 대상으로 정보를 교환하는 본격적인 상호 협력체제로 발전하기 시작했음을 의미한다.

670년 옛 백제의 80여 성을 차지한 신라는 671년 옛 백제 땅에 최후의 공세를 가하기 시작해서 6월부터 8월 사이에는 웅진과 사비를 함락시키고 사비에 所夫里州를 설치한다. 그런데 백제의 옛 땅을 둘러싼 공방에 즈음해서 671년에는 웅진도독부 측에서 4차에

251 《일본서기》 天智紀 9년 9월조에 '遣阿曇連頰垂於新羅'라고 되어 있다.
252 倉本一宏(앞의 논문)은 2차 신라사를 '進調'를 항례화하기 위한 것으로 이해하고 있다.

걸쳐 일본에 사신을 파견하고 있다.[253] 이에 대해서 신라 측에서도 6월부터 10월에 걸쳐 3차나 사신을 도일시키고 있다.[254]

그런데 첫 번째 신라사의 도일은 신라가 웅진과 사비에 대한 마지막 공세를 가하기 시작한 직전인 셈이고, 10월 두 번째의 신라사는 사비를 함락시키고 소부리주를 설치한 직후가 되는 셈이다. 당과 신라와의 싸움은 당의 침입 위기에 직면해 있던 일본으로서는 최대의 관심사가 아닐 수 없었다. 따라서 신라로서는 당에 대한 위기의식을 공유하고 있던 일본을 끌어들이기 위해서는 한반도의 사정을 일본에게 알릴 필요가 있었다고 생각된다. 다시 말하면 일련의 신라사의 도일은 일본에게 한반도 상황을 알려주기 위한 것이었다는 이야기이다. 그러나 아직 일본은 당과의 관계를 단절하고 있었던 것은 아니었다.

---

253 《일본서기》 天智紀에 의하면 당 측에서는 정월에 李守眞 등이 百濟鎭將劉仁願의 이름으로 도일하고 있다. 그러나 유인원이 668년 8월부터 雲南으로 유배된 점을 들어 李守眞은 그 이름을 빌린 것이 아닌가 추측하는 견해도 있다(日本古典文學大系, 《日本書紀》 下, 376쪽 두주 1). 그리고 天智紀 10년 2월조에는 '百濟遣臺久用善等進調' 同 6월조에는 '庚辰. 百濟遣羿眞子等進調'라고 하여 2월과 6월에도 사자가 도일한 것으로 되어 있다. 또한 후술하는 것처럼 11월에는 郭務悰이 2천여 명을 데리고 도일한다.

254 《일본서기》 天智紀 10년 6월조에는 '新羅遣使進調. 別獻水牛一頭, 山鷄一隻.' 同 10월조에는 '新羅遣沙飡金萬物等進調'라고 되어 있다. 그리고 同 10년 춘정월조에는 '高麗遣上部大相可婁等進調'라고 하여 고구려에서도 사자가 도일한 것으로 되어 있다. 그러나 일본은 당의 안동도호부를 고구려의 후계자로 인정한 적이 없다. 반면 安勝을 받아들인 신라와는 관계를 심화시키고 있었다. 따라서 '高句麗'라는 이름으로 10월에 도일한 것은 신라의 보호하에 있던 안승의 사자로 보는 것이 타당하지 않을까 생각된다.

6. 친신라 정책으로의 전환

신라가 웅진과 사비를 함락시킨 671년에는 신라 측에서 3차, 당 측에서 4차에 걸쳐 사자가 도일하고 있다. 따라서 당시 웅진의 공방을 둘러싸고 양 진영이 일본을 자기편으로 끌어들이기 위해 치열한 외교전을 전개하고 있었음을 알 수 있다. 그런데 양측에서 도일한 사자들 중에서도 최후로 도일한 인물이 11월 당에서 파견한 郭務悰이다. 그리고 郭務悰이 귀국한 후 당과의 관계는 30여 년간이나 단절되는 것이다.[255] 따라서 郭務悰의 도일은 일당관계에서 하나의 획기였다고 할 수 있다. 또한 郭務悰이 백촌강 싸움 직후에 국교를 재개하는 데 중심적인 역할을 한 인물이라는 점에서나 그가 이끌고 도일한 사절의 규모가 2천여 명이나 되었다는 점에서도 그의 도일은 양국 관계에서 대단히 중요한 의미를 띠고 있었다고 할 수 있다.

《일본서기》에는 郭務悰의 일정이 자세히 소개되어 있다. 그는 671년 11월 對馬島에 도착하기 전에 먼저 '披陳來朝之意'한 것으로 되어 있다.[256] 그리고 筑紫에 도착하여 대기 중이던 672년 3월, 天智天皇이 죽었다는 소식을 듣고 다시 書函을 바친 다음[257] 5월 12일에

255 郭務悰의 귀국 후 701년에야 견당사가 파견되기 시작한다.

256 《일본서기》 天智紀 10년 11월조 '對馬國司, 遣使於筑紫大宰府言, 月生二日, 沙門道久·筑紫君薩野馬·韓嶋勝娑婆·布師首磐, 四人, 從唐來曰, 唐國使人郭務悰等六百人, 送使沙宅孫登等一千四百人, 總合二千人, 乘船卌七隻, 俱泊於比知嶋, 相謂之曰, 今吾輩人船數衆. 忽然到彼, 恐彼防人, 驚駭射戰. 乃遣道久等, 預稍披陳來朝之意.'

257 《일본서기》 天武紀 원년 3월조 '己酉. 遣內小七位阿曇連稻敷於筑紫, 告天皇喪於郭務悰等. 於是, 郭務悰等, 咸著喪服, 三遍擧哀. 向東稽首. 壬子, 郭務悰等再拜, 進書函與信物.'

'甲胄弓矢'와 '總合絁一千六百七十三匹, 布二千八百五十二端, 綿六百六十六斤' 등을 받고[258] 庚申(30일) 귀국했다는 것이다.[259] 그러나 그의 구체적인 역할에 대해서는 전혀 제시되어 있지 않다.

그런데《善隣國寶記》所引의 元永 원년(1118) 4월 27일부 管原在良勘文에는 그의 역할이 좀더 구체적으로 제시되어 있다. 즉 管原在良勘文에는 '天智天皇十年唐客郭務悰等來聘書曰 大唐帝敬問日本國天皇 云云 天武天皇元年 郭務悰等來 安置大津館 客上書函題曰 大唐皇帝敬問倭王書'라고 하여 그가 671년 도착한 직후에는 '日本國天皇'에게 그리고 다음 해 大津에 들어가서는 다시 '倭王'에게 각각 국서를 바친 것으로 되어 있다. 671년과 672년에 '日本國天皇'과 '倭王'에게 두 번에 걸쳐 국서를 바쳤다는 내용은《일본서기》天智天皇 10년 11월의 '披陳來朝之意'와 天武天皇 원년 3월의 '進書函信物'에 대응하는 것으로 이해된다.[260]

258《일본서기》天武紀 원년 5월조 '壬寅. 以甲胄弓矢, 賜郭務悰等. 是日, 賜郭務悰等物, 總合絁一千六百七十三匹, 布二千八百五十二端, 綿六百六十六斤.'

259《일본서기》天武紀 원년 5월조 '戊午, 高麗遣前部富加抃等進調. 庚申, 郭務悰等罷歸.'

260 直木孝次郎(1980,〈近江朝末年における日唐關係の一考察〉,《末永先生米壽記念獻呈論文集》, 末永先生米壽記念會)은 첫 번째 것은 당을 출발할 때 준비한 것이고 그에 대한 일본 측의 회답에 대응해서 大宰府에서 다시 만든 것이 두 번째 국서라고 주장하고 있다. 그리고 두 번째 국서의 대상은 大海人皇子인데 그가 '倭王'으로 되어 있는 것은 제출 당시인 3월에는 황위가 아직 공위인 상태로 그가 아직 정식 즉위하지 않았기 때문이라는 것이다. 당시 李守鎭이 鎭將 劉仁願의 이름을 차용했던 것으로 보아 웅진도독부에서 명의를 차용하는 일은 종종 있을 수 있는 일이었다는 것이다. 한편 松田好弘(앞의 논문)은 첫 번째로 제출한 국서에서 요구한 내용은 당에 대해서 강경한 태도를 취하던 天智天皇에게 거절당하였고 12월에 天智天皇이 죽은 뒤 두 번째 국서를 당에 대해서 공순한 왕족에게 보내게 됐다고 보았다. 그는 구체적인 그 인물을 명시하지는 않았으나, 直木孝次郎은 大友人皇子와 天智天皇 사이에는 정치적 대립은 없었고 大海人皇子와 天智天皇 사이에 정치적인 상위가 있었던 것으로 해석하여 당에 대해 공순한 왕족을 大海人皇子였을 것으로 추측하

그렇다면 郭務悰이 671년 11월 '披陳來朝之意'한 다음 筑紫에서 4개월 이상이나 대기하고 있다가 672년에야 書函을 바쳤다는 말이 된다. 그것도 天智天皇의 상을 알리는 사자가 왔기 때문에 書函을 바칠 수 있었던 것이다. 이는 '披陳來朝之意'를 듣고도 답을 하지 않은 채 계속해서 4개월 이상이나 그를 筑紫에 대기시켜 놓았다는 이야기이다.[261] 그리고 書函을 바친 두 달 뒤인 5월 일본 측은 그에게 '甲胄弓矢'와 '總合絁一千六百七十三匹, 布二千八百五十二端, 綿六百六十六斤' 등의 군수물자를 제공한 것으로 되어 있다.

그런데 郭務悰이 도일하여 '日本國天皇'에게 국서를 바친 671년 11월 단계에는 天智天皇이 재위하고 있었다. 그리고 '倭王'에게 국서를 바쳤다는 672년 3월에는 天智天皇이 죽고 그 아들인 大友皇子가 실권을 장악한 상태였다. 따라서 天智天皇이 거절한 郭務悰의 요구를 大友皇子가 들어준 것으로 생각할 수도 있다.[262] 이 경우에

고 있다. 그렇다면 松田好弘이 天智天皇이 거절한 군원을 그의 사후 제공했다는 인물은 大友皇子가 된다. 결국 直木孝次郎과 松田好弘의 차이는 郭務悰에 대한 군수물자 제공이 郭務悰의 요청에 합치하는가 아닌가의 차이라 하겠다. 그러나 당시 상황으로 보아 郭務悰이 그 정도의 군수물자를 얻기 위해서 2000여 명이나 되는 사절을 거느리고 도일했다고는 생각되지 않는다. 따라서 이는 실질적으로는 郭務悰의 요구를 거절한 것이라고 생각된다. 그리고 이런 사실이 인정된다면 大海人皇子와 天智天皇 사이에 정책상의 차이는 없었던 셈이 된다.

261 直木孝次郎(앞의 논문)이나 松田好弘(앞의 논문) 모두 첫 번째 국서를 거절당하고 4개월이나 기다렸다는 점에는 견해를 같이하고 있다.

262 이런 입장을 취하는 것이 直木孝次郎(앞의 논문), 倉本一宏(앞의 논문), 鬼頭清明(앞의 논문), 鈴木靖民(1992, 〈七世紀東アジアの爭亂と變革〉, 《アジアからみた古代日本》, 角川書店), 松田好弘(앞의 논문) 등이다. 단 鈴木靖民이나 松田好弘 등은 天智天皇 후반의 친신라 정책을 大友皇子가 친당 정책으로 선회했으나 天武天皇이 다시 친신라 정책으로 선회한 것으로 생각하고 있다. 그러나 짧은 기간에 대외정책이 세 번이나 바뀌었다고는 생각되지 않는다. 한편 鬼頭清明은 大友皇子가 친당 정책을 취한 것은 다수 채용한 백제 유민들을 무시할 수 없었기 때문으로 이해하고 있다. 그러나 이는 친당 정책을 취했다는 전제하에서 그 배경을 설명한 데 불과하다

는 大唐 강경론자인 天智天皇에 대해서 大友皇子가 대당우호정책을 취한 셈이 된다.

그런데 신라가 백제의 옛 땅에 대한 총공세 끝에 사비를 함락시키는 것이 671년 8월이다. 반면 郭務悰이 도일한 것은 11월이다. 따라서 郭務悰은 웅진도독부가 함락된 직후에 도일한 셈이 된다. 이것이 사실이라면 그의 도일 목적은 원군 요청 이외의 것이라고 생각하기 어렵지 않을까 생각된다.[263] 웅진도독부가 함락되는 절체절명의 시기에 한가하게 군수물자 등의 원조만을 청하고 있을 수는 없었다고 생각되기 때문이다.[264] 그러나 大友政權이 제공한 것은 원군이 아니라, 단순한 군수물자에 지나지 않는 것이다. 때문에 이 경우 郭務悰에 대한 군수물자의 제공은 그의 요구에 부응한 것이라기보다는 오히려 그의 요구를 거절한 셈이 되지 않을까 생각된다. 따라서 天智天皇과 大友皇子 사이에 대당정책의 차이는 없었던 셈이 된다. 大友皇子의 정책은 이미 신라와의 관계를 강화하고 있던 天智天皇의 정책의 연장선상에서 이루어진 셈이기 때문이다.[265]

고 생각된다.

263 군사동맹을 요청하기 위해서 도일했다는 松田好弘(앞의 논문), 鬼頭淸明(앞의 논문), 直木孝次郎(앞의 논문) 등이 이런 입장이라고 할 수 있다.

264 군수물자를 요청하기 위해서 도일했다는 설로는 井上光貞(1974, 〈飛鳥の朝廷〉, 《日本歷史》3, 小學館) 등이 있다. 이 외에 池內宏(앞의 책)과 鈴木靖民(1972, 〈百濟救援の後の日唐交涉〉, 《續日本古代史論集》上)의 백제 난민 수송설, 森克己(1955, 《遣唐使》, 至文堂), 鈴木治(1973, 《白村江》, 學生社)의 天武天皇을 즉위시키기 위한 모략 부대설, 直木孝次郎(앞의 논문)-松田好弘(앞의 논문)의 포로 송환설 등이 있다. 제설에 대한 자세한 내용은 長洋一의 〈壬申の亂と九州〉(1991, 《地方史硏究》41-45)나 直木孝次郎의 앞의 논문 참조.

265 이런 입장을 취하는 것이 直木孝次郎(앞의 논문)이다. 그러나 그는 군수물자의 제공을 郭務悰의 요청을 받아들인 것으로 보는 점에서 차이가 있다. 이런 면에서는 郭務悰에 대한 군수물자 제공을 天智天皇의 정책의 연장선상에서 그의 요청을 거

그러나 郭務悰의 요구를 거절했다고 보는 경우에는 왜 답을 내리는 데 반년이나 걸렸으며 군수물자는 왜 제공했는가 하는 문제가 제기된다. 그런데 신라와 싸우고 있는 당에게 원군을 제공한다는 것은 당의 일본 침입을 자초하는 행위가 된다. 따라서 일본의 입장에서 郭務悰의 요구를 받아들일 수는 없는 일이었다. 그러나 이미 웅진도독부 측의 군원 요청을 세 차례나 거절한 일본 측이 郭務悰의 요청까지도 거절한다는 것은 당에 대한 직접적인 단교 선언이나 마찬가지라고 생각된다. 郭務悰은 일본과의 국교 재개에 중심적인 역할을 한 인물이기 때문이다. 그리고 단교 선언은 당의 일본 침입에 대한 구실을 제공하는 셈이 된다. 따라서 郭務悰의 원군 요청을 간단히 거절할 수만도 없는 처지였다고 생각된다. 노골적으로 적대적인 태도를 취할 수는 없었다는 것이다. 사실상 郭務悰의 원군 요청은 거절하면서도 군수물자를 제공하게 된 데는 여기에 그 원인이 있었던 것이 아닌가 생각된다.[266] 실제로 일본은 원군을 제공할 수 있는 처지도 못 되었다. 郭務悰이 내일하기 직전부터 이미 天智天皇이 병석에 누워 있었기 때문이다. 이런 면에서도 郭務悰도 일본 측의 조치를 받아들이지 않을 수 없었다고 생각된다.

그러나 당의 입장에서는 원군 요청을 거절당한 셈이다. 그 이후 당으로부터의 사자가 두절되었고, 일본 측에서도 30년이나 견당사를 파견하지 않는다. 따라서 郭務悰의 원군 요청에 대한 거절로 실

절한 것으로 이해하는 사람은 거의 없는 것으로 이해된다.

266 直木孝次郎(앞의 논문)도 첫 번째 요청은 거절당하고 두 번째 요청은 받아들여졌다고 본다. 그리고 郭務悰이 첫 번째로 요청한 것은 원군이고, 원군 요청이 받아들여지지 않자 두 번째로 요청한 것이 군수물자라는 것이다.

질적으로는 당과 일본과의 관계는 단절되었다고 보아도 무방하지 않을까 생각된다. 이것은 나당의 대립 속에서 일본이 완전히 친신라 정책으로 전환했음을 의미한다.

일본이 견당사를 다시 파견하게 된 것은 이로부터 한참 후인 701년이다.[267] 그런데 당이 669년부터 시작된 신라와의 싸움에서 패배한 뒤 한반도에서 완전히 철수하는 677년 사이에, 일본은 668·670·675·676년에 걸쳐 견신라사를 파견한다.[268] 신라에서도 668·669·671·672·673년 등 거의 매년 사자가 도일하고 있다.[269] 이는 신라와 당 간에 전쟁이 계속되는 중에 일본이 신라와는 긴밀한 관계를 유지하고 있었음을 의미한다. 그 계기가 된 것이 金東嚴의 도일이었다. 따라서 郭務悰에 대한 조치는 김동엄의 도일과 송사의 파견을 계기로 한 일본과 신라 관계의 연장선상에서 이루어졌음을 알 수 있다. 이런 면에서는 김동엄의 도일과 郭務悰의 원군 요청에 대한 거절은 일본의 대외정책이 당과의 재개된 관계를 청산하고 신라와의 연합으로 회귀하는 하나의 전환점이 되었다고 할 수 있을 것이다.

---

267 《續日本紀》의 관계 기사에 의하면 그 후 견당사는 701년부터 다시 파견되기 시작한다.

268 《日本書紀》의 관계된 해의 각 기사 참조.

269 《日本書紀》 관계된 해의 기사 참조.

결어

일본이 백촌강에서 주적으로 싸운 것은 당이었다. 그리고 싸움이 끝난 뒤 먼저 국교를 재개한 상대도 당이었다. 이러한 사실 때문에 종래 일본의 대륙관계 재개에 대한 연구는 당과의 관계를 중심으로 이루어져 왔다. 그리고 신라와의 관계는 부차적인 것으로 취급되어 왔다.

그런데 백촌강 싸움이 끝나고 당의 고구려 정토가 진행됨에 따라서 신라와 일본은 다 같이 당의 침공 위협하에 놓이게 되었다. 따라서 양국은 공동으로 당에 대처할 필요성을 느끼고 있었다. 그러나 당의 위협하에 있던 양국으로서는 공개적으로 접근할 수는 없었다. 따라서 고구려가 멸망하고 양국에 대한 당의 위협이 노골화되고 신라와 당의 싸움이 임박해지자 양국은 손을 잡지 않을 수 없게 되는 것이다. 일본과 신라와의 국교 재개가 당과의 국교 재개보다 늦어진 이유는 여기에 있었던 것이지 그 중요성이 적었기 때문이 아닌 것이다.

이런 면에서는 종래의 天智政權이나 大友政權 또는 天武政權 사이에 대외 정책의 차이가 논의되어 왔으나 신라와의 관계는 일관성을 가지고 추진되었다고 할 수 있다. 백촌강 싸움 이래 일관되게 대외 관계에서 일본의 지배층을 규제하고 있던 주요인은 당의 침입을 저지하는 문제에 있었기 때문이다. 다만 당과의 직접적인 대립을 회피하기 위해서 신라와의 관계는 몇 단계를 거치고 있었던 것이다.

당에 대한 위기감을 공유하고 있던 일본과 신라는 668년 9월 金

東嚴의 도일과 답사 小山下道守臣麻呂 등의 파견을 계기로 서로 손잡고 당에 대항하는 방향으로 나가기 시작한다. 그리고 669년 9월 2차 신라사 沙湌督儒 등이 당이 일본을 정벌하려 한다는 정보를 전해 주고 일본은 670년 9월 阿曇連頰垂가 6차 견당사가 가져온 정보를 신라에게 제공함으로써 양국 관계는 당에 대한 정보를 교환하는 체제로 발전한다. 그런데 671년 당 측에서 4차, 신라 측에서 3차에 걸쳐 사신들이 도일하고 특히 郭務悰이 2000여 명의 사절단을 거느리고 나타나서 원군을 요청함에 따라 일본은 당과의 관계를 분명히 하지 않을 수 없게 된다. 이것이 郭務悰에 대한 원군의 거절과 701년까지의 단교 그리고 친신라 정책으로 나타나는 것이다. 이런 면에서는 天智天皇에서 天武天皇에 이르는 제 정권 사이의 대외 정책에 차이가 있었다는 종래의 연구 결과와는 달리 백촌강 싸움 이래 일본의 대외 정책은 근본적으로 차이가 없었다고 할 수 있다.

그런데 백촌강 싸움 이래 일관되게 친신라 정책을 추구하던 일본이 8세기에 들어가서는 다시 견당사의 파견을 시작하고 있다. 따라서 이 문제를 금후의 연구 과제로 하고 싶다.

6. 백촌강 싸움과 일본의 대륙관계의 재개

당과의 관계를 중심으로

근래 일본 고대사를 거시적으로 동아시아의 움직임 속에서 조망하려는 움직임이 높아지고 있다. 그러나 아직까지는 그 구체적인 방법을 모색하고 있는 단계가 아닌가 생각된다.

그런데 일본 고대사를 동아시아의 움직임 속에서 파악하기 위해서는 당시 동아시아의 중심이라고 할 수 있는 대륙과 일본과의 상호 연관된 문제들을 검토하면서 전체적인 역사상을 구축해 나가는 것도 하나의 유력한 방법이 될 수 있지 않을까 생각한다. 그런 면에서는 일본이 663년 白村江 싸움에서 패배한 후 대륙관계를 재정립해 가는 과정이야말로 당시 동아시아 속에서 어떤 요인이 일본의 지배층을 규제하고 있었는지를 극명히 보여 주고 있지 않은가 생각한다.

그러나 지금까지 白村江 싸움 직후 대륙관계의 재개과정에 관한 연구는 개별적인 사자의 왕래를 중심으로 한 것이 대부분으로 일본이 대륙과의 관계를 정립해 가는 과정을 거시적으로 조망한 연구는 별로 눈에 띄지 않는다. 따라서 본고에서는 白村江 싸움 이후 일본이 대륙과의 관계를 정립해 가는 과정을 거시적인 측면에서 밝혀 봄으로써 왜 日本이 동아시아 각국이 뒤엉켜 싸운 白村江 싸움에 출병했는가를 규명하고 일본 고대사를 동아시아의 움직임 속에서 이해할 수 있는 토대를 마련하고자 한다.

일본이 白村江에서 싸운 상대는 당과 신라의 연합군이었다. 그러나 白村江 싸움 직후 일본이 대륙과의 관계를 재개해 나가는 과정은 당과의 관계가 중심이 되지 않을 수 없었다. 당이 고구려를 멸망시키고 한반도를 직접 지배하려는 야욕을 드러내는 668년까지는 신라는 당을 측면에서 지원하는 입장에 있었으므로 신라가 당을 뛰어넘거나 그 의도에 반하는 대외관계를 추진할 수 없었기 때문이다. 그런 맥락에서 일본의 대륙관계의 재개과정을 당과의 관계를 중심으로 검토해 나가고자 한다.

1. 일·당의 접촉

1) 웅진도독부의 구조

백제 의자왕이 나당연합군에게 항복한 것이 660년 7월 18일이다. 그리고 백제 부흥운동이 시작되는 것이 같은 해 8월부터이다. 한편 백제 부흥운동을 지원하기 위해서 출병했던 일본군이 백촌강 싸움에서 패배한 다음 일본으로 철수하는 것이 663년 9월이다.

그런데 백제를 평정한 당의 蘇定方은 660년 9월 3일 귀국하면서 그의 郎將 劉仁願으로 하여금 사비성을 진수하게 했다. 본국에서는 곧바로 웅진에 도독부를 설치하고 그 도독으로 王文度를 보냈다. 그러나 9월 28일 王文度의 갑작스런 병사로 웅진도독부 설치는 계획만으로 끝나고 만다.[270] 따라서 백제의 옛 땅은 661년 초 王文度를 대신해서 다시 파견된 帶方刺史 劉仁軌[271]와 백제 부흥운동군의 공격으로 사비성에 고립되어 있던 진수장 劉仁願에 의해서 유지되어 나갔다.

그런데 당은 백제 부흥군을 평정하고 귀국했던 劉仁願과 함께 의자왕의 아들인 夫餘隆[272]을 웅진도독에 임명하여 664년 2월 귀국시킨다.[273] 따라서 웅진도독부는 劉仁願이 다시 부임하는 664년

---

270 《舊唐書》卷199上 百濟傳 顯慶 5년(660)조 및《三國史記》武烈王 7년(660) 9월조 참조.

271 《舊唐書》卷199上 百濟傳에는 '帶方州刺史劉仁軌, 代文度統衆',《同書》권84 劉仁軌傳에는 '詔仁軌, 檢校帶方州刺史, 代文度統衆'로 劉仁軌가 王文度 대신 파견된 것으로 되어 있다. 그런데《舊唐書》百濟傳에는 '龍朔 二年(661) 七月, 仁願仁軌等率留鎭之兵'라고 되어 있어서 劉仁軌가 661년 7월 이전에 백제에 도착했음을 알 수 있다.

272 《三國史記》武烈王 7年(660)條에 의하면 660년 新羅와 唐連合軍의 攻擊을 받은 義慈王이 7월 13일 左右近臣을 데리고 熊津城으로 避難하자 王子隆은 大佐平千福과 함께 나가서 항복했다. 그리고 9월 3일에는 蘇定方에 의해서 義慈王과 함께 중국으로 끌려간 것으로 되어 있다.

273 《舊唐書》百濟傳의 白江 싸움에 대한 내용 중에는 '劉仁軌及別師杜爽. 夫餘隆率水軍及糧船自熊津江往白江'으로 百濟가 멸망한 뒤 660년 9월 蘇定方에 의해서 중국으로 끌려갔던 夫餘隆이 다시 귀국해서 수군과 糧船을 이끌고 663년 8월의 白村江 싸움에 참가한 것으로 되어 있다. 그런데 孫仁師가 劉仁軌 등을 구원하기 위해서 도착한 것이 663年 5월경이다. 따라서 夫餘隆은 白村江 싸움 직전인 663년 5월 孫仁師와 함께 귀국한 것이 아닌가 생각된다. 한편《舊唐書》劉仁軌傳에는 '百濟之餘燼悉平, 孫仁師與劉仁願振旅而還, 詔劉仁軌勒兵鎭守. … 又劉仁願, 率兵渡海, 餘舊鎭兵交代, 仍授夫餘隆熊津都督, 遣以招輯其餘衆'이라고 되어 있어서 그가 백제 평정 후 663년 孫仁師·劉仁願 등과 일단 당으로 돌아갔다가 664년 2월 劉仁願이 劉仁軌와 교대할 때 정식으로 熊津都督에 임명되어 다시 온 것으로 생각된다. 그가 2월에 귀국했음은《三國史記》文武王 4년(664) 2월조에 의해서도 확

2월 이후부터는 형식적으로는 도독 夫餘隆을 책임자로 하고 실질적으로는 百濟鎭將 劉仁願[274]이 움직여 나가는 형태를 취하고 있었다.[275] 이는 웅진도독부 체제가 옛 백제의 질서를 바탕으로 하고 있었음을 의미한다.[276]

당시 당의 한반도에 있어서의 최대 과제는 고구려 정토였다. 그러므로 당의 백제 정토도 고구려 정토를 위한 방편에 불과했다고 할 수 있다.[277] 그런데 660년 백제를 멸망시킨 직후 5도독부를 두려고 한 사실[278]에서도 엿볼 수 있듯이 당은 백제를 평정한 다음 그 옛 땅을 직접 지배하려는 생각을 가지고 있었다. 그래서 당 高宗은 夫餘

인된다.

274 劉仁願은《三國史記》武烈王 7년조에는 蘇定方의 '郎將',《同》文武王 3년조에는 '鎭守郎將', 그리고《同》4년조에 보이는 誓文에는 '鎭守使'로 되어 있다. 대개 비슷한 의미로 생각된다.

275 池內宏(1960,〈百濟滅亡後の動亂及び唐·羅·日三國の關係〉,《滿鮮史研究》上世第二册, 吉川弘文館, 177쪽)은 664년 2월 劉仁願과 교대한 劉仁軌가 다시 온 흔적은 없지만《册府元龜》에는 665년 8월 劉仁願이 文武王 夫餘隆과 함께 공주의 就利山에서 행한 盟文을 지은 것으로 되어 있고 666년 정월 泰山에서 행해질 예정인 封禪의 儀에 참여하기 위해서 新羅·百濟·耽羅·倭 등 네 나라의 사신을 데리고 귀국하는 것으로 보아서 그가 664년 2월 일단 귀국했다가 그 뒤에 다시 온 것으로 보고 있다. 이것이 사실이라면 664년 2월 이후에는 그는 웅진도독부에 거의 간여하지 않은 셈이 된다.

276 鬼頭淸明(1988,〈壬申の亂と國際的契機〉,《千葉史學》13)에 의하면 당의 백제 지배는 당군과 백제 왕가의 2중 지배구조로 명목적으로는 웅진도독부라는 이름으로 당의 지배하에 있었지만 그 도독에 백제태자인 夫餘隆이 임명됨에 따라서 실제로는 백제 왕과 민중의 지배 예속 관계가 일부 부활되었다는 것이다.

277《三國史記》善德王 12年(643) 9월조에는 당 태종이 신라사에게 '百濟國恃海之嶮不修機械 男女紛雜 互相燕聚 我以數十百船 載以甲卒 御枚泛海 直襲其地'라고 밝히고 있어 당이 고구려 정토의 일환으로 이미 백제를 정토할 계획을 갖고 있었음을 보여 주고 있다.

278《舊唐書》百濟傳 顯慶 5년(660)의 기사에 의하면 당은 백제 멸망 직후 백제의 옛 땅에 5도독부를 두어 직접 지배하려고 했던 것으로 되어 있다.

隆을 웅진도독[279]으로 부임시키면서 '귀국해서 餘衆을 무마하는 한편 신라와 화친하라'는 임무를 부여했던 것이다.[280]

高宗으로부터 夫餘隆에게 주어진 임무 중 '귀국해서 餘衆을 무마하라'는 것은 고구려를 정토하기 위해서 그 배후를 안정시키려는 것으로[281] 궁극적으로는 백제의 옛 땅에 대한 직접적인 지배체제를 확립하기 위한 것이기도 하다.[282] 그러므로 夫餘隆에게 주어진 임무의 핵심은 '신라와 화친하라'는 내용보다는 '餘衆을 무마하라'는 데 있었다고 생각된다. 따라서 백제의 왕자인 夫餘隆을 웅진도독에 임명한 것도 '餘衆을 무마'하기 위한 것이었다고 생각된다.

그러나 백제 정토에 당을 끌어들였던 신라로서도 당연히 백제의 옛 땅을 차지하려 하지 않았을 리가 없다. 게다가 당 태종은 648년 중국을 방문한 김춘추에게 '백제와 고구려를 평정하면 평양 이남, 백제의 토지는 다 신라에게 준다'는 약속을 했던 것이다.[283] 따라서

279 唐代의 都督府는 諸州의 군사를 통괄하는 軍政府이다.

280 《三國史記》 文武王 5년(665) 8월조에는 '高宗詔扶餘隆 歸撫餘衆 及令與我和好…'라고 되어 있다. 그리고 《舊唐書》 百濟傳에도 '乃授夫餘隆熊津都督, 遣還本國, 共新羅和親, 以招輯其餘衆.'라고 되어 있다.

281 《舊唐書》 劉仁軌傳의 '則百濟餘燼, 不日更興高麗逋藪, 何時可滅'나 '陛下若欲殄滅高麗, 不可棄百濟土地. 余豊在北, 余勇在南. 百濟·高麗, 舊相黨援. 倭人雖遠, 亦相影響. 若無兵馬, 還成一國.'은 어느 것이나 고구려 정토에 있어서의 백제 餘衆의 중요성을 설파하고 있다. 이를 뒤집어서 말하면 고구려를 정토하기 위해서는 餘衆을 무마해야 한다는 이야기가 된다. 한편 《舊唐書》 劉仁軌傳의 백제 부흥군를 평정한 뒤 劉仁軌가 남아서 한 역할인 '餘衆各安其業, … 以經略高麗'도 餘衆을 안정시키는 것이 고구려를 경략하기 위한 것임을 보여 주고 있다.

282 《三國史記》 文武王 11년조의 회고에 의하면 665년 8월 劉仁願이 신라 文武王, 백제 夫餘隆과 행한 '於就利山 築壇 對勅 使劉仁願 歃血相盟 山河爲誓 畫界立封永爲疆界 百姓居住 各營産業'라는 盟文에서도 백제의 옛 땅을 직접 지배하려는 당의 의도가 엿보인다.

283 《三國史記》 文武王 11년조의 회고에는 '大王報書云 先王 貞觀二十二年 入朝 面奉太宗文皇帝恩勅 朕今伐高麗 非有他故 … 我平定兩國 平壤已南 百濟土地 竝乞你

백제의 옛 땅을 직접 지배하려는 당의 기도에 대해 신라가 반발하지 않을 리 없었다고 생각된다.[284] 당도 신라의 반발을 예상하고 있었기 때문에 夫餘隆에게 '귀국해서 餘衆을 무마하라'는 것 외에 '신라와 화친하라'는 임무를 부여했던 것이다.

664년 2월 劉仁願은 부임하자 웅진에서 신라 문무왕의 동생인 金仁問으로 하여금 웅진도독인 夫餘隆과 더불어 화친의 誓盟을 하게 했다.[285] 그리고 665년 8월에는 웅진에서 신라의 문무왕으로 하여금 夫餘隆과 더불어 다시 화친의 誓盟을 하게 했다. 그런데 664년 2월에 행한 서맹의 내용은 전해지지 않아서 잘 알 수가 없지만 665년 8월에 행한 盟文에는 '先祖의 제사를 받들고 故土를 보전케 하는' 것과 '신라와 서로 우방이 되어 화친하라'는 웅진도독 夫餘隆의 책무가 제시되어 있다.[286] 한편 664년 2월에 행한 서맹의 내용도 665년 8월에 행한 서맹의 내용과 크게 틀리지 않으리라고 생각된

新羅 永爲安逸'라고 되어 있다. 이 내용은《舊唐書》百濟傳의 道琛과 福信이 사자를 劉仁軌에게 보내서 '聞大唐與新羅約誓, 百濟人無問老少一切殺之, 然後以國付新羅'라고 한 말에 의해서도 뒷받침된다.

284《三國史記》文武王 11년조의 회고에는 '至麟德元年(664) 復降嚴勅 責不盟誓 卽遣人於熊嶺 築壇 共相盟會 仍於盟處 遂爲兩界 盟會之事 雖非所願 不敢違勅 '으로 실제로 당 劉仁願과 백제 夫餘隆과 신라 金仁問 사이에서 '百濟 故土의 維持'를 盟誓한 664년 2월의 會盟이 신라의 반대 속에서 당에 의해 반강제적으로 행하여진 것으로 되어 있다. 후일 신라가 백제의 옛 땅을 당으로부터 무력으로 빼앗는 사실로도 당시 신라가 당이 백제의 옛 땅을 직접 지배하려는데 반대했음을 알 수가 있다.

285《三國史記》文武王 4년 2월조에는 '角干金仁問伊湌天存, 與唐勅使劉仁願百濟夫餘隆, 同盟于熊津'라고 되어 있다.

286《三國史記》文武王 5年 8月條에는 '秋八月 王與勅使劉仁願·熊津都督扶餘隆 盟于熊津就利山 … 其盟文曰 … 守其祭祀 保旗桑梓 依倚新羅 長爲與國 各除宿憾 結好和親'라고 되어 있고《舊唐書》百濟傳,《册府元龜》外臣部, 등에도 비슷한 내용이 보인다.

다. 664년의 서맹도 665년의 서맹처럼 당의 주관으로 이루어졌을 뿐만 아니라 참석자도 文武王의 동생인 金仁問만 문무왕으로 바뀌었을 뿐 각각 백제와 신라를 대표한 인물들이었기 때문이다.

665년의 서맹에서 제시된 웅진도독부 도독인 夫餘隆의 책무는 당의 百濟鎭將이 주관을 하고 신라가 입회한 가운데 이루어진 것으로 삼국 간의 약속이며 동시에 삼국이 보장한 웅진도독 夫餘隆의 지침이었다고 할 수 있다. 그런데 夫餘隆은 웅진도독을 제수받고 귀국할 때 당 고종으로부터 '귀국해서 餘衆을 무마하는 한편 신라와 화친하라'는 임무를 부여받았다. 따라서 665년의 서맹에서 삼국 간에 합의된 웅진도독부의 지침은 고종으로부터 부여된 夫餘隆의 임무에 반할 수는 없다고 생각된다. 그러므로 665年 3국이 행한 서맹 속에 제시된 '先祖의 제사를 받들고 故土를 보전케 하는 것'과 '신라와 서로 우방이 되어 화친하라'는 웅진도독 夫餘隆의 책무는 그가 웅진도독으로 부임하면서 고종으로부터 부여받은 '귀국해서 餘衆을 무마하고' '신라와 화친하라'는 임무와 그 근본 취지에 있어서 차이가 없다고 할 수 있다. 따라서 삼국이 보증한 웅진도독부의 지침은 夫餘隆이 귀국 시 고종으로부터 부여된 임무를 바탕으로 한 것임을 알 수 있다.

그런데 일본은 웅진도독부가 무마의 대상으로 하고 있는 '백제의 餘衆들'과 백제 부흥운동을 위해서 함께 싸웠다.[287] 그리고 웅진

---

287 《舊唐書》百濟傳 麟德 2年(665) 8月의 기사에는 '及蘇定方旣平百濟軍廻, 餘衆又叛, 鎭守使劉仁軌.仁願等, 經略數年 漸平之, 詔夫餘隆, 歸撫餘衆'으로 夫餘隆이 무마해야 할 '餘衆'이 大和政權과 연계해서 백제 부흥운동을 위해 싸운 사람들을 지칭하고 있음을 알 수 있다.

도독부가 백제의 옛 땅에 대한 지배권을 확립하는 데 반대하는 신라와는 적대관계에 있었던 것이다. 따라서 웅진도독부가 餘衆들을 무마하면서 백제의 옛 땅에 대해서 지배권을 확립하기 위해서는 일본과의 관계 회복이 필수불가결한 조치였다고 생각된다.[288]

2) 郭務悰의 도일

당의 백제 정토를 1년 앞둔 659년 7월 일본은 小錦下坂合部連石浦 등을 대표로 하는 제4차 견당사를 당에 파견했다. 그러나 백제 정토를 앞두고 있던 당은 백제 정토의 정보가 누출될 것이 두려워 그들을 억류시켜 버림으로써 일본과 적대관계에 있음을 분명히 했다.[289] 그 뒤 일본이 보낸 백제 구원군은 663년 8월 당과 백촌강에서 싸우게 된다.[290] 따라서 663년 백촌강 싸움의 패배 이후 일본은 대륙과의 관계가 완전히 단절되었다. 한반도 남부는 전부터 적대관계에 있던 신라가 점령하고 웅진에는 백촌강에서 싸운 당의 도독부가 설치되었기 때문이다.

그런데 백촌강 싸움 직후인 664년 5월 돌연 적대관계에 있던 당측에서 朝散大夫郭務悰等이 도일한다.《日本書紀》天智天皇 3년 5월조에는 '甲子(17), 百濟鎭將劉仁願, 遣朝散大夫郭務悰等, 進表函與獻物'로 664년 5월 熊津都督府의 百濟鎭將劉仁願이 파견한 朝散大夫郭務悰等이 도일하여 '表'와 '物'을 바치고 12월에 귀국한

288 주 281) 참조.

289《日本書紀》齊明天皇 5년 7월조 분주에 인용된〈伊吉連博德書〉參照.

290《日本書紀》天智天皇 2년 8월조.

것으로 되어 있다.[291] 그러나 郭務悰이 도일한 목적이 무엇이었는지 그리고 그에 대해서 일본이 어떤 반응을 보였는지는 전혀 제시되어 있지 않다.

天智紀 3년조에는 郭務悰을 파견한 주체가 당이 아니라 '百濟鎮將 劉仁願'으로 되어 있다. 그리고《善隣國寶記》에도 郭務悰이 百濟鎮將의 私使로 되어 있다.[292] 따라서 郭務悰은 당 본국에서 파견된 것이 아니라 웅진도독부에서 파견된 것이 분명하다고 생각된다.[293] 그러나 그가 웅진도독부에서 파견되었다고 해서 그의 도일이 본국의 방침과 배치된다고는 생각되지 않는다.《善隣國寶記》에 의하면 664년 도일했을 때 郭務悰은 天子의 使者가 아니고 百濟鎮將의 私臣이라는 이유로 입경도 못하고 귀국한 것으로 되어 있다. 그런데 다음 해 9월 일본의 요구에 따라서 天子의 사자로서 도일하는 劉德高도 百濟鎮將 劉仁願이 파견했던 郭務悰과 그와 함께 도일했던 백제의 좌평 禰軍을 그대로 대동하고 도일하는 것이다. 이는 전해 郭務悰의 도일이 본국의 뜻에 배치되지 않았음을 보여 주는 것이라고 생각된다. 따라서 郭務悰은 본국의 방침 위에서 熊津都督

291《日本書紀》天智天皇 3년조.

292《善隣國寶記》卷上에는 '海外國記曰, 天智天皇三年四月, 大唐客來朝. 大使朝散大夫上柱國郭務悰等三十人.…告客等. 今見客等來狀者, 非是天子使人, 百濟鎮將私使'라고 되어 있다. 한편《善隣國寶記》에 인용된〈海外國記〉에 대해서는 文飾이 가해졌다는 설도 있으나(鈴木靖民, 1972,〈百濟救援の役後の日唐交涉〉,《續日本古代史論集》上卷所收, 吉川弘文館, 358쪽), 倉住靖彦(1985,《古代の大宰府》, 吉川弘文館, 99-100쪽)에 의하면 내용적으로는《일본서기》보다도 오히려 사실에 가깝다는 것이다.

293 이때에 郭務悰을 파견한 주체가 劉仁軌라는 설도 있으나 劉仁願이 664년 2월에 웅진도독부에 來鎮해서 백제와 신라의 誓盟에 입회한 점으로 보아서 664년 4월에 도일한 郭務悰의 파견자는 劉仁願이 옳다고 생각된다.(鈴木靖民, 위의 논문, 360쪽)

府가 파견한 것이라고 할 수 있을 것이다.[294]

백제는 일본이 선진문물을 도입하던 오랜 창구였다. 그런데 당이 백제를 멸망시킨 다음 그곳에 웅진도독부를 설치하여 한반도 진출의 전진기지로 삼은 것이다. 663년 양국이 백촌강에서 싸운 것도 백제 문제 때문이었다. 따라서 일본이 웅진도독부를 인정하지 않는 한 양국 관계는 회복될 수 없었다고 생각된다. 이런 상황에서 일본이 郭務悰을 받아들여서 당과의 국교를 재개한다는 것은 그의 파견자인 웅진도독부를 인정한다는 것을 의미한다. 그리고 夫餘隆을 정점으로 하는 웅진도독부 체제를 인정한다는 것은 '餘衆을 무마하고 신라와 화친하여' 高句麗 정토를 뒷받침하려는 夫餘隆의 역할을 인정하는 것이기도 하다. 따라서 郭務悰의 도일은 웅진도독부 체제와 그 역할을 인정받는다는 사실을 전제로 하고 있었다고 할 수 있을 것이다.[295]

한편 郭務悰의 뒤를 이어 665년 9월에 도일했던 당사 劉德高의 귀국에 즈음해서 일본은 小錦守君大石 등을 5차 견당사로 당에 파견한다. 그리고 667년 11월 5차 견당사의 귀국에 즈음해서 당이 그들의 송사로서 熊津都督府熊山縣令上柱國司馬法聰을 파견한다.

294 池內宏(앞의 책, 205-206쪽)도 劉仁原이 664년 2월에 웅진도독부에 부임하고 그 두 달 후인 4월에 郭務悰이 도일하는 사실을 들어서 郭務悰의 도일을 唐高宗의 명에 따른 것으로 보고 있다.

295 松田好弘, 〈天智朝の外交につえて一壬申の亂との關聯をめぐって〉, 《立命館文學》 415·416·417合併號)는 당이 고구려 정토를 위해서 일본에게 저자세를 취했다는 것이다. 그러나 당의 침입이 두려워서 방어체제의 구축에 힘을 쏟아 부어야 했던 일본에게 전승국인 당이 저자세를 취했다는 것은 있을 수 없는 일이라고 생각된다. 667년 6차 견당사 坂合部連石積의 送使로서 도일한 司馬法聰에게까지 送使(伊吉連博德)를 파견하는 사실로서도 당시 大和政權과 당과의 관계를 엿볼 수 있다.

이에 대해서도 일본은 伊吉博德을 다시 그의 송사로서 당에 파견한다.[296] 이로써 양국 관계는 완전히 회복되었다고 할 수 있다.

그런데 양국 관계가 타결되기 이전에는 웅진도독부에서 도일하는 사자의 파견자가 전부 '百濟鎭將'으로 되어 있었다. 그러나 양국 관계가 완전히 타결된 668년 정월[297] 이후부터는 '百濟鎭將'이 아니라 '百濟'라는 이름으로 된 사자들이 도일하기 시작하는 것이다.[298] 양국 관계가 타결되고 '백제'라는 이름으로 파견된 최초의 사자가 668년 4월에 파견된 末都師父다.[299] 웅진도독부가 사자를 파견하는 주체를 '백제'로 하고 있었다는 것은 夫餘隆이 백제의 계승자임을 과시한 것이라고 할 수 있다.[300] 이는 양국 관계의 재개를 계기로

---

296 양국 사자들의 왕래에 대해서는 후문 참조.

297 《日本書紀》 天智天皇 7년 정월조에 의하면 伊吉博德이 667년 11월에 도일한 당의 法聰을 데려다 주고 최종적으로 귀국하는 것이 668년 정월이다. 따라서 이 단계가 되면 적어도 표면적으로는 양국 관계가 완전히 회복되었다고 할 수가 있지 않을까 생각된다.

298 《日本書紀》 天智天皇 7년 4월조, 동 10년 2월조 및 6월조.

299 양국 관계가 타결되고 웅진도독부에서 최초로 사자가 도일하는 것이 668년 4월인데 《日本書紀》 天智天皇 7년 4월조에는 '百濟遣末都師父等進調'로 그 파견자가 '百濟'로 되어 있는 것이다.

300 웅진도독인 夫餘隆이 백제의 계승자임을 실제로 표방하고 있음은 《三國史記》 文武王 5년 8월조의 '其盟文曰 … 守其祭祀 保旗桑梓 依倚新羅 長爲與國'이라는 盟文에 의해서도 입증된다. 그런데 668년의 末都師父를 필두로 해서 '百濟'라는 이름으로 도일하는 사자들에 대해서 鈴木靖民(1968, 〈百濟救援の役後の百濟及び高句麗の使について〉, 《日本歷史》 241)는 당시 백제 유민 중에는 웅진도독부와 직접 관계를 갖고 있는 자들과 독자적인 움직임을 보이는 존재들이 있는데 이들은 후자에 속한다는 것이다(鈴木靖民은 뒤에도 같은 주장을 하고 있다[앞의 논문]). 이는 아직 신라나 웅진도독부가 장악하지 못한 백제 유민들이 있다는 이야기이다. 그렇다면 그들은 백제 부흥운동이 실패한 초기에 존재해야 했을 것이다. 그런데 그들의 이름이 최초로 나타나는 것이 부흥운동이 실패로 끝나고도 5년이나 지난 668년이다. 그리고 671년 웅진도독부가 신라에 점령당한 뒤부터는 '百濟'를 지칭하는 사자가 도일하지 않는다. 이러한 사실로 미루어 백제의 이름으로 도일하는 사자들도 웅진도독부에서 파견되었다고 생각하는 것이 순리라고 생각된다. 한편 당의 백제지

일본이 웅진도독인 夫餘隆을 백제의 계승자로 인정했다는 이야기가 된다.[301] 그렇다면 郭務悰의 중요한 도일 목적 중의 하나는 웅진도독인 夫餘隆을 백제의 계승자로 인정시키려는 데 있었던 셈이 된다. 그리고 웅진도독인 夫餘隆을 백제의 계승자로 인정받는다는 것은 '餘衆을 무마하고 신라와 화친하여' 고구려 정토를 뒷받침하려는 夫餘隆의 책무와 웅진도독부의 역할에 대해서도 일본의 양해를 얻은 것이기도 하다.[302]

郭務悰의 도일 목적이 웅진도독부 체제를 백제의 계승으로 인정시키려는 데 있었음은 그 사절단의 구성에서도 엿볼 수 있다. 郭務悰 도일 당시 사절단 구성에 대해서는 그의 도일을 전하는 天智紀에는 구체적으로 제시되어 있지 않고 다만 '朝散大夫郭務悰等'이

배가 당군과 백제 왕가의 2중 지배구조로 명목상으로는 웅진도독부라는 명칭으로 당의 지배하에 있었지만 그 都督에 백제 태자인 夫餘隆이 임명됨에 따라서 실제로는 백제 왕과 민중의 지배·예속 관계가 일부 부활되었다(鬼頭淸明, 앞의 논문)는 면에서도 '百濟'의 이름으로 된 사자의 파견자가 웅진도독부인 것은 자명하다.

301 백제의 계승자임을 표방하고 있는 夫餘隆이 都督인 웅진도독부의 사자를 받아들인다는 것 자체가 이미 夫餘隆을 백제의 계승자로 인정한 셈이라고 할 수 있다.

302 양국 관계의 타결은 郭務悰의 요구를 바탕으로 하고 있었기 때문이다. 그런데 山尾幸久(1989,《古代の日朝關係》, 塙書房, 425-426쪽)는 665년 8월의 就利山會盟 참가를 요구하기 위한 것으로 보고 있다. 그 근거는 盟文중의 '倭의 先王은 … 高句麗와 結託하고 倭와 通交하여 함께 殘暴한 행동을 하는 동시에 신라를 침략했다'는 내용으로 보아 당시 會盟에 倭王의 사자가 입회해야 했고 따라서 郭務悰의 도일은 就利山 會盟에 倭王 사자의 참가를 요구하기 위한 것이라는 주장이다. 그런데 盟文은 전반에는 백제가 왜·고구려와 결탁해서 범한 잘못을 논하고 후반에는 국토를 보존하고 신라와 화친하라는 夫餘隆의 책무가 제시되어 있다. 그러므로 웅진도독부가 해야 할 과제는 후반부의 夫餘隆이 해야 할 책무에 있었다고 할 수 있을 것이다. 따라서 전반부의 내용을 근거로 郭務悰의 도일 목적을 논하는 것은 옳지 않다고 생각된다. 한편 663년 白村江 싸움 이래 국교도 없는 상태에서 당이 곧장 大和政權에게 회맹의 참가를 요구할 수도 없다고 생각된다. 그것은 일본이 郭務悰을 입경도 시키지 않고 돌려보낸 사실로도 입증된다.

라고만 되어 있다. 그러나《善隣國寶記》에는 '大使朝散大夫上柱國郭務悰等三十人百濟佐平禰軍等百余人'이라고 그 내용이 구체적으로 제시되어 있다. 즉《善隣國寶記》에는 '朝散大夫上柱國郭務悰等三十人'의 당인과는 별도로 백제인들을 '百濟佐平禰軍等百余人'이라고 따로 표시하고 있으며[303] 그 수도 100여 명이나 되고 있는 것이다. 그리고 다음 해에 劉德高가 도일할 때의 사실을 전하는 天智紀 4년 9월조에도 본문에는 '唐國遣朝散大夫沂州司馬上柱國劉德高等'이라고만 되어 있지만 그 분주에는 '等謂右戎衛郎將上柱國百濟禰軍·朝散大夫柱國郭務悰凡二百五十四人'으로 '朝散大夫柱國郭務悰'과는 별도로 '百濟禰軍'이라는 '百濟'를 표방하고 있는 사람들을 따로 표시하고 있는 것이다.[304] 이와 같이 웅진도독부 사자들의 일부가 '百濟'를 표방하고 있는 것은 무언중에 일본에 대해서 자신들이 백제의 계승자임을 과시하고 있었던 것이라고 생각된다. 따라서 웅진도독부는 무언중에 일본에게 자기들을 백제의 계승자로 인정할 것을 요구하고 있었다고 할 수 있다. 이런 면에서도 郭務悰이 도일한 중요 목적 중의 하나가 夫餘隆을 정점으로 하는 웅진도독부 체제를 백제의 계승자로 인정시키려는 데 있었음을 알 수 있다.

요컨대 郭務悰의 도일 목적은 국교를 재개하는 데 있었다고 생각된다. 그리고 일본이 당의 郭務悰을 받아들여 당과의 국교를 재

303 池內宏(앞의 책, 196-199쪽)은 郭務悰을 웅진도독부의 백제 장군으로 이해하고 있다. 그러나 그 부당성은 鈴木靖民(1972, 앞의 논문, 302쪽)에 잘 지적되어 있다.

304 劉德高의 귀국 시에 파견한 5차 견당사가 667년 11월 귀국할 때에도 '百濟人'인 法聰이 송사로 도일하고 있다.(《日本書紀》天智 6년 11월조)

개한다는 것은 웅진도독부 체제를 인정한다는 것을 뜻하고, 그것은 '餘衆을 무마하고 신라와 화친하여' 고구려 정토를 뒷받침하려는 夫餘隆의 책무와 웅진도독부의 역할을 인정한 것이라고 할 수 있다.

3) 일본의 대응

郭務悰의 도일을 전하는 天智紀에는 일본이 郭務悰의 도일에 대해서 어떤 반응을 보였는지 전혀 제시되어 있지 않다. 다만 10월에 칙을 전하자 內臣中臣鎌足이 沙門智祥을 시켜서 郭務悰에게 '賜物'한 사실만이 보일 뿐이다.[305] 그러나 《善隣國寶記》에는 일본이 4월에 도일한 郭務悰을 입경도 시키지 않고 있다가[306] 12월에 그냥 돌려보낸 것으로 되어 있다.[307] 그 이유는 郭務悰 등이 天子의 '使人'이 아

305 《日本書紀》 天智 3년 10월조에는 '宣發遣郭務悰等勅. 是日, 中臣內臣, 遣沙門智祥, 賜物於郭務悰'이라고 되어 있다.

306 倉住靖彦(앞의 책, 100-103쪽)은 〈海外國記〉의 '是以使人得入國'을 根據로 그들은 對馬島에 머무르다가 그냥 돌아갔다는 것이다. 그런데 당시에는 天智紀 4년 9월조에 보이는 劉德高나 同 10년 11월조에 보이는 郭務悰의 도일 시에 당 쪽의 사자들이 對馬島에 도착하여 상당한 시간을 기다린 뒤에 입경이 허용되고 있다. 그런데 郭務悰은 적대 상태에서 도일했을 뿐만 아니라 입경도 못한 채 귀국한 셈이다. 따라서 郭務悰도 對馬島에서 그대로 귀국했다고 보는 것이 타당하지 않을까 생각된다.

307 《善隣國寶記》 卷上에는 '海外國記曰, 天智天皇三年四月, 大唐客來朝. 大使朝散大夫上柱國郭務悰等三十人, 百濟佐平禰軍等百余人, 到對馬島. … 九月, 大山中津守連吉祥. 大乙中伊岐史博德.僧智弁等, 称筑紫太宰辭. 實是勅旨, 告客等. 今見客等來狀者, 非是天子使人, 百濟鎭將私使. … 十二月, 博德授客等牒書一函. … 既非天子使, 又無天子書. 唯是摠管使, 乃爲執事牒. 牒是私意. 唯須口奏, 人非公使, 不令入京云云.'이라고 되어 있어서 郭務悰이 4월에 도일했다가 9월에는 1차 회답을 받고 12월에 정식 회답을 받은 뒤에 귀국한 것으로 되어 있다. 따라서 5월에 도일해서 10월에 勅을 받고 12월에 귀국한 것처럼 되어 있는 天智紀와는 약간 차이가 있다. 그런데 池內宏(앞의 논문)은 《善隣國寶記》와 天智紀를 비교 검토하여 4월에 도일한 郭務悰을 5월에 筑紫의 別館에 불러들였다는 것이다. 그리고 9월에 사자를

니고 百濟鎭將 劉仁願의 '私使'일뿐만 아니라,[308] 그들이 가지고 온 牒書도 天子의 '書'가 아니고 百濟鎭將의 '私意'에 불과하다는 것이었다.[309]

그런데 3년 뒤인 667년 11월 9일에 도일한 司馬法聰은 郭務悰과 마찬가지로 百濟鎭將 劉仁願이 웅진도독부에서 보냈는데도 불구하고 일본은 그의 입경을 거부하기는커녕 오히려 일을 마친 뒤 伊吉連博德 등을 송사로 해서 웅진도독부까지 바래다주고 있다.[310] 이로 미루어 보건대 郭務悰이 웅진도독부에서 파견된 '私臣'이기 때문에 입경도 시키지 않고 돌려보냈다는 것은 표면적인 이유에 불과하고 진짜 이유는 따로 있었다고 생각된다.

일본은 백촌강 싸움에서 패배한 직후부터 군의 정비나[311] 국가적

筑紫에 파견해서 勅旨에 의거해서 10월에 郭務悰을 입경시키지 않는다는 조처를 전달했다고 추정하고 있다. 그러나 郭務悰이 對馬島에서 그냥 귀국했다고 본다면 4월에 對馬島에 도착하여 5월에 對馬島에서 大和朝廷의 사자를 만난 것으로 한다면 무리가 없으리라고 생각된다.

308 앞에 제시한《善隣國寶記》에는 '非是天子使人, 百濟鎭將私使'라는 내용이 보인다.

309《善隣國寶記》에는 '又無天子書. 唯是摠管使, 乃爲執事牒. 牒是私意.'로 되어 있다. 여기서 執事는 摠管인 百濟鎭將의 使 郭務悰을 이르는 것으로 생각된다.

310《日本書紀》天智紀 6년 11월조에 의하면 伊吉連博德을 法聰의 송사로 파견하는 것이 667년 11월 13일인데 동 7년 정월조에 의하면 伊吉連博德이 복명한 것은 668년 1월 23일로 되어 있다. 따라서 伊吉連博德이 法聰을 바래다주고 귀국하는데 2개월 이상이나 걸린 것으로 보아 그가 法聰을 웅진도독부까지 바래다주고 왔음을 알 수 있다.

311 예를 들면《日本書紀》天智紀 4年(665) 10월조에는 '大閱于菟道'라는 기사가 보이는데 이는 지금의 京都府 宇治市 부근으로 생각되는 菟道에서 閱兵을 했다는 것으로 일종의 군사훈련으로 보아도 무방하리라고 생각된다. 日本古典文學大系,《日本書紀》下(364쪽 頭註6)는 이 열병을 劉德高에 대한 일종의 시위로 보고 있다. 그러나 후술하는 것처럼 劉德高는 전년의 郭務悰과는 달리 관계를 개선할 목적에서 맞아들였고 우호적인 관계로 시종했던 점으로 보아서 시위라고 보기는 어렵지 않을까 생각된다. 한편 倉住靖彦(앞의 책, 115쪽)의 지적처럼 筑紫 大宰府를 那津에서 현재의 장소로 옮긴 天智天皇 이후부터인 후기 筑紫 大宰府의 國防에 관한 군

전투력의 보강,[312] 방어시설의 구축에 착수한다. 우선 백촌강 싸움에서 패배한 다음 해인 664년부터 당과의 국교가 재개되는 668년 정월까지 매년 축성을 한다.

백촌강 싸움에서 패배한 이듬해인 664년에는 對馬島와 壹岐島에 防과 烽을 두고, 筑紫에는 水城을 만든다.[313] 對馬島나 壹岐島는 대륙을 향한 최전선에 해당되며 筑紫는 대륙에 대한 관문에 해당되는 곳이라고 할 수 있다.[314] 한편 다음 해 8월에는 백촌강 싸움에서 패배했을 때 망명한 백제 장군들인 達率 答㶱春初와 達率 憶禮福留·達率 四比福夫 등[315]을 보내서 長門國의 城과 筑紫國에 大野와 椽의 2城을 쌓는다.[316] 筑紫國은 전년에 水城을 만든 곳으로 대

사기능이 중시되기 시작한 것이 사실이라면 이도 일종의 국방력 강화라고 볼 수 있지 않을까 생각된다.

312 山尾幸久(앞의 책, 428쪽)에 의하면 天智紀 3년 2월조에 보이는 '甲子의 정책'은 국가의 전투력을 보강한 정책이라는 것이다.

313 《日本書紀》天智紀 3年 是歲條에는 '於對馬島·壹岐島·筑紫國等, 置防與烽. 又於筑紫, 築大堤貯水. 名曰水城'라고 되어 있다.

314 日本古典文學大系《日本書紀》下(362쪽 頭注16)에 의하면 水城은 筑紫大宰府 부근의 방위를 위한 시설들이라는 것이다.

315 세 사람 전부 '達率'이라는 백제의 관위를 가지고 있다. 따라서 백제 출신임을 알 수 있다. 그런데《日本書紀》天智紀 2년 9월조에는 '甲戌, 日本船師, 及佐平餘自信·達率木素貴子·谷那晋首·憶禮福留, 幷國民等, 至於弖禮城. 明日, 發船始向日本'로 白村江 싸움 패배 직후에 일본으로 망명한 사람들의 이름이 제시되어 있는데 그중에 筑紫國의 '大野及椽'二城을 쌓은 憶禮福留가 포함되어 있는 것이다. 따라서 남은 2인도 그와 함께 白村江 싸움에서 패배한 뒤에 망명한 것으로 추측된다. 한편 日本古典文學大系,《日本書紀》下(363쪽 頭注26)에 의하면 答㶱과 동성의 陽春이《續日本記》神龜 元年 5월조에는 麻田連으로 賜姓되는데《新撰姓氏錄》右京諸蕃에는 麻田連가 백제의 出自로 되어 있다는 것이다. 이런 면에서도 達率答㶱春初 등이 百濟에서 간 사실이 확인된다.

316《日本書紀》天智紀 4년 8월조에는 '遣達率答㶱春初, 築城於長門國. 遣達率憶禮福留 達率四比福夫於築紫國, 築大野及椽二城.'이라고 되어 있다. 그런데 筑紫國에 두 성을 쌓는 내용은 天智紀 9년 2월조와 중복되고 있다. 그러나 4년 8월조는 전후해서 築城의 기사가 보이고 있을 뿐만 아니라 이 두 성과 함께 大宰府의 방위체제

륙에 대한 관문[317]에 해당되는 곳이고, 長門國은 지금의 下關을 포함하는 지역으로 瀨戶內海로 진입하는 입구에 해당된다.[318]

이와 같이 664년과 665년에 걸친 방어시설들이 대륙에서 瀨戶內海로 들어가는 길목에 자리 잡고 있는 데 반해서, 667년에는 讚吉國에는 屋島城, 倭國에는 高安城, 對馬國에는 金田城을 쌓는다.[319] 그런데 讚吉國에 쌓았다는 屋島城은 瀨戶內海를 장악하는 요충에 자리 잡고 있고,[320] 倭國에 쌓았다는 高安城은 難波에 상륙한 뒤 大和로 넘어가는 고개에 자리 잡고 있다.[321] 따라서 일련의 성들이 瀨戶內海에서 大和에 들어가는 길목에 자리 잡고 있는 방어시설들임을 알 수 있다.[322] 그리고 對馬國에 쌓았다는 金田城은 對馬의 上下 兩島를 잇는 淺茅灣에 임하고 있는 요충으로 대륙을 향한 최전선의 방어를 강화하기 위한 것임을 알 수 있다.[323]

결국 664년부터 667년에 걸쳐서 구축한 일련의 방어시설들은

를 이루는 水城의 築城이 전년에 이루어지고 있는 점으로 미루어 보아 4년 8월조가 맞는 것으로 생각된다.

317 日本古典文學大系《日本書紀》下 (補注27-6)에 의하면 두 성은 모두 太宰府의 방어선을 형성하고 있다.

318 日本古典文學大系《日本書紀》下 (363쪽 頭註27)에 의하면 이때에 쌓은 성은 下關 해협에 임하는 곳으로 下關市 豊浦町의 茶臼山說과 唐樞山說 등이 있다.

319《日本書紀》天智紀 6年 11월조에는 '是月築倭國高安城·讚吉國山田郡屋島城·對馬國金田城'라고 되어 있다.

320 日本古典文學大系《日本書紀》下(367쪽 頭注25)에 의하면 屋島城의 유적지는 香川縣 高松市 屋島로 瀨戶內海를 장악할 수 있는 요충이라는 것이다.

321 日本古典文學大系《日本書紀》下(367쪽 頭注24)에 의하면 奈良縣 生駒郡과 大阪府 八尾市의 경계를 이루는 高安山에 쌓은 성으로 동서와 남북이 각 2㎞에 가까운 산간을 점하고 있다.

322 주 313) 이하의 해설과 두 성이 筑紫의 제일선을 돌파해서 기내에 진공하는 적에 대한 것임은 倉住靖彦의 앞의 책 참조.

323 日本古典文學大系《日本書紀》下(367쪽 頭注26)에 의하면 嚴原의 북방, 下顯郡 美津島町 竹敷의 山城으로 對馬의 上下兩島 사이의 淺茅灣에 임한 요지라는 것이다.

대륙에서 大和에 이르는 요충에 만들어진 것들임을 알 수 있다.[324] 한편 天智紀 6年 3월조에는 '遷都于近江'이라는 천도 기사가 보이는데 일련의 방어시설을 강화하는 과정에서 수도를 大和에서 내륙인 近江으로 옮기는 것으로 보아 近江遷都도 대륙의 침입에서 일본을 지키려는 일련의 움직임과 무관하지 않다고 생각된다. 이와 같이 일본은 백촌강 싸움에서 패배한 이래 대륙에서의 침입으로부터 일본을 방어하기 위해서 대대적인 방어체제를 구축하고 있었던 것이다.

당시 대륙에서 일본에 쳐들어갈 수 있는 세력으로는 신라와 당을 상정해 볼 수 있다. 그러나 신라는 당의 고구려 정토에 대한 지원으로 허덕이고 있었다. 그리고 점증하는 당과의 긴장으로 일본에 쳐들어갈 여력은 고사하고 오히려 당의 침입을 걱정하고 있는 처지에 있었다.[325] 반면 당은 백촌강 싸움에서 승리한 뒤 백제의 옛 땅에 웅진도독부를 두고 신라 왕을 계림도독에 임명하여[326] 직접 지배를

324 당시의 전반적인 방어에 대한 노력에 대해서는 鈴木靖民, 1992, 〈七世紀東アジアの爭亂と変革〉, 《アジアからみた古代日本》, 角川書店, 291쪽)이 자세하다.

325 《三國史記》 文武王 11년조의 회고에는 '至總章元年(總章元年은 668이지만 山尾幸久(앞의 책, 433쪽)는 실제는 669년이라고 한다) 又通消息云 國家修理船艘 外託征伐倭國 其實欲打新羅 百姓聞之 驚懼不安'이라고 나오고 있어 신라가 당의 침입을 걱정하고 있었음을 알 수 있다. 그리고 이것은 《日本書紀》 持統紀 4년 10월조의 '於天豊財重日足姬天皇七年, 救百濟之役, 汝爲唐軍見虜. 洎天命開別天皇三年, 土師連富杼·氷聯老·筑紫君薩夜麻·弓削聯元寶兒, 四人, 思欲奏聞唐人所計, 緣無衣粮, 憂不能達. 於是, 博麻謂土師富杼等曰, 我欲共汝, 還向本朝, 緣無衣粮, 俱不能去. 願賣我身, 以充衣食. 富杼等, 依博麻計, 得通天朝' 및 天智天皇 3年(669) '思欲奏聞唐人所計'라고 한 데서도 문무왕의 이야기가 입증된다. 한편 신라가 당의 침입을 걱정하고 있던 점으로 보아서는 당시 '羅唐'연합군의 침공이 예상됐다는 주장(酒寄雅志, 1979, 〈七·八世紀の大宰府 — 對外關係を中心に〉, 《國學院雜誌》 80-11)은 성립되지 않는다고 생각된다.

326 鬼頭淸明(1988, 앞의 논문)도 '신라 왕에게는 鷄林都督의 칭호를 주어서 종속적

시도하는 한편, 고구려에 대한 정토를 착착 진행시키고 있는 처지였다. 따라서 일련의 방어시설들은 당을 의식한 것임이 분명했다고 생각된다.[327]

그렇다면 당시 대륙과의 관계에서 당의 침입에 대한 불안이 일본의 지배층을 규제하고 있었다고 할 수 있을 것이다.[328] 이런 때에 웅진도독부 체제를 백제의 계승자로 인정시키기 위해서 도일한 것이 郭務悰이다. 그러나 당이 일본을 침공한다면 웅진도독부가 그 전진기지가 될 것임은 명약관화한 사실이다.[329] 따라서 일본으로서는 일본을 침입하는 전진기지가 될 웅진도독부 체제를 간단히 인정할 수는 없는 일이었다.

한편 백촌강 싸움에서 패배한 뒤 백제 부흥운동의 상층부가 철

지위하에 지배하려고 했다'고 지적하고 있다.

327 주 325)에 보이는 것처럼 표면적이기는 하지만 당이 일본을 치려는 소문이 있었다는 것은 당이 일본을 칠 수 있는 객관적인 조건이 존재하고 있었다는 이야기가 된다. 이런 면에서도 大和政權이 구축한 일련의 방어시설이 당을 의식하고 있었음을 알 수 있다.

328 664년 도일한 郭務悰을 포함해서 665년에 도일하는 劉德高 등 당 측에서 가는 사자들에 대해서 대응 방침을 결정할 때까지 일단은 對馬島에 대기시키고 있다. 이는 당에 대한 大和政權의 불안하고 신중한 자세를 보여 주는 것이 아닌가 생각된다. 한편 池內宏(앞의 책, 206쪽)은 郭務悰을 보낸 劉仁願이 664년 2월 金仁問·夫餘隆과 더불어 화친을 盟誓한 점을 들어서 郭務悰의 도일이 百濟領의 안전을 주안으로 하는 화목을 목적으로 하고 있다고 보고 있다. 그리고 鈴木靖民(1972, 앞의 논문, 304쪽)도 비슷한 견해를 제시하고 있다. 그러나 당시 야마토 정권이 당의 침입을 걱정하고 있던 점으로 보아도 당이 百濟領의 안전을 위해서 일본의 양해를 구하려 했다는 이야기는 성립되지 않는다고 생각된다. 그리고 倉住靖彦(앞의 책, 103-104쪽)과 押部佳周(1981, 《日本律令成立の硏究》, 塙書房, 40-41쪽)도 승전국인 당이 패전국인 야마토 정권에게 자기의 정책을 승인받기 위해서 사자를 파견했다는 것은 있을 수 없다는 점을 지적하고 있다.

329 《三國史記》 文武王 11년조의 회고에는 '至總章元年 百濟於盟會處 移封易標 侵取田地 … 又通消息云 國家修理船艘 外託征伐倭國 其實欲打新羅 百姓聞之 驚懼不安'으로 일본을 친다고 표방한 주체가 웅진도독부로 되어 있다.

수하는 일본군을 따라서 대거 도일한다.[330] 그들은 시간이 지남에 따라 일본의 지배층으로 자리를 잡아 가고 있었다.[331] 그러므로 일본의 대외정책에 그들의 영향이 없을 수 없었다고 생각된다.[332] 그런

330 《日本書紀》 天智紀 4년 2월조의 '是月, 勘校百濟國官位階級. 仍以佐平福信之功, 授鬼室集斯小錦下[其本位達率.]. 復以百濟百姓男女四百餘人, 居于近江國神前郡'에 보이는 400여 인, 同 5년 是冬條의 '以百濟男女二千餘人, 居于東國'에 보이는 2000여 인, 同 8년 是歲條의 '又以佐平餘自信·佐平鬼室集斯等, 男女七百餘人, 遷居近江國蒲生郡'에 보이는 700여 인 등 3100명 이상의 백제인들을 近江지역 등으로 옮기는 기사가 보인다. 그런데 佐平餘自信·佐平鬼室集斯等의 이름에서 확인될 수 있는 것처럼 그들이 白村江 싸움에서 패한 뒤에 망명한 백제 사람들임을 쉽게 알 수가 있다. 따라서 백제 멸망 시의 망명자가 최소한 3100명 이상 확인되는 셈이다.

331 《日本書紀》 天智紀 2년 9월조에는 '甲戌, 日本船師, 及佐平餘自信·達率木素貴子·谷那晋首·憶禮福留, 幷國民等, 至於弖禮城. 明日, 發船始向日本'으로 白村江 싸움 패배 직후에 일본으로 망명한 사람들의 이름이 제시되어 있다. 그런데 시간은 좀 지나서이지만 天智紀 10년 정월조에는 '是月, 以大錦下授佐平餘自信·沙宅紹明 法官大輔 以小錦下, 授鬼室集斯. 學識頭. 以大山下, 授達率谷那晋首 閑兵法. 木素貴子閑兵法. 憶禮福留 閑兵法. 答炑春初 閑兵法. 炑日比子達波羅金羅金須 解藥. 鬼室集信. 解藥. 以小山上, 授達率德頂上 解藥. 吉大尙 解藥. 許率母 明五經. 角福牟. 閑於陰陽. 以小山下, 授餘達率等, 五十餘人'으로 백제 망명자들에게 관위를 수여하는 내용이 보인다. 그들 중에서도 沙宅紹明은 법무장관에 해당하는 法官大輔이고 鬼室集斯은 문교부장관에 해당하는 學識頭에 있는 것이다. 그리고 餘自信과 沙宅紹明에게는 26관위 중의 9위인 大錦下가 주어지고 鬼室集斯에게는 12위인 小錦下가 주어지는 것이다. 따라서 그들이 天智政權에서 상당히 중용되고 있음을 알 수 있다. 한편 余自信은 天智紀 8년조에는 백제 남녀 700여 인과 함께 近江으로 遷居된다. 그런데 近江 이주는 近江政權의 기반 강화의 일환으로 이루어진 것이다. 또한 木素貴子는 《懷風藻》에 學士로서 大友皇子의 빈객으로 되어 있고, 憶禮福留는 天智紀 4년 8월조에 筑紫國의 축성을 담당하고 있으며 天智紀 4년 2월조에는 鬼室集斯가 小錦下를 제수받는 내용이 보인다. 이런 면에서도 백제 망명자들이 일찍부터 야마토 정권에서 중추적인 역할을 했음을 알 수 있다.

332 예를 들면 倉住靖彦(앞의 책)은 鏡山猛(1965, 〈朝鮮式山城の倉庫群について〉, 《九州大學文學部創立四十周記念論文集》)에 언급된 大宰府를 중심으로 羅城을 배치한 구조가 백제의 최후의 왕도인 부여의 그것과 근사하다는 지적을 바탕으로 白村江 싸움 이후의 국방전략의 책정을 전면적으로 백제의 망명 귀족들에 의존한 것으로 추정하고 있다. 倉本一宏(1997, 〈天智朝末年の國際關係と壬申の亂〉, (《日本古代國家成立期の政權構造》 吉川弘文館, 252쪽)과 大和岩雄(1987, 〈壬申の亂と國際關係〉, 《天武天皇論》 2, 大和書房, 207-208쪽)은 近江朝 말기 大友皇子를

데 그들의 입장에서 본다면 당은 별개로 치더라도 당의 침략에 대해서 변변히 저항도 해 보지 않고 항복하여 그 앞잡이로서 백제 부흥운동에 앞장섰던 '餘衆'들을 무마하려 하고 있는 夫餘隆 체제를 간단히 인정할 수는 없는 일이었다.

이와 같이 당시 당과의 관계에서 일본의 지배층을 규제하고 있던 요인이 당의 침입 문제에 있었던 만큼 당이 일본과의 관계를 타결하기 위해서는 먼저 그 불안을 해소시켜 주지 않으면 안 되었다고 생각된다. 그런데 郭務悰이 일본과 국교를 재개하기 위해서 도일했다는 것은 일본을 침입하지 않겠다는 것을 전제로 하고 있다. 그러나 일본은 郭務悰을 입경조차 시키지 않는 것이다. 그 표면적인 이유는 郭務悰이 '天子의 使人'이 아니라 百濟鎭將의 '私臣'이고 그가 가져온 書牒도 天子의 '書'가 아니라 百濟鎭將의 '私意'라는 것이었다. 바꾸어 말하면 郭務悰이 百濟 鎭將의 私臣에 불과하기 때문에 일본을 침입하지 않는다는 그의 보증을 신뢰할 수 없다는 의미가 된다. 여기에 일본이 郭務悰을 입경도 시키지 않고 돌려보낸 진정한 이유가 있었던 것이다. 따라서 당으로서는 일본과의 국교를 재개하기 위해서는 직접 천자의 사자를 보내지 않을 수 없게 되었던 것이다.

둘러싼 백제의 망명자들이 정책의 결정에 큰 영향을 미친 것으로 보고 있다. 이를 바탕으로 생각해 보면 天智朝에서 백제 망명자들의 영향이 적지 않았으리라고 생각된다.

2. 대당 관계의 회복

1) 당사 劉德高의 도일

郭務悰이 입경도 하지 못한 채 귀국한 뒤 다음 해인 665년 이번에는 당에서 朝散大夫劉德高가 도일한다.《日本書紀》天智紀 4년 9월조에는 '唐國遣朝散大夫沂州司馬上柱國劉德高等'으로 당이 665년 9월 朝散大夫劉德高等을 파견한 것으로 되어 있다. 그런데 그 分注에는 '等謂右戎衛郎將上柱國百濟禰軍·朝散大夫柱國郭務悰. 凡二百五十四人. 七月卄八日, 至于對馬. 九月卄日, 至于筑紫. 卄二日, 進表函焉.'[333]으로 劉德高가 7월 28일 對馬島에 도착한 다음 9월 20일에는 筑紫에 도착하여 동 22일 表函을 바치고 12월 14일에 귀국한 것으로 되어 있다.[334] 다만 天智紀 4년 9월조의 내용에서도 알 수 있는 것처럼 劉德高는 전년에 도일했던 郭務悰의 경우와는 달리 당 본국에서 파견되고 있는 것이다.[335] 그러나 그의 도일 목적은 어디에도 제시되어 있지 않다.

---

333 鬼頭淸明(1978,《日本古代國家の形成と東アジア》, 校倉書房, 148쪽)는 이 분주에 보이는 郭務悰의 도일을 전년의 郭務悰 도일 기사의 중출 기사로 보고 있다. 그러나 松田好弘(앞의 논문)은 郭務悰의 도일을 전하는 天智紀 3년조와《海外國記》를 비교해 보면 사절의 인원 수, 도일의 날짜가 서로 다를 뿐만 아니라 '禰軍'의 직함이 다른 점 등으로 미루어 중출 기사가 아님을 입증하고 있다. 鈴木靖民(1972, 앞의 논문)도 비슷한 견해를 제시하고 있다.

334《日本書紀》天智紀 4년 11월조에는 '辛巳饗賜劉德高等', 그리고 同 12월조에는 '辛亥賜物於劉德高等. 是月, 劉德高等罷歸'이라고 되어 있다. 일정의 자세한 검토는 倉住靖彦(앞의 책, 106쪽) 참조.

335 押部佳周(앞의 책, 42쪽)는 百濟鎭將의 사절로 보고 있다. 그러나 鈴木靖民(1972, 위의 논문, 307쪽)은 大唐 유학생인 中臣鎌足의 장자 定惠가《日本書紀》白雉 5년 2월조나《家傳》에 665년 劉德高와 함께 중국에서 귀국하는 것으로 되어 있는 점을 들어서 이때에 劉德高가 중국에서 직접 도일했음을 입증하고 있다.

그런데 665년 12월 그의 귀국 시에 동행한 것으로 생각되는 일본의 5차 견당사 小錦 守君大石[336]이 다음 해 정월 태산에서 행해진 高宗의 封禪의 儀에 참석한 倭使일 가능성이 크고, 劉德高가 封禪의 儀가 행해진 泰山에서 가까운 沂州의 官人이라는 점에서 그의 도일을 封禪의 儀와 결부시키려는 설이 있다.[337] 즉 666년 정월 泰山에서 행해질 예정인 封禪의 儀에 참석할 왜의 사자를 데리러 도일했다는 것이다.

그러나 劉德高가 도일한 것은 泰山에서 封禪의 儀를 거행한다는 발표를 한 664년 7월보다도 1년이나 지난 뒤인 665년 7월인 것이다. 그리고 그가 귀국하기 위해서 일본을 출발한 것은 泰山에서 封禪의 儀가 행해지는 666년 정월이 임박한 665년 12월 14일이다. 더욱이 그가 일본을 출발한 665년 12월에는 왜국의 사인이 封禪의 儀에 참석하기 위해서 高宗을 따라서 洛陽을 출발했다는 10월보다도 2개월이나 뒤인 것이다.[338] 따라서 劉德高의 도일은 封禪의 儀와는 전혀 무관하다고 생각된다.[339]

---

336 견당사 小錦守君大石이 劉德高와 동행했음은 뒤에서 자세히 논함.

337 日本古典文學大系《日本書紀》보주 27-7.

338 封禪의 일정에 관한 자세한 일정은 鈴木靖民(위의 논문, 315-316쪽) 참조.

339 5차 견당사 大石 등이 일본을 출발한 시기가 封禪의 儀에 참석하기에는 시간적으로 늦은데도 불구하고《冊府元龜》帝王部에 倭國의 사인이 封禪의 儀에 참석한 것으로 되어 있는 것은 뒤늦게 참석한 小錦守君大石을 뒤에 병기했기 때문이라는 설이 있다.(주 64), 참조) 그러나《冊府元龜》는 별개로 치더라고《三國史記》에도 劉仁軌가 封禪의 儀에 참석하기 위해서 倭를 포함한 新羅·百濟·耽羅 등 4국의 사신을 데리고 웅진도독부를 출발하는 것이 大石 등이 일본을 출발하는 665년 12월보다 4개월이나 앞선 665년 8월인 것이다.(《三國史記》신라본기 文武王 5년조) 따라서 大石 등의 파견은 封禪의 儀와는 전혀 관계가 없음을 알 수 있다. 그리고 大石의 입당이 封禪과는 무관하다면 그와 함께 귀국한 劉德高의 도일도 封禪의 儀와는 무관한 셈이 되는 것이다.

한편 전년에 일본은 郭務悰의 입경을 거부하면서 '天子의 使者'를 요구했다. 그런데 이번에 도일한 劉德高는 본국에서 직접 파견된 '天子의 使者'인 것이다.[340] 따라서 그의 도일은 일본의 요구에 따른 것이라고 할 수 있다.[341] 입경을 거부당한 郭務悰이 귀국한 직후에 다시 그가 도일했다는 면에서도 그의 도일이 일본의 요구에 응한 것임이 방증된다.[342]

한편 劉德高의 도일을 전하는 天智紀 4년 9월조의 분주에는 劉德高의 일행 속에 '郭務悰'과 '百濟禰軍'이 포함되어 있는 것이다. 그런데 이 두 사람은 전년에도 도일했다가 일본이 百濟鎭將의 사자라는 이유로 그냥 돌려보냈던 인물들이다. 따라서 劉德高가 전년에 도일했던 웅진도독부의 사인들을 그대로 데리고 간 셈이다. 이것은 劉德高의 도일 목적이 전년에 도일했던 郭務悰과 다르지 않다는 것을 의미한다. 그리고 《日本書紀》 白雉 5년 2월조 분주에는 '定惠,

340 鬼頭清明(앞의 책, 147-148쪽)은 파견 주체를 웅진도독부로 보고 있고 鈴木靖民(1972, 위의 논문)도 劉德高의 수행원의 대부분이 백제 점령군에서 파견되고 있는 것으로 보아서 사절단의 본질은 변함이 없고 따라서 郭務悰과 마찬가지로 군사적인 것으로 보고 있다. 그러나 倉住靖彦(앞의 책, 107쪽)도 지적하고 있는 것처럼 劉德高가 본국에서 파견된 만큼 사절단이 웅진도독부에서 재편되었다고 하더라도 그를 파견한 주체를 웅진도독부로 볼 수는 없을 것이다.

341 池內宏(앞의 책, 207쪽)도 그가 천황이 보낸 사자라는 점과 전해에 거절당했는데도 다시 도일했다는 점을 들어서 일본의 요구에 따른 도일로 단정하고 있다. 이런 면에서는 押部佳周(앞의 책, 40-41쪽)의 郭務悰이 倭의 羈縻統治化를 추진하는 제정책을 통달하기 위해 갔다는 설은 성립될 수 없다고 생각된다.

342 郭務悰이 귀국한 것이 664년 12월이고 劉德高가 도일한 것은 665년 7월로 약 7개월의 차이가 있다. 그러나 郭務悰이 웅진도독부에 귀환한 다음 그가 천자의 사자가 아니기 때문에 입경을 거부당했다는 사실을 본국에 보고하고 본국에서 다시 劉德高를 파견하는 데는 당시의 교통 상황으로 볼 때에는 상당한 시간을 필요로 했다고 생각된다. 따라서 劉德高가 다시 도일하는 데 걸린 7개월이라는 시간은 당시로서는 긴 시간은 아니었다고 생각된다.

以乙丑年, 付劉德高船歸'로 劉德高가 665년 中臣鎌足의 장자인 定惠와 함께 귀국한 것으로 되어 있다. 그런데《家傳》上에는 '以白鳳十六年歲次乙丑秋九月, 經自百齊來京師也'로 定惠가 백제를 거쳐서 귀국한 것으로 되어 있다. 따라서 劉德高가 665년 도일 시 웅진도독부에 들렀음을 알 수 있다. 그가 웅진도독부에 들렀다가 도일했다는 면에서도 그의 도일 목적이 郭務悰과 다르지 않았음을 알 수 있다. 또한 웅진도독부가 본국의 방침에 반해서 움직일 수 없다는 면에서도 劉德高의 도일 목적이 郭務悰과 다를 수 없었다고 생각된다. 그렇다면 劉德高의 도일 목적도 국교를 재개하는 데 있었던 셈이 된다.

2) 5차 견당사 小錦守君大石의 파견

664년 郭務悰을 입경도 시키지 않고 귀국시킨 것은 郭務悰이 天子의 사자가 아니라는 이유 때문이었다. 그런데 이번에 도일한 劉德高는 天子의 사자인 것이다. 따라서 天子의 사자를 요구했던 일본으로서는 일단은 그를 입경시키지 않을 수 없었을 것이다.

《懷風藻》大友皇子傳에는 665년 도일한 劉德高가 天智天皇의 아들인 大友皇子의 觀相을 봐 준 것으로 되어 있다. 이는 일본이 劉德高를 순조롭게 입경시켰음을 의미한다. 그러나 劉德高의 입경 후 일본이 그에 대해서 어떤 반응을 보였는지는 알 수가 없다. 다만 天智天皇의 후계자인 大友皇子와의 화기애애한 관계로 보아서 당과의 관계가 원만하게 진행된 것으로 생각된다.

한편 天智紀 4년(665) 是歲條에는 '遣小錦守君大石等於大唐, 云

云. 等謂小山坂合部連石積·大乙吉士岐彌·吉士針間蓋送唐使人乎'라는 기사가 보여 劉德高가 도일한 해인 665년에 일본도 小錦守君大石等을 5차 견당사로 당에 파견한 것으로 되어 있다. 그러나 天智紀에는 大石等의 파견 시기가 '是歲'로 되어 있어서 그를 파견한 시기가 劉德高의 도일 전인지 후인지가 분명하지 않다.[343] 그 무렵 당과는 백촌강 싸움 이래 국교가 단절된 상태에 있었다. 그리고 大石 등을 파견하기 전년에는 郭務悰을 입경도 시키지 않고 귀국시켜 버렸다. 이런 적대관계 속에서 당과의 사전 접촉 없이 일본이 갑자기 大石 등을 파견할 수는 없었다고 생각된다. 따라서 大石 등은 劉德高가 도일한 결과로서 파견되었을 가능성이 크다. 즉 大石 등은 劉德高의 答使라는 형태로 그의 귀국에 동반해서 파견되었다는 것이다.[344]

그런데 667년 11월 5차 견당사 大山下境部連石積等의 귀국 시[345]

343 松田好弘(앞의 논문)는 大石 등이 白村江 싸움에 참전한 뒤에 귀국 기사가 없는 사실로 보아서 포로가 됐다가 666년 정월 泰山에서 행해진 封禪의 儀에 참석했을 가능성이 크고 坂合部連石積은 유학 중 御駕를 따라 東都 洛陽에서 곧장 封禪의 儀에 참여했다는 것이다. 그러나 그의 입론 자체가 잘못되었음은 新藏正道(1990, 〈第五次遣唐使と六六六年の封禪の儀〉, 《古代史の研究》, 塙書房)나 直木孝次郎(1980, 〈近江朝における日唐關係の一考察〉, 《末永先生米壽記念獻呈論文集》, 末永先生米壽記念會)에 잘 지적되어 있다.

344 그런데 山尾幸久(앞의 책 427쪽)는 劉德高가 666년 정월 泰山에서 행해질 封禪의 儀에 참가할 倭使를 데리러 왔기 때문에 그가 對馬島에 도착하였다는 사실이 조정에 알려지자마자 곧바로 大石 등을 唐에 파견했거나 筑紫大宰에 表函이 바쳐지자마자 즉시 파견했다면 大石 등이 666년 정월에 행해진 封禪의 儀에 맞추어서 도착할 수 있었으리라는 추측하에 大石 등의 파견을 劉德高의 귀국보다 앞선 시기로 보고 있다. 그러나 전년에는 郭務悰을 입경도 시키지 않고 돌려보냈을 뿐만 아니라 적대 관계에 있는 唐使를 접견도 않고 일본이 바로 大石 등을 파견할 수는 없는 일이라고 생각된다.

345 《日本書紀》 天智紀 6년 11월조의 5차 견당사의 귀국에 관한 기사에는 책임자였던 小錦守君大石의 이름은 안 보이고 大山下境部連石積等의 이름만 보인다. 따라서

에 이번에는 당의 法聰이 송사로서 도일한다.[346] 그리고 法聰의 귀국 시에 이번에는 일본이 그의 송사로서 伊吉連博德을 파견한다.[347] 상호 간에 송사의 송사를 파견하는 일은 전무후무한 일이다. 따라서 劉德高의 도일과 5차 견당사 大石 등의 파견을 계기로 해서 일단은 양국 관계가 타결된 것으로 생각된다. 당이 일본을 침입하지 않는다는 전제하에 일본은 夫餘隆을 정점으로 하는 웅진도독부 체제를 인정하게 됐다는 것이다.[348]

그러나 당이 일본을 침입하지 않는다는 전제하에 웅진도독부 체제를 인정하는 것만이라면 일본이 일부러 사람을 당까지 파견할 필요는 없었다고 생각된다.[349] 劉德高의 도일로 일본을 침입하지 않는다는 天子의 보증은 이루어진 셈이기 때문이다. 그럼에도 불구하고 일본은 劉德高가 귀국할 때 일부러 大石 등을 5차 견당사로서 파견한 것이다. 따라서 5차 견당사 大石의 파견은 단순히 劉德高의 도일에 대한 답사로서뿐만 아니라 무엇인가 목적이 있어서 파견되었

日本古典文學大系, 《日本書紀》 下(보주 27-7)는 小錦守君大石가 당에서 사망한 것이 아닌가 추정하고 있다.

346 《日本書紀》 天智紀 6년 11월조에는 '乙丑, 百濟鎮將劉仁願, 遣熊津都督府熊山縣令上柱國司馬法聰等, 送大山下境部連石積等於筑紫都督府'라는 기사가 보인다. 이에 대해서 鈴木靖民(앞의 논문, 329쪽)는 法聰의 도일을 '대고구려 정책을 정찰하기 위해서'라고 하고 있다. 그러나 그가 도일 즉시 귀국하는 것으로 보아서 天智紀의 내용대로 단순한 송사로 보는 것이 옳다고 생각된다.

347 《日本書紀》 天智紀 6년 11월조에는 '己巳, 司馬法聰等罷歸. 以小山下伊吉連博德·大乙下笠臣諸石, 爲送使'라고 되어 있다.

348 池內宏(앞의 책, 208쪽)는 伊吉連博德의 파견은 웅진도독부가 일본에 사자를 파견할 수 있도록 인정한 것으로 간주하고 있다. 이를 거꾸로 말하면 일본이 웅진도독부 체제를 인정했다는 것을 의미한다고 할 수 있을 것이다.

349 이런 면에서는 倉住靖彦(앞의 책, 109쪽)가 5차 견당사의 파견을 당과의 교섭을 최종적으로 성립시키기 위해서 파견된 일종의 전권대사로 본 것은 옳지 않다고 생각된다.

다고 생각된다.[350] 그런데 그의 파견에 대해서는 劉德高의 송사라는 설[351]과 다음 해 泰山에서 행해진 封禪의 儀에 참석하기 위해서라는 說이 있다.[352]

《唐會要》 권7 封禪條 등에 의하면 唐의 高宗은 664년 7월 666년 정월에 泰山에서 封禪의 儀를 거행한다는 뜻을 발표하고 諸王은 10월까지 洛陽에 그리고 諸州刺史들은 665년 12월까지 泰山에 모이도록 명한 것으로 되어 있다. 그런데 《册府元龜》 外臣部에는 665년 8월 이후 백제에 있던 劉仁軌도 新羅·百濟·耽羅·倭人 等 4국의 사자를 데리고 西還해서 泰山에 간 것으로 되어 있다. 그리고 《册府元龜》 帝王部에는 10월 高宗을 따라서 洛陽을 출발한 諸蕃酋長 중에 왜국이 들어 있는 것이다. 따라서 666년 정월 泰山에서 행해진 封禪의 儀에 일본의 사자가 참석한 것처럼 되어 있다. 이것이 사실이라면 665년 당사 劉德高와 함께 입당한 大石 등을 泰山의 封禪의 儀에 참석한 倭使로 생각할 수도 있다.

그러나 大石 등이 일본을 출발하는 12월 14일[353]은 웅진도독부의 劉仁軌가 封禪의 儀에 참석하기 위해서 왜를 포함한 신라·백제·탐라 등 4국의 사자를 데리고 웅진도독부를 출발했다는 8월보다는 4개월이나 늦을 뿐만 아니라, 高宗이 泰山의 封禪의 儀에 참

350 鈴木靖民(위의 논문, 308쪽)에는 제설이 자세하게 소개되어 있다.

351 池內宏(위의 책, 207쪽)는 小錦守君大石 등의 파견을 전하는 《日本書紀》 天智 4년 是歲條의 '蓋送唐使人乎'라는 분주의 내용을 들어서 그를 送使로 생각하고 있다. 그리고 池內宏의 설을 보강한 것이 新藏正道(앞의 논문)이다.

352 日本古典文學大系 《日本書紀》 下(補注27-7), 鈴木靖民(앞의 논문(1992)), 山尾幸久(앞의 책) 등이 대표적이다.

353 大石 등의 출발일을 劉德高가 귀국하는 12월 14일 이전으로 보는 설도 있다. 그러나 그 내용의 부당성은 주 74) 참조.

석하기 위해서 왜국의 사자를 포함한 諸蕃 尊長을 데리고 洛陽을 출발했다는 10월보다도 2개월이나 늦은 것이다.[354] 그리고 大石 등의 파견이 泰山에서 행해진 封禪의 儀에 참가하기 위한 것이었다면 그와 함께 귀국한 劉德高의 도일은 그를 封禪에 참가시키기 위한 것이어야 한다.[355] 그런데 劉德高의 도일은 封禪의 儀와는 전혀 무관한 것이었음이 밝혀졌다. 따라서 小錦守君大石의 파견은 封禪의 儀와는 전연 무관하다고 하지 않을 수 없다. 그럼에도 불구하고 665년 劉仁軌가 백제에서 데리고 간 네 나라의 사자가 高宗을 따라서 洛陽을 출발한 諸蕃尊長 속에 왜사가 포함되어 있는 것이 사실이라면 그들은 大石 등이 아니라 池內宏의 指摘대로 白村江 싸움의 포로라고 보는 것이 타당하겠다.[356]

한편 小錦守君大石 등이 劉德高의 송사가 아닌 것도 확실하다. 우선 '小錦'이라는 그의 관위가 송사로서는 너무 높다는 것이다.[357] 그리고 5차 견당사는 665년 12월에 파견되었다가 667년 11월에 귀국하고 있는데 송사가 2년 가까이 현지에서 머문다는 것도 있을 수

354 이에 대해서 日本古典文學大系《日本書紀》下(補注27-7)은 늦게 참석한 大石 등의 일행을 병기했다는 것이다. 그러나 新藏正道(앞의 논문)는 그들의 洛陽 출발을 전하는《冊府元龜》帝王部 封禪조에는 낙양을 출발하는 행렬 속에 포함된 내용을 표기하고 있기 때문에 뒤에 적어 넣을 수는 없다고 반론하고 있다.

355 山尾幸久(앞의 책, 427쪽)에서 大石 등이 666년 정월에 행해진 封禪의 儀에 맞추어서 도착할 수 있음을 논하고 있지만 그 부당성은 이미 주 74)에서 지적했다.

356 池內宏(앞의 책, 178쪽)은《舊唐書》劉仁軌傳의 '倭衆幷耽羅國使, 一時竝降'라는 白村江 싸움 마무리에 관한 기사를 바탕으로 665년 劉仁軌가 데리고 갔다는 4국 사신 중의 倭와 耽羅의 사신은 이들이 아닌가 추측하고 있다. 이를 보강한 것이 新藏正道(위의 논문)이다.

357 鈴木靖民(1972, 앞의 논문, 320쪽)도 小錦은 669년의 6차 遣唐使 小錦中河內直鯨에 필적하고 小山坂合部連石積·大乙吉士岐彌·吉士針間 등을 대동하는 사실을 들어 정식의 遣唐使에 손색이 없음을 지적하고 있다.

없는 일이라고 생각된다. 또한 당시에는 웅진에 당의 도독부가 설치되어 있었던 만큼 그가 송사라면 웅진까지만 바래다주면 되었을 것이다. 그런데 그는 중국에까지 간 것이다. 실제 일본의 송사가 중국에까지 간 예가 없다. 따라서 그가 단순한 송사로 파견되지 않았음이 명백하다고 생각된다.

그런데 당이 일본을 침입하지 않는다는 전제하에 양국 간에 국교가 재개되기는 했지만 당에 대한 일본의 불안이 완전히 해소된 것은 아니다. 당시에는 당이 백제에는 웅진도독부를 두고 신라에는 계림도독부[358]를 둔 다음 고구려를 정토하여[359] 한반도 전체를 지배하려는 일련의 과정이 진행 중에 있었기 때문이다. 따라서 고구려 정토에 성공하면 객관적인 면에서는 오히려 당이 일본에 침입할 가능성은 한층 높아지는 것이다.[360] 고구려 멸망 후 당이 일본을 정토하려 한다는 소문이 실제로 존재하고 있었던 사실도 그런 가능성을 입증한다.[361]

그런데 일본이 당의 요구를 수용하든 거부하든 당의 고구려 정

358 《三國史記》 文武王 3년조에는 '夏四月 大唐以我國爲鷄林大都督府 以王爲鷄林州大都督'라고 되어 있다.

359 《舊唐書》 권199상 高句麗傳에 의하면 668년 고구려를 멸망시킨 다음에도 평양에 안동도호부를 두고 薛仁貴를 도호에 임명하여 이를 통치하려 한 것으로 되어 있다.

360 과거의 통설은 나당연합군이 白村江 싸움에서의 승세를 탄 추격적 침공을 예상하고 있었으나, 倉住靖彦(앞의 책, 〈天智朝の國防政策〉)은 九州의 筑紫에 먼저 성을 쌓고 최전선인 대마도의 축성이 뒤에 이루어지는 점을 들어서 당시 일본이 장래의 침공 가능성은 예상하고 있었지만 당면의 추격적인 침공을 예상하고 있던 것은 아니라는 의견을 제시하고 있다. 탁견이라고 생각된다. 이를 뒤집어서 말하면 당시 일본은 당의 한반도 지배정책이 진척됨에 따라서 당의 침공 위험이 높아진다고 생각하고 있었다는 이야기가 된다. 그리고 山尾幸久(앞의 책, 433쪽)도 고구려가 멸망하면 방패가 없어진 꼴로 일본이 당의 위험에 직면하게 됨을 지적하고 있다.

361 주 323) 참조.

토가 실패할 경우에는 일본에게는 별다른 위험성은 없다. 고구려 정토에 실패한 당이 일본을 침입할 수도 없을 뿐만 아니라, 반대로 고구려가 승리했다고 해도 지정학적으로 보아서 고구려가 일본을 침입할 수는 없기 때문이다. 그렇지만 당의 고구려 정토가 성공할 경우에는 일본이 당의 요구를 수용하는 쪽이 거부하는 쪽보다는 위험성이 적어진다. 당의 적대감을 살 필요는 없기 때문이다. 단 이 경우에도 당의 요구를 수용했다고 해서 객관적인 위험성이 없어지는 것은 아니다. 당의 고구려 정토가 성공할 경우에는 일본 침입의 전제가 되는 한반도 지배는 오히려 크게 진전되는 셈이 되기 때문이다.

따라서 당의 요구를 수용하더라도 당이 일본을 침입할 가능성이 있는지의 여부를 정확히 탐색해 볼 필요가 있을 것으로 생각된다. 그 결과 당이 일본을 침입할 가능성이 있다고 판단되면 당의 요구를 수용하는 것과는 별개로 방위체제를 강화하지 않으면 안 될 것이다. 반면에 고구려 정토가 실패하거나 성공할 가능성이 적을 경우에는 고구려 정토의 후방기지가 될 웅진도독부 체제를 인정해서는 안 될 것이다. 웅진도독부 체제를 인정하는 것은 고구려 정토를 도와줘 일본에 대한 침략 가능성만을 높이기 때문이다.

이런 때에 파견된 것이 5차 견당사 小錦守君大石 등인 것이다. 그런데 그들의 귀국 후 당이 일본을 침입하지 않는다고 판단하게 됐다면 일본은 대당 방어체제를 완화했을 것이다. 불필요한 대당 방어체제의 강화는 백촌강 싸움으로 발생한 국력의 피폐를 가속시키고 당을 자극시킬 뿐이기 때문이다. 그러나 667년 11월 5차 견당사의 귀국 이후에도 군마의 양성, 전술의 공부와 훈련, 그리고 방어시설의 수축 등 일본의 대당 방어체제는 오히려 강화되는 것이다.[362] 따라서 일본은 5차 견당사의 귀국 이후 오히려 당의 침입 가능성이 높다고 판단하게 되었다는 이야기가 된다. 이것은 당과의 수교에는 응하면서도 여전히 당이 일본에 침입할 가능성이 높다고 판단하고 있었다는 이야기이다. 그런데 당의 침입 가능성이 높다는 판단은 당의 고구려 정토가 성공한다는 사실을 전제로 하고 있는 것이다.

5차 견당사가 당에 파견되었다가 귀국하는 665년 12월부터 667년 11월 사이에 대륙에서는 중대한 변화가 일어난다. 먼저 665년 10월 고구려에서는 대당전쟁을 이끌어 나가던 연개소문이 죽는다.[363] 그리고 연개소문의 죽음을 계기로 665년 겨울부터 666년 여름 사이에 아들들끼리 분쟁이 일어난다. 이런 고구려의 혼란 속에 666년 6월부터 당의 고구려 정토가 시작되고[364] 이때부터 계속되는 당의 공격으로 결국 668년 고구려는 멸망하는 것이다. 따라서 당시 누가 보아도 당의 고구려 정토가 성공할 수 있으리라는 것은 쉽게 짐작할 수 있는 일이었다고 생각된다.

이때 현지 상황을 둘러보고 돌아온 것이 5차 견당사이다. 그리고

362 3장 3절 참조.

363 《三國史記》나 《舊唐書》 등에는 淵蓋蘇文의 죽음이 666년 5, 6월로 되어 있으나 《日本書紀》에는 664년 10월로 되어 있다. 이에 대해서 池內宏(앞의 책, 275-280쪽)는 淵蓋蘇文의 장자인 男生의 墓誌 등을 참조하여 淵蓋蘇文의 죽음을 665년 10월로 하고 있다. 그런데 연개소문의 아들들 사이의 분쟁이 666년 여름부터 시작되는 것으로 보아서도 연개소문의 죽음은 그 이전인 665년 10월로 보는 것이 타당하지 않을까 생각된다.

364 《新唐書》 권3 高宗本紀 乾封 元年條 등에는 666년 6월 연개소문의 아들 남생의 구원 요청에 응하는 형태로 당이 출병을 하기 시작하여 9월부터는 직접 고구려군과 교전이 시작되는 것으로 되어 있다.

그들의 귀국 후 당과의 국교 재개에도 불구하고 일본은 당의 고구려 정토가 성공한다는 전제하에 대당 방어체제를 강화하는 것이다. 따라서 당의 고구려 정토가 성공할 것이고 고구려 정토에 성공하면 일본에 침입할 것이라는 일본의 판단은 5차 견당사와 무관하지 않다고 생각된다.[365] 이것이 사실이라면 5차 견당사의 파견 목적은 당의 고구려 정토의 성공 여부와 성공할 경우 일본에 침입할 가능성이 있는지의 여부를 탐색하는 데 있었던 셈이 된다. 그것은 5차 견당사의 인적 구성에서도 엿볼 수 있다.[366]

665년 12월 劉德高의 귀국 시에 파견된 5차 견당사의 인적 구성이 天智紀 4년 是歲條에는 '遣小錦守君大石等於大唐, 云云. 等謂小山坂合部連石積·大乙吉士岐彌·吉士針間. 蓋送唐使人乎'라고 되어 있어서 小錦守君大石을 책임자로 하고 小山坂合部連石積·大乙吉士岐彌·吉士針間 등이 수행한 것으로 되어 있다. 이 중에서 책임자인 小錦守君大石은 661년 8월에 발표한 백제 구원군의 장군 중의 한 사람이다.[367] 따라서 백촌강 싸움에서 당과 직접 싸웠을 가능성이 클 뿐만 아니라 군사적으로도 대단히 유능한 장군이 아니

365 新藏正道(앞의 논문) 淵蓋蘇文 사후 고구려의 분열이 당의 고구려 정토를 가져왔을 것이라는 생각에서 5차 견당사가 大和政權의 외교정책에 영향을 주었을 것이라고 추측하고 있다.

366 新藏正道(위의 논문)도 기본적으로는 당사의 도일에 대한 의례적인 면이 있지만 5차 견당사 石積이 웅진에 머물렀던 점이나 백제 구원군의 경험이 있는 大石이 포함되어 있는 사실로 보아 그들이 당 본국이나 웅진 방면에서 한반도의 실정을 탐색하려는 목적을 띠고 있었음을 지적하고 있다.

367 《日本書紀》天智天皇 즉위 전기에는 '八月 遣前將軍大花下阿曇比邏夫連·小花下河邊百枝臣等後將軍大花下阿倍引田比邏夫臣·大山上物部連熊·大山上守君大石等救於百濟'라고 되어 있다.

었는가 생각된다.[368] 그리고 나머지 3인 중에서 大乙吉士岐彌과 吉士針間 2인은 잘 알 수가 없으나 小山坂合部連石積은 653년에 3차 견당사를 따라서 입당 유학한 인물이다.[369] 그가 언제 귀국했는지 알 수는 없지만 일반적으로 당시 견당유학생들이 10년 이상씩 유학을 했던 사실이나[370] 귀국 후 天武天皇의 명에 따라 新字 44권을 만들었던 사실로 보아서[371] 장기간 유학을 한 인물로 생각된다. 따라서 당의 사정에 정통한 인물이었을 것이다.

5차 견당사는 군사에 정통하고 당의 사정에 밝은 인물들로 구성되어 있는 것이다. 그리고 견당사에 장군 출신을 임명했다는 것 자체가 대단히 이례적인 일이라고 할 수 있다. 이런 면에서도 5차 견당사의 중요한 파견 목적 중의 하나가 당의 고구려 정토의 성공 여부와 일본에 대한 침입 가능성 등을 현지에서 탐색하기 위함에 있지 않았는가 생각된다.

한편 天智紀 8년(669) 是歲條에는 '遣小錦中河內直鯨等使於大唐'라는 6차 견당사를 파견하는 기사가 보인다. 그런데 이에 상응하는 기사가《신당서》東夷日本傳에 '咸亨元年(670), 遣使賀平高麗'라고 있다. 그리고《册府元龜》外臣部 朝貢第三에도 總章 2년(669)

368《日本書紀》齊明紀 4년 11월조에 의하면 有間皇子의 모반사건에 연루되어 上毛野國에 유배된 것으로 되어 있다. 그럼에도 불구하고 齊明天皇이 그를 다시 백제 구원군의 장군으로 등용한 것을 보면 그는 군사적으로 대단히 유능한 인물이 아니었는가 생각된다.

369《日本書紀》白雉 5년조 참조.

370 예를 들어 中臣鎌足의 아들인 定惠는 653년의 2차 견당사를 따라서 入唐했다가 665년 劉德高의 도일 시에 귀국하고 있는 것이다. 주 340) 참조.

371《日本書紀》天武紀 11년 3월조에는 '丙午命境部連石積等更肇俾造新字一部四十四卷'라는 내용의 기사가 보인다.

11월과 咸亨 원년 3月에 일본에서 사자가 파견된 것으로 되어 있는데,《신당서》와 마찬가지로 咸亨 원년의 사자는 고구려의 평정을 축하하기 위해서 간 것으로 되어 있다.[372] 사료에서 보여지듯 6차 견당사는 고구려의 평정을 축하하는 명목으로 파견되었음을 알 수 있다.[373]

그런데 당시 한반도에서는 668년 고구려가 멸망한 직후부터 신라와 당 사이가 갑자기 긴장되기 시작한다. 문무왕 11년조의 書簡에 의하면 669년에는 당이 겉으로는 왜를 친다고 하면서도 실제는 신라를 치려고 한다는 소문이 있었다. 이런 소문이 실재하고 있었음은 持統紀 4년조에 보이는 백촌강 싸움 때 당에 포로가 되었던 筑紫君薩夜麻 등의 증언에 의해서도 확인된다. 따라서 한반도에서 나돌았던 이런 소문을 일본이 모르고 있었다고는 생각되지 않는다.[374]

그런데 문무왕의 이야기대로 당이 치려는 것이 신라였다고 하더라도 일본에게는 위기가 아닐 수 없다.[375] 당이 고구려에 이어서 신

---

372 이 기사에 대한 자세한 해설은 松田好弘, 앞의 논문 참조.

373 鈴木靖民(1972, 앞의 논문, 333·334쪽)는 고구려의 멸망과 6차 견당사의 입당시기 등을 고려해서 6차 견당사 小錦中河內直鯨를 670년 입당한 고구려 평정의 축하사로 추측하고 있다. 그리고 669년에 입당한 사자는 일본 측의 기록에 누락되었거나 舊百濟領에 머물러 있는 일본 세력에서 파견된 것으로 보고 있다. 그런데 당시 日唐관계로 보아서도 小錦中河內直鯨은 670년 고구려 평정을 축하한다는 명목으로 파견되었다고 보는 것이 타당하지 않을까 생각된다. 669년의 사자는 속단하기 어려우나 당시에도 舊百濟領에 일본 세력이 남아서 당에 사자를 파견했다는 것은 있을 수 없는 일이라고 생각된다.

374 松田好弘(앞의 논문)도 669년의 6차 견당사는 당의 일본 공격 움직임을 알고 급파된 것으로 보고 있다.

375 松田好弘(위의 논문)은 文武王의 주장이 당에 대한 반역의 역사적 정당성을 주장하기 위한 것임을 고려한다면 당이 치려고 한 것은 실제로 일본이었다는 것이다. 그러나 文武王의 지적대로 이미 신라와 사이가 나빠진 상태에서 당이 신라를 건너뛰어 곧장 일본을 정토한다는 것은 사리에 맞지 않는다고 생각된다. 따라서 당시 문

라까지도 지배하게 된다면 일본이 다음 타깃이 될 것은 뻔한 사실이었기 때문이다. 그리고 당이 정토하려는 대상이 일본이었다면 위기는 당장 코앞에 닥친 셈이 된다. 이런 때에 파견된 것이 6차 견당사 小錦中河內直鯨 등이다. 따라서 6차 견당사는 표면적으로는 고구려 평정을 축하하기 위한 사자였다고는 하지만 실제로는 당의 일본 침략 가능성과 당시 당이 정토하려고 하는 대상이 왜인지 신라인지를 탐색하기 위한 것이 아니었는가 생각된다.[376] 당과의 국교가 정상화되었음에도 불구하고 일본이 당을 신뢰하지 않고 있었음이 확인된다.

3. 대당 관계의 정립

1) 대당 방어체제의 강화

劉德高의 도일에 대해서 일본이 5차 견당사를 파견했다는 것은 일단은 양국 관계가 타결되었음을 의미한다. 더욱이 양국 관계는 상호 간에 송사의 송사까지 주고받는 이례적인 관계로 발전하고 있었던 것이다. 그러나 양국 관계가 타결됐다고는 하지만 객관적으로는 오히려 당의 일본에 대한 침입의 가능성은 높아지고 있었던 것이다. 당의 고구려 정토가 진행됨에 따라서 오히려 일본에 쳐들어갈 조건

무왕의 이야기는 있는 그대로 받아들여도 좋다고 생각된다.

376 松田好弘(앞의 논문)도 그 목적을 분명히 하고 있지는 않지만 고구려 멸망 후 당의 일본 공격 위험성 때문에 6차 견당사를 파견한 것으로 보고 있다.

은 정비되고 있었기 때문이다. 따라서 당이 고구려 정토에 성공한 뒤 일본을 침략할 가능성이 높다고 일본이 판단했다면 방어체제를 강화하지 않을 수 없었으리라고 생각된다. 반면에 당이 일본을 침입할 가능성이 없다고 판단했다면 대당 방어체제의 구축에 국력을 소비할 필요는 없었을 것이라고 생각된다. 이런 면에서는 양국 관계가 타결된 이후 대당 방어체제의 구축 여부는 국교 재개 이후 일본이 당에 대해서 어떻게 인식하고 있었는지를 보여 주는 하나의 지표가 될 수 있지 않을까 생각된다.

고대 제왕들의 수렵 활동은 일종의 군사훈련을 겸한 것이다. 그런데 天智天皇이 668年 5월에는 大海人皇子와 內大臣中臣鎌足 이하의 군신들을 데리고 滋賀縣蒲生郡 부근의 들에서 수렵을 했고[377] 이듬해 5월에도 大海人皇子와 內大臣中臣鎌足 이하의 군신들을 데리고 京都市 山科 부근에서 수렵을 하고 있는 것이다.[378] 그리고 군사훈련과 병행해서 군사에 대한 강의나 軍馬의 양성도 함께 이루어지고 있다.[379] 또한 669년 近江朝의 중신인 蘇我赤兄臣을 대륙의 관문에 해당하는 筑紫의 長官에 임명한 것이나[380] 새로운 기술로 철을

---

377 《日本書紀》天智紀 7년 5월조에는 '天皇縱獵於蒲生野于時大皇弟·諸王·內臣及群臣皆悉從焉'이라는 기사가 보인다.

378 《日本書紀》天智紀 8년 5월조에는 '天皇縱獵於山科野大皇弟·藤原內大臣及群臣皆悉從焉'라고 되어 있다.

379 《日本書紀》天智紀 7년 7월조에는 '于時近江國講武又多置牧而放馬'라는 기사가 보이는데 日本古典文學大系,《日本書紀》下(369쪽-頭註49)는 백제인들로부터 전술을 공부한 것으로 추측하고 있다.

380 《日本書紀》天智紀 8년 정월조에는 '以蘇我赤兄臣, 拜筑紫率'로 蘇我赤兄臣을 筑紫의 장관에 임명하는 기사가 보인다. 그런데 以蘇我赤兄臣은 齊明紀 4년 11월조에는 '留守官蘇我赤兄臣, … 赤兄遣物部朴井連鮪, 率造宮丁, 圍有間皇子於市經家. 便遣驛使, 奏天皇所'로 천황의 행행에 즈음해서 皇居의 留守官으로서 有間皇

생산하기 시작한 것도 군비와 무관하지 않았다고 생각된다.[381]

한편 군비의 증강과 함께 對唐 방어시설도 강화된다. 天智紀 8년 是冬條에는 高安城을 수축한 다음 그곳에 기내지방의 田租를 저장한 것으로 되어 있다.[382] 그리고 동 9년 2월조에도 高安城에 곡식과 소금을 저장하고 있는 내용이 보인다.[383] 그런데 高安城은 難波에서 大和로 넘어가는 길목에 자리를 잡고 있는 성으로 大和를 지키기 위한 최후의 보루라고 할 수 있다. 따라서 高安城을 집중적으로 수축하고 곡식과 소금을 비축하는 일련의 조치가 당으로부터의 침입에 대비한 것임은 자명하다고 생각된다.[384]

그런데 당과의 관계가 재개되기 이전의 방어시설들이 주로 對馬島에서 시작해서 瀨戸內海를 거쳐서 難波에 상륙하는 것을 저지하기 위한 시설들임에 반해서 당과의 관계가 타결된 이후의 조치들은 주로 難波에 상륙한 뒤에 大和에 들어가는 길목에 위치하는 곳들

子를 체포하고 있다. 그리고 天智紀 11년 정월조에는 近江政權의 최중신인 좌대신에 임명되는 것으로 되어 있다. 따라서 당시 가장 총애를 받던 蘇我赤兄臣을 당과의 긴장관계 속에서 築紫의 장관에 임명했다는 것은 筑紫에 대한 강화책의 하나로 볼 수 있지 않을까 생각된다.

381 《日本書紀》 天智紀 9년조에는 '是歲造水碓冶鐵'로 물레방아를 이용한 새로운 기술로 철을 생산하는 내용의 기사가 보인다.

382 《日本書紀》 天智紀 8년 是冬條에는 '修高安城收畿內之田稅'라고 되어 있다. 그런데 同 8월조에는 高安城을 修築하려다가 백성들의 피폐를 염려하여 중단했다는 '天皇登高安嶺議欲修城仍恤民疲止而不作'라는 기사가 보여 이때에 高安城을 修築하고 畿內의 田租를 저장했다는 내용과 모순되는 듯하다. 그러나 다음 해에도 高安城을 수축하고 곡식과 소금을 비축하는 것으로 보아서 별 문제가 없다고 생각된다.

383 《日本書紀》 天智紀 9년 2월조에는 '于時, 天皇幸蒲生郡匱迮野, 而觀宮地. 又修高安城, 積穀與鹽'이라고 되어 있다.

384 高安城의 수축 기사 이외에도 《日本書紀》 天智紀 9년 2월조에는 長門과 筑紫에 성을 쌓는 '又築長門城一·筑紫城二'라는 기사도 보인다. 그러나 이는 天智紀 4년 8월조의 重出 기사로 4년조가 타당하다고 생각된다.

에 대한 것들이다.[385] 따라서 전자가 대륙 쪽에서의 침입에 대한 1차 방어선이라면 후자는 2차 방어선이라고 할 수 있다. 이런 면에서는 일본은 당과 국교를 재개했다고는 하지만 실제로는 오히려 당에 대한 경계를 강화한 셈이다.[386] 일본은 국교 재개에도 불구하고 당이 고구려 정토에 성공한 다음 일본에 침입할 가능성이 크다고 판단하고 있었다는 이야기이다. 이는 당연히 일본의 대외정책에도 반영되지 않을 수 없었다고 생각된다.

2) 대고구려 정책의 이중성

당시 일본과 우호관계에 있던 고구려는 동맹관계에 있던 배후의 백제가 멸망하고 대신 적대관계에 있던 당의 웅진도독부가 들어선 상태였다. 그리고 당의 고구려에 대한 공격이 재개되려던 때였다.[387] 따라서 주위에서 도움을 청할 수 있는 나라는 일본밖에는 없는 상태였다.

그런데 당의 고구려 정토가 시작되기 직전인 665년 12월 일본이 小錦守君大石 등을 5차 견당사로 당에 파견하는 것이다. 이는 일본이 夫餘隆을 정점으로 하는 웅진도독부 체제를 인정한 것으로 당의 고구려 정토를 용인하는 것이기도 하다. 웅진도독부는 당의 고구려 정토의 후방기지에 해당되기 때문이다.[388] 이런 상황에서 고구

---

385 당과의 관계가 타결된 뒤에도 일본이 임전체제를 견지해 나가고 있었던 점은 鬼頭清明(앞의 책, 149쪽)도 잘 지적하고 있다.

386 山尾幸久(앞의 책, 438쪽)는 67년 '庚午의 政策'도 당시의 국제 상황에 대응하기 위한 전국적인 임전태세 수립의 일환으로 출현했다고 보고 있다.

387 6월부터 당의 출병이 시작되어 9월에는 싸움이 시작된다.

388 《新唐書》卷220 高麗傳에는 '又以李勣爲遼東道行軍大總管兼按撫大使, … 詔,

려가 일본으로부터 도움을 얻을 수는 없었다고 생각된다. 더욱이 일본은 대외적으로는 백촌강 싸움에서 패배한 직후로 당의 침입을 걱정하는 상황이었고 대내적으로는 다음 해의 近江遷都를 앞둔 급박한 상황이었기 때문이다. 그런데 일본이 5차 견당사를 파견한 지 한 달 만인 666년 정월 고구려에서 前部能婁 등이 도일하는 것이다.[389] 이때 前部能婁 등의 도일은 원군의 요청 등 적극적인 도움을 얻기 위해서라기보다는[390] 오히려 일본과 당과의 관계를 저지하는 데 목적이 있었던 것이 아닌가 생각된다.[391]

그런데 1차로 도일했던 前部能婁 등에 대해서 일본이 어떤 태도를 취했는지는 알 길이 없다. 그러나 그들이 6월에 귀국하는데[392] 곧바로 10월에 다시 고구려에서 大使臣乙相奄鄒 등이 2차로 도일하는 것으로 보아서[393] 일본이 前部能婁 등의 요청에 대해서 부정적인 태도를 취하지는 않은 것으로 생각된다. 前部能婁 등에게 적대적인

… 劉仁願畢列道, … 受勅節度'로 667년 唐의 고구려 공격 시 百濟鎮將 劉仁願은 畢列道로 진격하라는 명령을 받고 있다. 이런 사실로서도 熊津都督府가 唐의 고구려 征討 시 후방기지의 역할을 하고 있었음을 알 수가 있다.

389 《日本書紀》 天智紀 5년 정월조에는 '高麗遣前部能婁等進調'라고 되어 있다.

390 그들이 6월에 귀국하는데 10월에 다시 고구려에서 사자가 도일하는 것을 보아도 그들이 원군을 청하기 위해서 도일한 것이 아님을 알 수 있다. 10월에 도일한 고구려사는 원군을 청하기 위한 것이 명백하다. 그런데 6월에 귀국하는 사자 편에 원군을 거절하는 의사를 전달했다면 곧바로 다시 원군을 청하는 사자가 도일할 수는 없다고 생각되기 때문이다.

391 이런 면에서는 鈴木靖民(1968, 앞의 논문)의 신라·당의 침략에 대비하기 위해서 일본에 지원을 요청하러 갔다는 주장은 타당하지 않다고 생각된다. 한편 그들의 도일을 전하는 《日本書紀》 天智紀에는 그들이 調를 바친 것으로 되어 있다. 그러나 당시의 급박한 상황 속에서 단순히 調를 바치기 위해서 도일했다고는 생각되지 않는다.

392 《日本書紀》 天智紀 5년 6월조.

393 《日本書紀》 天智紀 5년 10월조에는 '高麗遣臣乙相奄鄒等進調 大使臣乙相奄鄒·副使達相遁·二位玄武若光等'이라고 되어 있다.

태도를 취했다면 고구려가 다시 사자를 파견할 수 없었을 것이라 생각되기 때문이다. 그러나 大和政權이 고구려에게 부정적인 태도를 취하지 않았다고는 하지만 적극적인 태도를 취한 흔적도 없다.

한편 정월에 도일했던 前部能婁 등이 귀국하는 것이 6월인데 그들이 귀국한 직후인 10월에 大使臣乙相奄鄒 등이 2차로 다시 도일했다는 것은 前部能婁 등의 파견 이후 무엇인가 긴급한 사태가 발생했기 때문이라고 밖에는 생각되지 않는다. 일본이 고구려와 우호관계에 있었다고는 하지만 백촌강 싸움 이래 오랫동안 교류가 없었는데도 불구하고 연달아 사자들이 도일하고 있었기 때문이다.

고구려에서는 665년 10월 연개소문이 죽은 직후부터 아들들 사이에 분쟁이 일어나 장자로 연개소문의 뒤를 이어 막리지에 취임했던 男生이 동생들에게 쫓겨나 국내성으로 달아나게 된다. 그런데 동생들에게 쫓겨난 남생은 666년 6월 당에게 구원을 청하게 된다. 그리고 이에 응해서 당이 左驍衛大將軍 契苾何力 등을 파견하는 것이 666년 6월이고 싸움이 벌어지기 시작하는 것이 9월이다. 따라서 666년 정월에 도일한 前部能婁 등은 남생이 파견한 데 반해서 10월에 도일한 大使 臣乙相奄鄒 등은 신정권 측에서 파견했음을 알 수 있다. 즉 남생을 쫓아낸 신정권이 남생이 끌어들인 당과 싸움이 시작되면서 파견한 것이 大使臣乙相奄鄒 등이라는 것이다.

따라서 2차사 大使臣乙相奄鄒 등은 고구려가 절체절명의 위기에서 파견한 셈이다. 게다가 大使臣乙相奄鄒 등은 1차사 前部能婁 등이 귀국하자마자 다시 도일한 것이다. 그렇다면 大使臣乙相奄鄒 등의 도일 목적은 원군을 청하기 위한 것을 제외하고는 다른 어떤 것을 생각하기 어려울 것이다.[394] 그러나 2차사 大使臣乙相奄鄒 등에 대해서도 일본이 원군을 제공한 흔적은 없다. 그런데 668년에도 또 고구려에서 세 번째 사자가 도일하는 것이다. 이를 보면 일본이 大使臣乙相奄鄒 등에 대해서 원군을 제공하지는 않았지만 부정적인 태도를 취한 것 같지도 않다. 즉 우호적인 태도를 보이기는 했지만 직접 원군을 제공하지는 않았다는 것이다.

고구려 3차사의 도일은 668년 7월이다.[395] 그런데 이 3차사는 평소와는 달리 瀨戶內海 쪽이 아니고 우리 동해 쪽의 越之路를 이용해서 도일하고 있다. 그런데 越之路가 당시로서는 대단히 위험한 항로였던 점을 감안한다면[396] 668년의 3차 고구려사는 그만큼 급박한 목적이 있어서 도일한 것이 아닌가 생각된다. 그 목적이란 전년에도 원군을 요청하기 위해서 고구려사가 도일한 적이 있고 또 3차 고

394 山尾幸久(앞의 책)나 鈴木靖民(1968, 위의 논문)도 이들의 도일이 구원을 청하기 위한 것임을 지적하고 있다.

395 《日本書紀》 天智紀 7년조에는 '秋七月高麗從越之路遣使進調風浪高故不得歸'라는 고구려사의 도일 기사가 보인다. 한편 天智紀 6년조 2월조에 '高麗·百濟·新羅奉哀於御路'로 667년에도 백제·신라사와 함께 고구려사가 도일해서 孝德天皇의 황후인 間人皇女의 喪에 대해서 擧哀를 한 것으로 되어 있다. 이에 대해서 日本古典文學大系, 《日本書紀》 下(365쪽 두주36)는 전년 10월에 도일했던 2차사 乙相奄鄒 등의 귀국 기사가 보이지 않는 점을 들어서 間人皇女의 喪에 대해서 擧哀한 고구려사를 그들로 추정하고 있다. 그러나 667년에 도일했다는 3국의 사신 중에 백제사는 별개로 치더라도 신라사가 포함되어 있는 것은 있을 수 없는 일이다. 신라와는 白村江에서 싸운 이래 아직 국교가 없는데 사신을 보냈다는 것은 있을 수 없는 일이기 때문이다. 그리고 3국의 사신이 함께 도일했다는 기사는 《日本書紀》 편자의 상투적인 수법이기도 하다. 따라서 667년에 고구려사가 도일했다는 내용은 사실이 아니라고 생각된다. 입론의 방법은 다르지만 鈴木靖民(1968, 앞의 논문)도 《日本書紀》 편자의 윤색으로 보고 있다.

396 3차 고구려사가 파도가 험해서 귀국하지 못했다는 사실로도 越之路가 얼마나 위험한지를 알 수 있다.

구려사가 도일한 2달 뒤에 평양성이 함락된다는 점에서[397] 2차 고구려사와 마찬가지로 원군을 요청하기 위한 것이 아니었는가 생각된다. 그러나 3차 고구려사의 도일에 대해서도 일본이 원군을 제공한 흔적은 없다.

일본은 고구려 정토의 배후 기지가 될 웅진도독부 체제를 인정했다. 이는 당의 고구려 정토를 용인하는 셈이다. 한편 고구려에 대해서도 원군은 제공하지 않았지만 부정적인 태도를 취하지는 않는다. 그리고 대당 방어체제도 한층 강화하는 것이다. 따라서 일본이 웅진도독부 체제를 인정한 것은 당의 침입 위험성을 줄이기 위한 것이었지 당의 대한반도 정책을 지지했기 때문은 아니었다고 할 수 있을 것이다. 당이 한반도를 직접 지배하게 되면 일본에 침입할 가능성이 한층 높아지기 때문이다. 고구려에게 직접 원군을 제공하지는 않았지만 항상 우호적인 태도를 취한 것도 여기에 그 이유가 있었던 것이 아닌가 생각된다. 바로 이 점에서 당시 일본의 이중성이 엿보이는 것이다.

3) 對唐 관계의 정립

당과의 국교가 재개된 뒤에도 일본은 당의 침입을 전제로 방어체제를 강화하였고 고구려와의 관계도 유지했다. 그런데 대륙에서는 668년 당이 고구려를 멸망시킨 다음 백제의 옛 땅에다가 웅진도독부를 설치한 것과 마찬가지로 고구려의 수도였던 평양에도 안동도

397 《舊唐書》 卷5 高宗本紀 總章 원년(668)조에는 9월 13일 평양성을 함락시킨 것으로 되어 있다.

호부를 설치함으로써 한반도를 직접 지배할 의도를 분명히 했다. 따라서 고구려를 멸망시킨 이듬해인 669년부터는 당의 한반도 지배를 저지하려는 신라와 당 사이의 대립이 표면화되기 시작하여 670년부터는 직접적인 싸움이 시작된다.[398] 신라는 665년의 맹약을 깨트리고 劍牟岑이 봉기한 670년 7월부터 백제의 고지를 공략하기 시작하여[399] 671년 6월에서 8월 사이에는 당의 근거지인 웅진과 사비를 공취함으로써[400] 당과 전면적인 싸움을 시작하는 것이다.

당이 웅진과 사비를 둘러싸고 신라와 공방을 벌리던 671년에 웅진도독부 측에서 전후 4차에 걸쳐 일본에 사자를 파견하고 있다. 그중에서 2월과 6월의 파견자는 '百濟'로 되어 있고 나머지 정월과 11월의 파견자는 '熊津都督府'로 되어 있다.[401] 한편 웅진도독부와

---

398 《三國史記》 고구려본기 寶藏王 下에는 '總章 二年(669) 己巳二月, 王之庶子安勝, 率四千餘戶投新羅'로 669년 신라가 安勝을 맞아들인 것으로 되어 있다. 그리고 《三國史記》 신라본기 武烈王 10년조에 의하면 다음 해에는 安勝에게 金馬渚의 땅을 준 다음 고구려왕으로 책봉하였다. 한편 《三國史記》 신라본기 文武王 10년조(670)에는 3월에 신라의 沙湌薛烏儒와 고구려 延武가 각각 1만을 거느리고 출병하여 4월에 말갈병을 격파한 다음 당과 대치하는 기사가 보이는데 이는 고구려의 劍牟岑의 반란에 맞추어 이루어진 출병으로 당을 한반도에서 축출하기 위한 것이었다. 그런데 延武는 문무왕 20년조 安勝의 上表文 속에 보이는 安勝의 부하였다(池內宏, 앞의 책, 429-433쪽). 따라서 신라는 669년 맞아들인 安勝의 부하를 670년부터 시작되는 당과의 대결에 투입하는 셈이다. 그렇다면 신라는 669년 安勝을 맞아들일 때부터 이미 당과의 대결을 염두에 두고 있었다고 할 수 있을 것이다. 鬼頭淸明(1988, 앞의 논문)도 安勝을 고구려 왕에 책봉한 것은 구고구려 영토에의 군사적 진출을 정당화하기 위한 것임을 지적하고 있다.

399 《三國史記》 신라본기 文武王 10년조에는 '秋七月 王 … 擧兵討百濟 品日·文忠·衆臣·義官·天官等攻取城六十三 徙其人於內地 天存竹知等 取城七 斬首二千 軍官文穎取城十二 擊狄兵斬首七千給獲戰馬兵械甚多'로 이 해에 82성을 공취한 것으로 되어 있다.

400 《三國史記》 신라본기 文武王 11년 8월조에 의하며 671년 6월에서 8월에는 泗沘城을 점령한 다음 所夫里州를 설치하는 것으로 되어 있다.

401 664년 4월의 郭武悰을 대표로 한 사절이나 665년 11월의 劉德高를 대표로 한 사

싸우고 있던 신라 쪽에서도 세 차례나 사자가 도일하고 있다.[402] 이것으로 미루어 보아 이때 백제의 옛 땅에 있던 당의 근거지인 웅진과 사비의 공방을 둘러싸고 대립하고 있던 두 세력은 서로 일본을 끌어들이기 위해서 치열한 외교전을 벌이고 있었음을 알 수 있다. 그런데 그 최후에 도일하는 인물이 초기에 웅진도독부와 일본 사이의 현안을 해결하는 데 힘썼던 郭務悰이다. 그리고 郭務悰의 도일 이후 양국 관계는 실질적으로 단절된다. 이런 면에서는 일본의 郭務悰에 대한 대응은 대외정책에 있어서 하나의 갈림길이었다고 할 수 있을 것이다.

郭務悰이 도일하기 이전에 웅진도독부 측에서는 이미 세 차례에 걸쳐서 사자가 도일하고 있다. 그 최초의 사자가 671년 정월 百濟鎭將 劉仁願의 이름으로 파견된 李守眞이다.[403] 그러나 그의 도일 목적은 어디에도 제시되어 있지 않다. 그런데 李守眞이 도일한 다음

절이 두 가지 이름으로 구성되어 있던 점으로 보아 이때도 실제로는 웅진도독부가 파견하면서도 목적에 따라서 명칭을 두 가지로 사용한 것으로 생각된다.

402 《日本書紀》 天智紀 10년 정월조에는 '丁未, 高麗遣上部大相可婁等進調'라는 고구려사의 도일 기사가 보인다. 그리고 同 6월조의 '是月, 新羅遣使進調. 別獻水牛一頭·山鷄一隻'과 10월조의 '冬十月甲子朔庚午, 新羅遣沙湌金萬物等進調'에도 각각 신라사가 도일하는 것이 보인다. 그런데 정월조에 보이는 고구려사는 당시에는 신라가 이미 고구려의 유민과 손을 잡고 당과 대결하고 있던 사실로 미루어 보아서 신라의 지원하에 도일한 것이 아닌가 생각된다. 그리고 당시에는 이미 일본이 웅진도독부의 구원 요청을 3번이나 거절했는데 당이 다시 고구려를 앞세워서 사신을 파견할 수 없었으리라는 사실로도 그들은 당이 파견한 것이 아니라 신라가 파견한 것으로 보는 것이 타당하다고 생각된다. 鈴木靖民(앞의 논문)도 당시는 당군과 고구려의 항쟁이 치열하던 때임을 들어서 고구려 유민 측의 사절로 보고 있다.

403 《日本書紀》 天智紀 10년 정월조에는 '辛亥, 百濟鎭將劉仁願, 遣李守眞等上表'라는 기사가 보인다. 이에 대해서 池內宏(앞의 책, 190쪽)는 劉仁願이 668년 8월 雲南으로 유배되어 웅진도독부에 없었다는 사실을 들어서 李守眞이 그 이름을 빌린 것이 아닌가 추측하고 있다. 단 李守眞의 도일 자체는 7월조에도 귀국 기사가 있는 것으로 보아서 사실로 인정해도 좋다고 생각된다.

달인 2月에도 웅진도독부 측에서 臺久用善 등이 도일한다.[404] 그러나 이번에는 그 파견자가 李守眞의 경우와는 달리 '百濟'로 되어 있는 것이다. 百濟鎭將의 이름으로 된 사자를 파견한 지 한 달 만에 다시 '百濟'라는 이름으로 사자를 파견했다는 것은 '百濟'라는 이름으로 요구할 사항이 있었음을 의미한다. 당시 일본은 백제와는 전통적인 동맹관계에 있었던 것이다. 따라서 臺久用善 등은 전통적인 동맹관계를 명분으로 무엇인가를 요구하기 위해서 도일한 것이 아닌가 생각된다.[405]

한편《日本書紀》天智紀 6월조에는 '百濟三部使人'이 청한 군사문제에 대해서 天智天皇이 답을 내린 것으로 되어 있다.[406] 그런데 그 이전에 도일한 '百濟'의 使者는 臺久用善 등밖에는 없다. 따라서 天智天皇으로부터 군사문제에 관한 답을 들은 사자는 臺久用善 등이었던 셈이 된다.[407] 이것은 臺久用善 등이 군사문제를 논의하기 위

404《日本書紀》天智紀 10년 2월조에는 '百濟遣臺久用善等進調'라는 기사가 보인다.

405《三國史記》신라본기 문무왕 11년 6월조의 '遣將軍竹旨等領兵 踐百濟加林城禾遂與唐兵戰於石城 斬首五千三百級 獲百濟將軍二人, 唐果毅六人'에 의하면 新羅도 백제와 唐을 구분해서 사용하고 있다.

406《日本書紀》天智紀 10년 6월조에는 '己巳(4) 宣百濟三部使人所請軍事'라는 내용의 기사가 보인다.

407 그런데 池內宏(앞의 책, 203쪽)은 7월에 李守眞과 함께 귀국한 백제사를 앞에 보이는 '三部使人'으로 추측하고, 따라서 군사에 관한 것을 주청한 三部使人을 李守眞과 함께 도일한 것으로 단정하고 있다. 그러나 2월에 도일한 臺久用善等의 귀국하는 기사가 보이지 않는다. 반면에 6월에 天智天皇으로부터 군원에 관한 답을 듣는 '百濟三部使人'은 도일하는 기사가 없다. 따라서 2월에 도일한 臺久用善 등이 6월에 원군에 대한 답을 들은 '百濟三部使人'으로 보는 것이 타당하다고 생각된다. 그런데 三部使人을 정월에 李守眞과 함께 도일했다고 하는 경우에는 백제에서 정월에 사자를 보내고 2월에도 또 보낸 셈이 된다. 이런 면에서도 三部使人은 2월에 도일한 사자로 보는 것이 타당하다고 생각된다. 그리고 松田好弘(앞의 논문)은 군사에 대한 답을 李守眞에 대한 것으로 보고 있다. 그러나 답의 대상이 분명히 '百濟三部使人'이라고 돼 있는 이상 '百濟'의 이름으로 온 사인으로 보는 것이 타당하다

해서 도일했었음을 의미한다. 그리고 그 군사문제란 그들이 도일하기 전 해에 신라가 백제의 태반에 해당하는 82성을 함락시켰다는 사실과 연관시켜 볼 때[408] 역시 청군을 제외하고는 생각하기 어렵지 않을까 생각된다.[409] 그러나 일본이 그들에게 원군을 제공한 흔적은 없다.

한편 백제사 臺久用善 등은 百濟鎭將의 이름으로 파견되었던 李守眞과 함께 7월에 귀국한다.[410] 그런데 李守眞은 백제사 臺久用善 등과 같은 웅진도독부에서 한 달 앞서 파견되었다가 그와 함께 귀국하는 것이다. 따라서 그의 도일 목적도 백제의 이름으로 파견되었던 臺久用善 등과 크게 다르지 않다고 생각된다.[411] 다만 그가 臺久用善 등과는 달리 百濟鎭將의 이름으로 파견되었다는 것은 臺久用善 등이 백제와의 전통적인 관계를 바탕으로 원군을 요청한 데 대해서 그는 당의 입장에서 원군을 요청한 것이 아닌가 생각된다.[412]

고 생각된다. 三部使人의 존재에 대한 제설은 鈴木靖民(1972, 앞의 논문, 338쪽)에 자세히 소개되어 있다.

408 주 394) 참조.

409 池內宏(앞의 책, 211쪽)도 6월에 三部使人이 청한 군사에 관한 답변이 원군을 거절하는 내용임을 지적하고 있다.

410 《日本書紀》 天智紀 10년 7월조에는 '丙午(11), 唐人李守眞等, 百濟使人等, 並罷歸'라는 기사가 보인다. 그런데 이때 李守眞과 함께 귀국한 백제사를 天智紀 10년 6월조에 '庚辰(15), 百濟遣羿眞子等進調'라고 보이는 백제사로 볼 수도 있을 것이다. 그러나 臺久用善等은 李守眞의 한 달 뒤에 도일해서 일본으로부터 군사에 관한 답을 듣는 6월 4일까지 체재한 것이 확실하다. 따라서 7월에 李守眞과 귀국한 것은 6월 15일에 도착한 羿眞子 등이라기보다는 6월 4일에 군사에 관한 답을 들은 臺久用善 등으로 보는 것이 타당하지 않을까 생각된다. 더욱이 臺久用善 등은 李守眞과 같은 목적으로 도일했던 것으로 보아서도 李守眞과 함께 귀국한 백제사를 그들로 보는 것이 옳다고 본다.

411 鈴木靖民(1968, 앞의 논문)도 臺久用善 등과 도일 목적이 같은 것으로 생각하고 있다.

412 池內宏(앞의 책, 211쪽)도 전년에 신라가 백제를 침략하여 그 태반에 해당하는 82

그러나 百濟鎭將 劉仁願의 이름으로 파견된 李守眞의 요청에 대해서도 일본이 원군을 제공한 흔적은 보이지 않는다.

그런데 臺久用善 등 아직 귀국하기도 전인 6월 15일에 다시 羿眞子 등의 '百濟' 사자가 도일한다.[413] 따라서 그들은 臺久用善 등이 도일한 이후에 발생한 새로운 사태 때문에 도일한 셈이 된다. 한반도에서는 2월에 臺久用善 등이 도일한 뒤인 6월에서 8월 사이에 웅진과 사비가 신라의 수중에 떨어진다. 따라서 羿眞子 등의 도일은 웅진과 사비의 함락을 앞두고 원군을 요청하기 위한 것이 아니었는가 생각된다. 그런데 2월에 臺久用善 등이 도일한 것도 원군을 요청하기 위한 것이었다. 그렇다면 羿眞子 등은 臺久用善 등이 요청한 원군을 독촉하기 위해서 도일한 셈이 된다. 그러나 6월에 도일한 사자의 요청에 대해서도 일본이 원군을 제공한 흔적은 없다.

한편 李守眞 등이 귀국한 지 5개월 만인 天智天皇 10년 11월 이번에는 郭務悰이 다시 도일하고 있다.[414] 그리고 다음 해 3월에 書函과 信物을 바치고 5월에 귀국한 것으로 되어 있다.[415] 그런데 天智紀 8年 是歲條에도 '又大唐遣郭務悰等二千餘人'라는 郭務悰의 도일 기사가 보인다. 그러나 8년조는 10년조와 마찬가지로 책임자가 다

성을 침략한 사실을 들어서 원군을 청하러 온 것으로 보고 있다.

413 《日本書紀》 天智紀 10년 6월조에는 '庚辰, 百濟遣羿眞子等進調'라는 기사가 보인다.

414 《日本書紀》 天智紀 10년 11월조에는 '對馬國司, 遣使於筑紫大宰府言, 月生二日, 沙門道久·筑紫君薩野馬·韓嶋勝娑婆·布師首磐, 四人, 從唐來曰, 唐國使人郭務悰等六百人, 送使沙宅孫登等一千四百人, 總合二千人, 乘船四十七隻, 倶泊於比知島, 相謂之曰, 今吾輩人船數衆. 忽然到彼, 恐彼防人, 驚駭射戰. 乃遣道久等, 預稍披陳來朝之意'라고 되어 있다. 이 기사에 대한 사실적인 검토는 直木孝次郎의 앞의 논문이, 그리고 제설에 대한 소개는 鈴木靖民의 앞의 논문(1972)이 자세하다.

415 郭務悰이 도일해서 귀국할 때까지의 자세한 일정은 張洋一의 앞의 논문 참조.

같이 郭務悰으로 되어 있을 뿐만 아니라 2000인이라는 동반인의 숫자까지 일치하는 것으로 보아서 같은 사실을 전하는 중복 기사일 가능성이 크다고 생각된다. 이 경우 8년조는 단순히 도일 사실만을 전하고 있는 데 반해서 10년조는 내용이 구체적일 뿐만 아니라 연관되는 기사가 다음 해까지 계속되고 있다. 따라서 10년조가 옳다고 본다.[416]

그런데 일본은 그들의 귀국 시에 '甲冑弓矢'와 總合絁一千六百七十三匹·布二千八百五十二端·綿六百六十六斤' 등의 군수물자를 제공한 것으로 되어 있다.[417] 이는 군대의 파견에는 이르지 않았지만 형식적으로는 군원을 제공한 셈이 되는 것이다.[418] 따라서 그들은 어떤 형태로든지 군사문제로 도일한 것은 틀림없었다고 생각된다.[419] 그런데 郭務悰이 도일하기 직전에 그들의 근거지인 웅진과 사비가 신라의 수중에 들어간다. 그리고 당과 신라의 싸움이 본격화되기 시작하는 것이다. 더구나 웅진도독부 측은 이미 일본에게서 세 차례나 원군 요청을 거절당한 적이 있다. 이런 급박한 시기에 단순히 군수물자만을 얻기 위해서 갔다고는 생각되지 않는다.[420] 그렇다면

416 池內宏(앞의 책, 210쪽)도 天智天皇 8년의 도일은 그 월일이 불분명하며 내용도 부대 기사가 없이 너무 간단하고, 郭務悰을 당의 사자로 한 점 등으로 보아 신뢰하기 어렵다는 점을 지적하고 있다.

417 《日本書紀》天武紀 元年 5月條.

418 鬼頭淸明, 1968, 앞의 논문, 27쪽.

419 鈴木靖民(1972, 앞의 논문), 松田好弘(앞의 논문), 直木孝次郎(앞의 논문)은 郭務悰의 실체에 대해서는 의견을 달리하지만 당과 군사적 제휴를 요청하기 위해서 갔다는 면에서는 일치한다. 예를 들면 松田好弘과 直木孝次郎은 포로를 송환하면서 군원을 요청했다는 설을 취하고 있다.

420 이런 면에서는 森克己(1955,《遣唐使》, 至文堂, 22쪽)의 일본을 회유하고 위협하기 위해서라는 설도 성립되기 어렵다고 생각된다.

그들은 원군을 얻기 위해서 도일했지만 일본이 원군은 제공하지 않고 군수물자만 제공한 셈이 된다.[421]

일본은 郭務悰이 도일하기 이전에 이미 3차에 걸친 웅진도독부 측의 군원 요청을 거절한 바 있다. 더구나 郭務悰은 양국 관계를 재개한 장본인이기도 하기 때문이다. 이런 상황에서 郭務悰이 군원을 요청하기 위해서 다시 도일했다는 것은 일본에 대한 최후통첩의 의미를 내포하고 있었다고 할 수 있을 것이다. 따라서 郭務悰의 원군 요청까지 거절하는 것은 실질적인 단교선언이나 다름이 없었다고 생각된다.

당과 신라의 싸움에서 당이 승리할 경우 객관적인 측면에서 당의 일본에 대한 침략 가능성은 오히려 높아지는 것이다. 반대로 신라가 승리할 경우 일본에 대한 침입 가능성은 완전히 없어지는 것이다. 따라서 이미 당의 침입을 전제로 대당 방어체제를 강화하고 고구려와의 관계를 유지하던 일본이 신라와 싸우는 웅진도독부를 지원할 수는 없는 일이었다고 생각된다. 더욱이 당시에는 신라의 승리가 결정적인 순간을 맞고 있었던 것이다. 따라서 원군을 제공할 수는 없는 처지였다. 그러나 적어도 표면적으로는 당을 적대할 수는 없는 입장이었던 데다가 郭務悰은 과거 2차례의 도일로 일본과 당의 국교를 재개한 인물이었기 때문에 일본으로서는 그를 완전히 무

421 이런 면에서는 결론은 다르지만 直木孝次郎(앞의 논문)이 1차로 원군을 요청하는 國書를 보냈다가 거절당하고 군수물자만 받게 됐다는 견해는 시사하는 바가 크다고 생각된다. 한편 지금까지의 중요한 설로는 池內宏(앞의 책, 212쪽)의 백제 난민 수송설, 森克己(위의 책)의 위압·회유설, 鈴木治(앞의 책)의 모략부대설, 松田好弘(앞의 논문)과 直木孝次郎(위의 논문)의 포로 송환설 등이 있다. 이들에 대한 비판은 直木孝次郎의 〈近江朝における日唐關係の一考察〉 참조.

시할 수 있는 처지도 아니었다고 생각된다.[422] 郭務悰에게 원군은 제공하지 않고 군수물자만을 제공한 데는 여기에 그 이유가 있었던 것이 아닌가 생각된다.[423]

그러나 당시의 상황에서 일본이 원군은 제공하지 않고 군수물자만을 제공했다는 것은 사실상 당의 요구를 거절한 셈이었다고 생각된다. 따라서 郭務悰의 귀국 단계에서 당과의 관계는 사실상 끝이 났다고 생각된다.[424] 郭務悰의 귀국을 끝으로 양국 관계가 실질적으로 단절되었음은 郭務悰의 귀국 이후 30년이나 양국 간에 교류가 없었던 사실로도 입증이 된다.[425]

---

422 원군을 제공하지 않고 군수물자만을 제공하게 된 구실과 郭務悰에 대한 회답이 늦어진 이유는 直木孝次郎의 위의 논문 참조.

423 鬼頭清明(1988, 앞의 논문), 松田好弘(앞의 논문), 直木孝次郎(1980, 앞의 논문), 倉本一宏(앞의 책) 등 약간의 차이는 있지만 당시의 군원의 제공을 국내의 天智天皇, 大友皇子, 大海人皇子 간의 세력관계에서 이해하려 하고 있는 점에서는 일치하고 있다. 그런데 이들의 공통된 생각은 郭務悰에 대한 군수물자의 제공이 친당노선으로 기울어진 것으로 이해하고 있는 점이다.(松田, 直木, 倉本은 신라에 대한 친당, 鬼頭는 신라에 대한 친백제·친당노선으로 기울어진 것으로 이해하고 있다) 그러나 당시 일본은 기본적으로 당과의 국교를 정상화하기는 했지만 당의 고구려, 신라에 대한 정토가 일본에 대한 침략의 가능성을 높인다는 점에서 당의 고구려, 신라 정토를 바람직하지 않게 생각하고 있었다. 그리고 郭務悰에 대해서도 기본적으로는 그가 원하던 원군을 제공한 것은 아니다. 따라서 郭務悰에 대한 군수물자의 제공은 일관된 외교노선에 따른 것이지 정권 내부의 세력 관계의 변화에 따라 기존 노선에서 벗어난 것은 아니라고 생각된다.

424 669년부터는 이미 신라와 당이 적대관계에 돌입하는데 일본이 당의 원군 요청에 대해서는 거의 반응을 보이지 않으면서 668·669·671년의 신라사의 도일에 대해서는 668년과 670년에 사자를 파견하는 사실로도 이때에 일본이 당에서 신라로 기울어졌음을 알 수 있다(사자의 왕래에 대해서는《日本書紀》天智紀의 관련 기사 참조). 이런 면에서는 郭務悰에 대한 군수물자의 제공을 친당 정책으로 이해하는 기존 설들(주 153) 참조)은 잘못이라고 생각된다.

425 671년 그들이 귀국한 다음에는 701년에야 견당사가 파견된다. 그 사이에 당의 使者가 도일한 일도 없다. 따라서 郭務悰의 귀국을 계기로 30년이나 양국 사이에는 국교가 단절되는 것이다.

결어

663년 백촌강 싸움에서 패배한 이래 일본을 대외관계에서 규제하고 있던 요인은 당의 침입 문제였다. 그러나 일본에 대한 침입 가능성을 높여 주는 당의 한반도 지배 진전에도 불구하고 백촌강 싸움에서 패배한 일본으로서는 대륙과의 관계에서 적극적인 조치를 취할 수는 없는 입장이었다.

한편 백제를 멸망시킨 당의 다음 목표는 고구려 정토였다. 이에 고구려를 정토하기 위해서 그 후방을 안정시킬 필요가 있었던 당은 백제의 餘衆과 관계가 깊은 일본과의 관계를 안정시킬 필요가 있었다. 당이 국교 재개를 위해서 664년과 665년에 郭務悰과 劉德高를 연달아 파견한 이유가 여기에 있었던 것이다. 당이 국교 재개를 요구하는 사자를 파견했다는 것은 일본을 침입하지 않는다는 사실을 전제로 한다. 따라서 당의 침략을 두려워하고 있던 일본으로서는 당의 국교 재개 요구에 응하지 않을 수 없었던 것이다.

그러나 국교의 재개에 응한다는 것은 백제를 멸망시키고 설치한 당의 웅진도독부를 인정하는 것이다. 웅진도독부를 인정한다는 것은 백제의 왕자인 夫餘隆을 그 都督으로 인정하는 것이고 그의 책무인 백제 餘衆의 안정에 대한 협력을 약속하는 것이기도 하다. 그리고 당의 고구려 정토를 용인하는 것이기도 하다. 웅진도독부는 고구려 정토의 후방기지에 해당되기 때문이다.

그런데 당의 한반도 정토의 진전은 일본에 대한 침략의 가능성을 높여 주는 것이다. 따라서 일본은 당의 국교 재개 요구에 응하기는 했지만 고구려 정토의 진전에 따라 오히려 대당 방어체제를 강화하는 한편 고구려에 대해서도 우호적인 태도를 견지하는 이중적인 태도를 취하고 있었다.

그런데 668년 당이 고구려를 멸망시킨 다음 그 옛 땅에 안동도호부를 설치하여 한반도를 직접 지배하려는 야욕을 드러내자 지금까지 동맹관계에 있던 신라와 당 사이의 대립이 표면화되기 시작한다. 따라서 신라가 웅진성과 사비성을 함락시키고 所夫里州를 설치하는 671년에는 당 측에서 '熊津都督府'와 '百濟'의 이름으로 전후 4차에 걸친 청군사를 파견한다. 그 최후에 도일하는 인물이 郭務悰이다. 그러나 백제, 고구려에 이어서 신라까지 무너진다면 당의 다음 목표는 일본이 될 것임은 자명한 사실이다. 따라서 일본으로서는 당과의 국교에도 불구하고 당을 지원할 수 없는 처지였지만 그렇다고 드러내놓고 당을 적대할 수도 없는 처지였다. 그래서 郭務悰에게 원군을 제공하지는 않았지만 군원은 제공하게 된 것이다. 그리고 신라사의 도일에 대해서는 송사를 파견하는 이례적인 조치를 취하고 있었던 것이다.

그러나 웅진성과 사비성이 함락되는 속에서 당이 원하던 원군은 제공하지 않고 군원만을 제공한다거나 신라에 송사를 파견했다는 것은 사실상 당의 요구를 거절한 셈이라고 하지 않을 수 없다. 따라서 당과의 관계는 郭務悰이 귀국하는 단계에서 사실상 끝이 난 셈이다. 그리고 일본의 郭務悰에 대한 조처는 표면적으로는 당의 국교 재개 요구에 응하면서도 대당 방어체제를 강화한다거나 고구려와 우호적인 관계를 유지하는 등의 연장선상에서 이루어진 것으로, 신라와의 국교 재개를 포함해 백촌강 싸움 패배 이래 일본이 일관되게 추진해 온 당의 침략에 대비하던 정책과 모순되지 않는다고 할 수 있다.

7. 백촌강 싸움의 성격에 관한 일고찰

고대제국주의전쟁설에 대한 비판을 중심으로

1. 문제 제기

오늘날 지구촌은 EU, ASEAN, NAFTA 등 보편적인 가치관을 공유하면서 지역적 협력의 방향으로 나가고 있다. 따라서 한중일이 중심이 된 동아시아 세계도 시차는 있지만 지역적 협력의 방향으로 나가지 않을 수 없으리라고 생각된다. 그와 같은 사실을 잘 보여 주는 것이 한중일 삼국 간의 긴밀해져만 가는 무역의존도라고 할 수 있다. 삼국 모두 다른 두 나라를 3위 안에 드는 무역 상대국으로 하고 있고 그 관계는 갈수록 심화되어 가고 있기 때문이다.

현재 동아시아 세계가 지역적 협력의 방향으로 나아가는 데 가장 큰 걸림돌이 되고 있는 문제의 하나가 한중일 삼국 간의 역사분쟁이다. 한일 간에는 한반도 남부경영론, 한중 간에는 동북공정, 중일 간에는 남경대학살 문제 등을 둘러싸고 삼국이 첨예하게 대립하고 있기 때문이다. 과거 역사에 대한 인식이나 시각은 현재 또는 미래에 대한 인식을 반영하고 있기 때문에 중요하다. 이런 면에서는 삼국 간의 역사분쟁을 해결하지 않고서는 동아시아 세계에 있어서 현재나 미래의 진정한 협력은 기대하기 어렵다고 생각된다.

한일 간 역사분쟁의 중심에는 '야마토(大和) 정권이 4세기 중반에서 6세기 중반까지 약 200년간 임나를 중심으로 한반도 남부를 지배했다'[426]는 소위 한반도 남부경영론이 자리 잡고 있다. 한반도 남부경영론이 한일 간 역사분쟁의 중심에 있다는 것은 한일 간의 역사 교과서 문제를 해결하기 위해서 2002년 5월 발족한 제1기 한일역사공동위원회의 제1분과위원회(고대사 부문)의 주 쟁점이 한반도 남부경영론이었다는 사실이 이를 잘 증명하고 있다.

한반도 남부경영론은 1592년 도요토미 히데요시의 조선 침략이나 1910년 한일강제병합의 중요한 명분의 하나가 되었다. 과거 일본이 한반도를 지배했으므로 한반도를 다시 지배하는 것은 정당하다는 논리였다. 따라서 그럴 리야 없겠지만 일본이 다시 한반도를 침략하는 경우가 생긴다면 역시 한반도 남부경영론을 그 명분으로 삼을 가능성이 크다. 여기에 한반도 남부경영론의 중요성이 있다.

한반도 남부경영론은 1945년 패전 후에는 수면하로 잦아드는 듯했다. 과거 침략을 합리화하기 위해서 등장했다는 반성과 함께 학문의 자유가 회복되면서 그 모순점이 지적되기 시작됐기 때문이다. 그러나 한반도 남부에서 활약한 왜의 역할에 대한 대안 부재 때문에 끊임없이 변형된 한반도 남부경영론이 등장하고 있을 뿐만 아니라 기존의 통설도 그대로 생명력을 유지하고 있다. 그 결과 한반도 남부경영을 직접 거론하지는 않지만 한반도 남부경영론을 전제로

426 末松保和(1945,《任那興亡史》, 吉川弘文館)가 아직까지도 일본 학계에서 고전적인 지위를 점하고 있다.

한 일본 고대사의 틀도 그대로 유지되고 있다. 그리고 한반도 남부경영론을 전제로 한 일본 고대사의 틀이 그대로 유지됨으로써 거꾸로 고전적인 한반도 남부경영론이 아직도 생명력을 유지하고 있는 것이다.[427]

그런데 한반도 남부경영론을 전제로 부동의 지위를 확보함으로써 거꾸로 한반도 남부경영론을 뒷받침하는 대표적인 문제가 663년 백제 부흥군과 야마토 정권의 연합군이 당·신라 연합군과 부딪힌 백촌강 싸움의 고대제국주의전쟁설이다.[428] 한반도 남부경영론을 전제로 하고 있는 백촌강 싸움에 대해서는 당이 중심이 된 대제국주의와 일본이 중심이 된 소제국주의가 부딪힌 고대제국주의 전쟁이라는 石母田正의 고대제국주의전쟁설[429]이 부동의 통설적인 지위를 점하고 있다.[430] 그리고 石母田正의 고대제국주의전쟁설은 거꾸로 고대 일본이 한반도 남부를 지배했다는 한반도 남부경영론의 생명력을 유지시키고 있는 것이다. 따라서 한반도 남부경영론에 생명력을 제공하고 있는 백촌강 싸움의 고대제국주의전쟁설 등이 극복되지 않는 한 고전적인 한반도 남부경영론은 언제든 다시 수면위로 부상될 수 있는 것이다. 근래 일본에서 기원한다고 일컬어지는 전방후원형분이 영산강 유역에서 잇따라 발견되자 이를 근거로 한반도 남부경영론이 다시 표면화되고 있는 것은 좋은 예라고 할 수

427 山尾幸久, 1999,《古代の日朝關係》, 塙書房, 25·55쪽 참조.

428 山尾幸久, 주 427) 전게서, 56쪽.

429 石母田正, 1971,《日本の古代國家》, 岩波書店, 70쪽.

430 李成市, 〈《韓國併合》古代日朝關係史〉(2010,《思想》1回, 岩波書店, 141쪽)는 4세기에서 6세기까지 조선 지배를 전제로 하고 있는 石母田의 제국주의론이 아직도 통설적 지위를 점하고 있음을 지적하고 있다.

있을 것이다.[431]

한편 백촌강 싸움의 고대제국주의전쟁설은 근대 일본이 추구하던 제국주의를 고대에 투영하고 있다는 데 또 다른 문제의 심각성이 있다.[432] 이런 면에서 고대제국주의전쟁설은 단순히 한반도 남부경영론을 묵시적으로 뒷받침하는 데 그치지 않고 그 자체로서 동아시아의 평화나 지역적 협력 체제를 크게 위협하고 있다고 할 수 있다. 따라서 고대제국주의전쟁설이 극복되지 않는 한 진정한 동아시아 세계의 지역적 협력은 기대하기 어렵고 근래 동아시아 세계에서 화두가 되고 있는 동아시아 공동체론은 패권을 위한 하나의 구실에 지나지 않게 될 것이다.

2. 제설에 대한 연구사적 검토

백촌강 싸움[433]은 백제 부흥운동군의 구원 요청을 받고 출동한 일본군과 백제 부흥군, 그리고 직접 참전은 하지 않았지만 측면에서 지원한 고구려 연합군과 신라·당 연합군이 663년 백촌강에서 부딪

431 東湖, 〈倭と榮山江流域ー倭韓の前方後圓墳をめぐって〉(2002, 《前方後圓墳と古代韓日關係》, 朝鮮學會編) 는 영산강 유역에 전방후원형분을 남긴 세력을 《송서》 왜국전에 왜가 제군사권을 요구했다는 '慕韓'으로 보아 왜가 한반도 남부에 대한 제군사권을 요구한 《송서》 내용을 사실로 인정하고 있다.

432 李成市, 주 430) 전게 논문, 141쪽.

433 《일본서기》 天智紀 2년 8월조에는 '白村江'이라고 되어 있고, 《구당서》 劉仁軌傳 등에는 '白江口'이라고 되어 있으며, 《삼국사기》 신라본기 문무왕 11년조에는 '白沙'라고 되어 있다. 이 경우 '白村江'이 가장 구체적인 표현이라고 생각되어 여기서는 '白村江'이라는 표현을 쓰기로 한다.

힌 싸움이다. 오늘날 동아시아 세계의 축을 이루고 있는 한중일 모두가 참여한 유례가 없는 싸움이었다고 할 수 있다. 따라서 각국의 입장에 따라 백촌강 싸움을 보는 시각은 다를 수밖에 없다고 생각된다.

백촌강 싸움에 대한 연구는 주로 일본 학계에서부터 이루어졌다. 백촌강 싸움은 중국 입장에서는 백제 부흥군과의 전쟁 과정에서 일어난 하나의 전투에 불과할 뿐이고 한국의 입장에서도 백제 부흥운동 과정에서 일어난 하나의 전투에 불과하지만, 일본의 입장에서는 그 자체로서 큰 의미를 가지고 있기 때문이다.

일본에서 이루어진 백촌강 싸움에 대한 연구는 크게 셋으로 나눌 수 있다.

먼저 '왜왕권이 백제에 대해 당을 대신하는 종주국으로서의 위치를 획득하기 위해서'라는 石母田正(1971, 《日本の古代國家》, 岩波書店, 70쪽)을 비롯하여 八木充(1986, 〈七世紀中期における政權抗爭〉, 《日本古代政治組織の研究》, 塙書房, 102쪽)의 '왜왕권이 백제왕을 책립하기 위해서'나 孝德期를 전후한 대외관계를 '백제·신라에 대한 종주적 입장을 유지하고자 한 방침'라고 규정한 井上光貞(1975, 〈大化改新と東アジア〉, 《新岩波講座 日本歷史》 2, 岩波書店, 1986; 《井上光貞著作集》 5, 岩波書店, 108쪽), 井上光貞설을 바탕으로 한 西本昌弘(1987, 〈東アジアの動亂と大化改新〉, 《日本歷史》 468), 鈴木靖民(1992, 〈七世紀東アジアの爭亂と變革〉, 《新版 古代の日本2 アジアからみた古代日本》, 角川書店, 287·289쪽), 森公章(1998, 《〈白村江〉以後》, 講談社選書メチエ. 32·69쪽; 2006, 〈戰爭の日本史〉, 《東アジアの動亂と倭國》, 吉川弘文館,

235쪽) 등[434]은 종주국이라는 위치의 획득, 유지에 초점을 맞추고 있다. 그리고 石母田의 종주국설을 계승 발전시키고 있는 것이 '백제를 夷狄과 함께 대왕에게 조공을 바치는 諸蕃으로 한 것이다'나 《일본서기》에 풍장의 귀국에 즈음해서 織冠[435]을 수여한 사실을 가지고 '왜국이 풍장을 대왕의 신하로 하려 했었음을 나타내는 것이다'라는 遠山美都男(1997, 《白村江》, 江談社現代新書. 144쪽) 등이다.

다음으로 '왜 5왕에서 유래하는 … 임나의 조라는 명목에 대한 야마토 조정의 집착', '야마토 조정은 신라와 백제가 항쟁하는 밸런스 위에서 양자에 대해 貢調를 요구한다는 대국주의적인 균형외교를 유지하려 했다는 鬼頭淸明(1981, 《白村江》, 教育社, 117쪽)를 비롯하여 '임나의 조를 회복하기 위해서'라는 田村圓澄(〈百濟救援考〉, 《熊本大學文學會文學部論集》 5, 20쪽), '선진문물의 독점체제를 유지하기 위해 調 납입국인 백제 왕권을 부흥시키기 위해서'라는 鈴木英夫(1985, 〈百濟救援の役について〉, 林陸朗先生還曆紀念會, 《日本古代の政治と制度》, 續群書類從完成會, 62쪽), '봉건'된 임나왕에 의한 간접통치를 전제로 貢納物(임나의 調)을 헌상시킨 것이 《일본서기》의 인식임'을 지적한 仁藤敦史(2010, 〈孝德期의 對外關係〉, 고려대학교 일본사연구회 편, 《동아시아 속의 한일관계》 상, 제이엔씨, 159쪽)는 임나의 조를 회복, 유지하려는 데 초점을 맞추고 있다. 그러나 '임나의 조'에 초점을 맞추는 경우에도 임나에 대한 야마토 정권의 직접 지배라던

434 예를 들면 森公章(1998, 《〈白村江〉以後》, 講談社選書メチエ, 32·69쪽)는 지배관계는 아니지만 임나의 조를 인정하고 있고, '조선 제국에 대해서는 〈대국〉으로서 임하여'라고 논하는 점으로 보아서 종주국설을 취하고 있음을 짐작할 수 있다.

435 大化5년(649)에 제정된 19계단의 관위 중 필두.

가,[436] 야마토 정권에 의한 직접 지배는 아니지만 왜의 기득권에 의한 유래,[437] 지배의 문제를 떠나서《일본서기》의 인식[438] 등 각양각색의 설이 있다. 그러나 어떤 경우에도 '봉건'된 임나왕에 의한 간접통치를 전제로 貢納物(임나의 調)을 헌상시킨 것이《일본서기》의 인식'이라는 仁藤敦史(2010, 전게 논문, 159쪽)의 지적에서 알 수 있는 것처럼 임나조의 확보라는 것도 기본적으로는 '종주국'이라는 의식을 전제로 하고 있다.

마지막으로 '당이 고구려를 포함한 한반도 전체를 세력권 아래에 두게 되면 왜국으로서는 커다란 위협에 처하기 때문이라고' 하는 井上光貞(전게 논문)이나 '당의 정치적 군사적 지배로부터 세습왕권과 그에 관련된 귀족층을 지키기 위해서였다'는 山尾幸久(〈大化前後の東アジアの政勢と日本の政局〉,《日本歴史》 229, 45쪽)는 야마토 조정의 위기의식을 강조하고 있다. 그리고 분명하지는 않지만 佐藤信(2003, 〈白村江の戰いと倭〉,《백제문화》 32집, 166쪽)의 '결과적으로 당·신라 연합군이 일본 열도를 침공해 오는 것과 같은 일은 일어나지 않았다'라고 하는 것도 이런 범주에 들어간다고 할 수 있다. 그러나 井上光貞(전게 논문)의 '백제·신라에 대한 종주적 입장을 유지하고자 한 방침'이라는 견해에서도 알 수 있는 것처럼 '위기의식'이라는 것도

---

436 末松保和(주 1) 전게서), 石母田正(1972, 〈古代における《帝國主義》について〉,《古代國家論》, 岩波書店; 1989,《石母田正著作集》 4, 岩波書店)가 대표적이라고 할 수 있다.

437 鬼頭清明(1981,《白村江》, 教育社, 117쪽)은 왜5왕에서 유래하는 것으로 보고 있고, 山尾幸久(주 2) 전게서, 346·347쪽)은 '임나에 … 야마토 왕권의 경제활동의 거점적 시설이나 기구가 있었을 가능성…, 야마토가 조선 문제에 개입할 구실로서 이용되었다'라고 하여 역시 기득권을 강조하고 있다.

438 仁藤敦史(전게 논문, 159쪽)가 대표적이라고 할 수 있다.

종주국이라는 입장을 배제하고 있는 것은 아니다.

이렇게 보면 일본 학계의 백촌강 싸움에 대한 제설은 백촌강 싸움에 대한 종주국설의 범주를 크게 벗어나지 못하고 있는 것이 아닌가 생각된다. 그런데 '왜왕권이 백제에 대해 당을 대신하는 종주국으로서의 위치를 획득하기 위해서'라는 石母田正(1975, 《日本の古代國家》, 岩波書店, 70쪽)가 고대제국주의전쟁설의 주창자라는 사실에서 알 수 있듯이 종주국설이야말로 바로 고대제국주의전쟁설이라고 할 수 있다.[439]

일본 학계의 제설 가운데 특이한 것이 백촌강 싸움의 당사국인 한중일의 사서에 보이는 인식을 검토한 新川登龜男(2003, 〈白村江の戰いと古代東アジア〉, 《백제문화》 32집, 218쪽)다. 그는 '왜병의 도해출병의 이유가 무엇이었는가…, 당과 직접 대결한다는 의식은 《일본서기》에서는 거의 인정되지 않는다'고 함으로써 고대제국주의전쟁설을 부정하고 있다는 점이다.

한편 역사 왜곡에 앞장서고 있다는 평을 듣는 2009년 출판된 《新編 新しい歷史教科書》(自由社, 32·40쪽)에는 백촌강 싸움에 대해서는 '일본과 300년의 친교가 있는 백제가 패배, 반도 남부가 당의 지배하에 들어가는 것은 일본에게도 위협이었다. 따라서 中大兄皇子를 중심으로 하는 조정은 백제를 지원하기 위해서…'라고 애매하게 처리하고 있다. 그러나 백촌강 싸움의 전제가 되는 임나 문

439 山尾幸久(주 2) 전게서, 55쪽)는 石母田설의 핵심을 '임나를 세습적으로 직할령으로 하여 백제·신라를 조공의무를 지운 보호국으로서 지배하는 동이의 소제국의 군주의 지위에 있었다. 이런 사실은 그 이후 고대국가 전체의 구조와 성질을 규정하는 기본적 특징이 되고 있다'라고 이해하고 있다.

제에 대해서 '야마토 조정은 바다를 건너 조선에 출병했다. 이때 야마토 조정은 한반도 남부의 임나(가라)라고 하는 곳에 거점을 만들었다고 생각된다'라고 하여 임나를 근거로 한반도 남부를 지배했다는 기존 한반도 남부경영론의 논지를 크게 벗어나지 않고 있다. 따라서 한반도 남부경영론을 전제로 하고 있는 백촌강 싸움의 고대제국주의전쟁설에 대해서도 애매하기는 하지만 그대로 인정하고 있는 것이 아닌가 생각된다.

그리고 일본에서 채택률이 가장 높은 2001년 검정《新編 新しい社會·歷史》(東京書籍, 26·29쪽)는 백촌강 싸움에 대해서 '일본은 백제를 구원하기 위해서 대군을 보냈으나 당·신라 연합군에게 패배(백촌강 싸움), 조선 반도에서 손을 떼었다'고 표현함으로써 한반도에 대해서 기득권을 가지고 있었던 듯한 뉘앙스를 풍기고 있다. 더욱이 임나 문제에 대해서 '임나를 중심으로 백제와 신라를 간접 지배하여 고구려에 대항했다'라던가《송서》에 보이는 한반도 남부에 대한 제군사권 요청을 실질적인 것으로 인정하는 기존 일본 학계의 한반도 남부경영론을 그대로 반영하여 '야마토 국가는 백제나 소국이 분립하고 있던 가라(임나)지방의 나라들과 결합하여 고구려나 신라와 싸웠다. 5세기에는 야마토 국가의 대왕은 왜의 왕으로서의 지위와 조선 남부를 군사적으로 지휘하는 권리를 중국 황제로부터 인정받기 위해서 중국 남조에 때때로 사신을 보냈다'로 기존의 한반도 남부경영론의 논지를 그대로 도입하고 있다. 따라서 한반도 남부경영론을 전제로 한 백촌강 싸움의 고대제국주의전쟁설을 역사 왜곡에 앞장서고 있다는《新編 新しい歷史教科書》(自由社)보다 더 명확히 하고 있는 것으로 생각된다.

일본의 역사 교과서들도 백촌강 싸움 그 자체는 애매하게 처리하고 있지만 대체로 한반도 남부경영론을 그대로 인정하고 있는 것으로 보아 이를 전제로 하고 있는 백촌강 싸움의 고대제국주의전쟁설도 그대로 인정하고 있는 것이 아닌가 생각된다. 학계에서는 백촌강 싸움의 전제가 되고 있는 한반도 남부경영론이나 백촌강 싸움의 고대제국주의전쟁설이 적지 않게 비판받고 있는 점을 감안하면 일본 역사 교과서들은 학계의 연구 성과보다도 훨씬 보수적인 태도를 취하고 있다고 할 수 있다.

중국에서는 주로 일본에서 나온 성과를 받아들이고 있고 또 중국의 입장에서 논할 수밖에 없으므로 일본의 백촌강 싸움 참전을 '한반도 남부에서 이익을 빼앗기 위함이었다'라던가 '백제를 통제해 보려는 것이었다'고 함으로써[440] 결과적으로 일본의 주장에 동조하는 꼴이 되고 있다. 기존의 余又蓀(1957, 〈白江口之戰〉, 《大陸雜誌》, 臺灣, 15-20쪽)나 중국에서 나온 石曉軍(1983, 〈唐日白江之戰的兵力及幾個地名考〉, 《陝西師範大學報》 3), 嚴佐之(1986, 〈唐日白江之戰及其對兩國關係的影響〉, 《華東師範大學報》 1) 등도 이런 범주를 벗어나지 못하고 있다.[441]

일본 학계에서는 백촌강 싸움의 전제로서 임나 지배를 부정하든

440 韓昇, 2003, 〈당과 백제의 전쟁 — 배경과 성격〉, 《백제문화》 32집, 공주대학교 백제문화연구소.

441 卞麟錫(1994, 《白江口戰爭과 百濟·倭 關係》, 한울아카데미, 50쪽)은 중국에서 나온 논문들이 대부분 일본의 성과만을 받아들이고 있기 때문에 일본 학자들의 주장과 맥락을 같이하고 있음을 지적하고 있다.

찬성하든 '임나의 조'를 부정하는 사람은 거의 없다. 末松保和(주 426) 전게서), 石毋田正(전게서. 70쪽), 井上光貞(전게 논문), 鬼頭清明(전게서, 117쪽), 遠山美都男(전게서. 144쪽) 등 통설론자들은 '임나의 조'를 임나 지배에서 유래하는 것으로 생각하고 있다.[442] 그리고 임나에 대한 직접 지배를 부정하는 鈴木英夫(전게 논문, 62쪽; 〈《任那の調》の起源と性格〉,《國史學》 119; 1996,《古代の倭國と朝鮮諸國》, 青木書店)[443]나, 山尾幸久(주 427) 전게서, 347쪽),[444] 《일본서기》의 인식이라는 仁藤敦史(전게 논문, 159쪽) 등도 임나의 조를 부정하는 것은 아니다.[445] 그런데 '임나의 조'가 종주국이라는 생각의 전제가 되어있고, 종주국이라는 생각이 고대제국주의설의 바탕을 이루고 있는 것이다.

그러나 임나지역에 대해서 야마토 정권은 백제를 지원하는 역할에 지나지 않았음은 충분히 입증되었다고 생각된다. 임나에 대한 의사 표시도 전부 백제를 통해서 이루어지고 있고, 심지어는 임나와 백제와의 분쟁 시에도 야마토 정권은 임나가 아니라 백제를 지원하고 있으며, 한반도에 파견한 군도 전부 백제를 지원하기 위한 것

442 단 鬼頭清明은 왜 5왕에서 유래하는 것으로 생각하고 있다. 주 12) 참조.

443 山尾幸久(주 2) 전게서, 339·332쪽)은 임나에 대한 지배를 부정하는 鈴木설이 '신라 왕은 정치적 필요에서 때때로 신하인 구왕가의 식읍에서 貢進되는 특산품을 왜왕에게 돌렸다'고 주장하고 있으나 '야마토 정권이 신라에게 임나의 조를 요구하는 근거가 분명하지 못하다'고 비판하고 있다.

444 '임나에 … 야마토 왕권의 경제활동의 거점적 시설이나 기구가 있었을 가능성 …, 야마토가 조선 문제에 개입할 구실로서 이용되었다'라고 직접 지배를 부정하고 있다.

445 나행주, 〈임나의 조와 임나〉(2010, 고려대학교 일본사연구회 편,《동아시아 속의 한일관계》 상, 110쪽)은 어떤 형태가 되었건 〈임나의 조〉를 인정하는 것이 일본 학계 공통의 인식임을 지적하고 있다.

으로 야마토 정권의 임나지역에서의 역할은 백제를 지원하는 데 머물렀음이 밝혀졌기 때문이다.[446] 369년 가라 7국 평정을 비롯해서 왜가 가야를 경영하는 핵심 기사의 내용은 대부분 백제 木씨 일가에 의해서 이루어진 것인데 475년 木滿致가 도일·정착한 뒤 그 자손들이 木滿致의 왜인설을 주장함으로써 木滿致의 부 木羅斤資의 가라 7국 평정 등 木씨 일가가 백제 왕의 명에 행한 임나 경영이《일본서기》편찬 과정에서 일본 천황의 명에 의해서 이루어진 것처럼 되어 버린 것이다.[447] 따라서 임나지역에 대한 무엇인가 기득권을 근거로 하고 있는 '임나의 조'라는 것은 성립될 수 없고 그 연장선상에 있는 '종주국'이라던가 '소제국론'도 성립될 수 없다. 이런 면에서는 新川登龜男(전게 논문, 218쪽)의 백촌강 싸움에서 일본은 당과 대결한다는 의식이 전혀 없었다는 지적은 지극히 당연하다고 할 수 있다.[448]

한편 북한의 林宗相(1974,〈七世紀中葉における百濟·倭關係〉,《古代日本と朝鮮の基本問題》, 學生社)은 백제계가 당시 야마토 정권을 좌지우지하고 있었으므로 백촌강 싸움은 그들이 멸망한 조국의 부흥을 위해서 싸운 조국부흥전쟁이라는 것이다. 한국 卞麟錫(전게서, 151·152쪽)의 귀소성적(歸巢性的) 구국전쟁설도 임종상의 조국부흥전쟁설과 크게 다르지 않다. 조국부흥전쟁설은 백제계가 야마토 정

446 김현구, 2006,〈6세기의 한일관계〉,《한일역사공동연구보고서》1권, 한일역사공동위원회; 2009,《고대한일교섭사의 제문제》, 일지사.

447 김현구, 1993,《임나일본부연구》, 일조각; 김현구, 주 21) 전게 논문 참조.

448 백촌강 싸움에 참여한 한중일의 사서에 보이는 인식을 검토한 新川登龜男은 '왜병의 도해 출병의 이유가 무엇이었는가. … 당과 직접 대결한다는 의식은《일본서기》에서는 거의 인정되지 않는다'고 함으로써 고대제국주의전쟁설을 부정하고 있다.

권을 장악하고 있었다는 전제하에 성립될 수 있다. 그러나 양 논문 모두 구체적인 입증이 전혀 없다. 따라서 백촌강 싸움의 조국부흥 전쟁설도 성립되기 어렵다고 생각된다. 정효운(1995, 《고대 한일 정치 교섭사 연구》, 학연문화사)은 백촌강 싸움의 참전은 신라를 정복하기 위한 전쟁이라는 새로운 설을 제시하고 있다. 그러나 당시 일본군의 목적이 백제를 구원하기 위함이라는 사실은 부정하기 어렵다고 생각된다.[449]

일본에서 통설적인 지위를 점하고 있는 고대제국주의전쟁설이나 한국 학계 일부에서 주장하는 조국부흥전쟁설은 다 같이 백촌강 싸움에 대한 구체적인 연구 결과로서 나온 것이라기보다는 고대에 일본이 한반도 남부를 지배하고 있었다거나 한반도에서 건너간 사람들이 야마토 정권을 장악하고 있었다는 전제하에서 도출된 결론이라는데 그 특징이 있다. 그러나 고대에 일본이 한반도 남부를 지배하고 있었다거나 백제에서 건너간 사람들이 야마토 정권을 장악하고 있었다는 확실한 증거는 어디에도 없다.[450]

그런데 문제가 되는 것은 고대제국주의설의 아류라고 할 수 있는 중국에서의 연구나 한국의 조국부흥전쟁설이 아니라 일본에서 통설적 지위를 점하고 있는 고대제국주의전쟁설이다. 한일 역사교과서 분쟁의 중심에 있고 동아시아 세계가 지역적 협력의 방향으로 나가는 데 걸림돌이 되고 있기 때문이다. 따라서 본고에서는 고대제국주의전쟁설이나 조국부흥전쟁설처럼 어떤 전제를 설정하지 않고

449 뒤에서 자세히 논함.
450 金鉉球, 1985,《大和政權の對外關係研究》, 吉川弘文館.

고대제국주의전쟁설에 대한 비판을 중심으로 백촌강 싸움의 성격을 밝히고자 한다.

백촌강 싸움에 대해서 통설적 지위를 점하고 있는 고대제국주의전쟁설은 일본이 신라·백제에 대해서 조를 받는 종주국의 위치에 있었다는 사실을 전제로 하고 있다. 따라서 일본이 종주국의 위치에서 참전했는가를 밝히기 위해서는 일본이 어떤 상황 속에서 참전하게 되었는가, 과연 일본이 종주국으로서의 전쟁을 주도했는가, 백촌강 싸움에 군을 보낸 목적은 무엇이었는가라는 세 가지 측면에서 관찰할 필요가 있다고 생각된다.

3. 백촌강 싸움 전야 개신정권의 상황

1) 개신정권의 주도자

종래에는 '백제부흥을 위해서 663년 백촌강 싸움에 군을 파견한 인물이 天智天皇(662-671, 中大兄皇子)인데 645년 을사(乙巳)의 변으로 친백제 정책을 주도하던 蘇我씨를 타도하고 大化改新을 주도한 인물도 中大兄皇子(天智天皇)이므로 을사의 변에 의해서 등장한 改新政權도 기본적으로는 친백제 정권이다. 따라서 백촌강 싸움은 변함없는 백제에 대한 종주국으로서 출병한 것이다'라는 것이 통설론자들의 논리였다. 즉 백촌강 싸움에 종주국으로서 출병했다는 고대제국주의전쟁설은 中大兄皇子가 개신정권의 주도자이고, 후에 백촌강 싸움에 파병한 장본인이므로 개신정권이 비록 친백제 정책을 주도하던 蘇我씨를 타도하고 등장한 정권이지만 대외정책은 蘇我씨가 추구하던 친백제 정책을 그대로 계승했다는 논리를 바탕으로 하고 있다.

그러나 中大兄皇子가 을사의 변을 일으켜 蘇我씨를 타도하고 大化改新을 주도한 인물이라는 데는 많은 의문점이 있다. 645년 을사의 변(645)에 의해서 中大兄皇子의 어머니인 皇極天皇(642-645, 뒤에 齊明天皇: 655-661로 재등극)을 퇴위시키고 등극한 인물이 中大兄皇子의 외삼촌인 輕皇子(孝德天皇: 645-654)이다. 그런데 孝德天皇(輕皇子)의 사후 을사의 변에 의해서 퇴위 당했던 中大兄皇子의 어머니 皇極天皇(642-645)을 다시 齊明天皇(655-661)으로 옹립한 인물이 中大兄皇子다. 따라서 을사의 변에 의해서 등장한 孝德天皇이 죽자 을사의 변에 의해서 퇴위당했던 어머니를 다시 齊明天皇으로서 등극시키는 中大兄皇子가 645년 어머니를 퇴위시키고 孝德天皇을 옹립하는 을사의 변을 주도했다는 것은 있을 수 없는 일이라고 생각된다. 이런 면에서 中大兄皇子가 蘇我씨를 타도하고 大化改新을 주도한 인물이라고 할 수는 없을 것이다.

또한 中大兄皇子는 을사의 변(645)으로 등장한 孝德天皇(645-654)이 죽은 뒤에도 바로 등극하지 못하고 어머니 齊明天皇(655-661)을 다시 등극시키고 어머니 齊明天皇이 죽은 뒤에도 다시 7년의 공위시대를 거쳐 668년에야 등극하게 된다. 을사의 변으로부터 23년이나 지난 뒤에야 등극할 수 있었던 中大兄皇子를 을사의 변과 大化改新의 주도자였다고 할 수는 없을 것이다. 따라서 645년 皇極天皇을 퇴위시키는 을사의 변과 大化改新을 주도한 인물은 中

大兄皇子가 아니라 中大兄皇子의 어머니 皇極天皇를 퇴위시키고 바로 천황 위에 오른 經皇子였다고 보는 것이 타당하다고 생각된다.[451]

다음으로 을사의 변에 의해서 들어선 개신정권의 중요 정책이 中大兄皇子와는 상충된다는 면에서도 中大兄皇子가 을사의 변과 대화개신을 주도했다고는 할 수 없을 것이다.

먼저 개신정권은 을사의 변 직후 飛鳥에서 難波로 천도한다. 개신정권의 주요 정책 중의 하나가 難波 천도였다고 할 수 있다.[452] 그러나 中大兄皇子는 孝德天皇 말년 개신정권이 수도로 정했던 難波에서 다시 飛鳥로 환도할 것을 주장하다가 孝德天皇에게 거절당하자 皇祖母(후일의 齊明天皇), 孝德天皇의 間人皇后, 皇弟(후일의 天武天皇: 672-685) 등과 함께 公卿大夫百官을 이끌고 飛鳥로 돌아가 버림으로써 '이 때문에 천황은 원한을 품고 황위를 버리려고 생각하시고…'라고 할 정도로 孝德天皇에게 타격을 준다.[453] 中大兄皇子는 孝德天皇의 개신정권과는 수도 문제에서 다른 견해를 가지고 있었던 것이다.

451 金鉉球, 〈改新政權の主導者〉(주 25))에 자세히 논증되어 있다. 한편 개신정권의 주도자나 대외정책에 대한 제설에 대해서는 仁藤敦史, 〈孝德紀의 對外關係〉(전게서)에 자세히 소개되어 있다. 仁藤敦史는 을사의 변을 주도한 인물이 종래의 통설인 中大兄皇子라는 설에 대해 輕皇子와 蘇我石川麻呂라는 설이 근년 등장하고 있으며 그들이 을사의 변을 주도했다고 한다면 개신정권의 친당·친신라 외교에서 白雉期(650-654) 이후 친백제 외교로의 회귀가 자연히 설명될 수 있음을 지적하고 있다.

452 을사의 변이 645년 6월에 일어나고 있는데 難波로 천도하는 것이 645년 12월이다. 따라서 을사의 변을 단행하자마자 難波로 천도했다는 것은 難波 천도가 개신정권의 중요한 과제의 하나였음을 시사한다고 생각된다.

453 《일본서기》 大化 원년 12월조.

일본은 632년 당사 高表仁의 도일 이래 당과는 외교관계가 단절된 상태에 있었다.[454] 그러나 개신정권은 648년 신라사에게 부탁해서 表를 당에 보냄으로써 단절되었던 당과의 관계를 회복시킬 뿐만 아니라[455] 653년과 654년 대규모의 유학생을 비롯해서 두 차례나 견당사를 파견하는 한편,[456] 신라와도 긴밀한 관계를 맺어 나가고 있었다.[457] 그러나 中大兄皇子는 당·신라와 백촌강에서 국운을 걸고 싸운다. 이처럼 中大兄皇子는 대외정책에 있어서도 孝德朝의 개신정권과는 서로 상반된다.

마지막으로 개신정권의 실력자들도 대부분이 中大兄皇子보다는 孝德天皇과 가까운 인물들이다. 힘으로 개신정권을 뒷받침했다고 생각되는 좌우대신 중에서 우대신 蘇我石川倉山麻呂는 649년 中大兄에 의해서 살해되는 것으로 보아 中大兄皇子보다는 孝德天皇과 가까웠다고 생각되고, 좌대신 阿倍內麻呂는 孝德天皇의 후계자로 中大兄에게 살해되는 有間皇子의 외조부이다. 그리고 國博士로서 개신정권의 중요 정책들을 입안한 高向玄理와 僧旻도 당에서 유학하고 신라를 거쳐서 귀국한 사람들로 孝德天皇과 가까운 관계에 있던 인물들이다.[458] 개신정권의 실력자들이 中大兄皇子보다는 孝

454 《구당서》 왜국전 貞觀 5년(631)조에 '表仁無綏遠之才, 與王子爭禮, 不宣朝命以還'라고 되어 있다.

455 《구당서》 왜국전에 '至二十二年, 又附新羅奉表, 以通起居'라는 구절이 보인다.

456 《일본서기》 白雉 4년 5월조 및 5년 2월조. 특히 653년에는 유학생을 비롯하여 240여 명의 사절단을 파견하고 있으며 654년에는 646년 신라에 와서 김춘추를 데려간 개신정권의 국박사 高向玄理가 파견된다.

457 개신정권의 친신라 정책에 대해서는 金鉉球, 〈大化改新と日·羅·唐の三國連合體制の成立〉(주 451) 전게서)에 자세히 논증되어 있다.

458 개신정권의 주도자들이 孝德天皇과 가깝고 친신라적인 인물들이라는 것은 金鉉

德天皇와 밀접한 관계에 있었다는 면에서도 개신정권의 주도자는 을사의 변에 의해서 등극한 孝德天皇이라고 생각된다.

개신정권은 中大兄皇子와는 상반되게 수도를 難波로 하고, 대외관계의 기조를 친당·친신라 정책으로 삼고 있었다. 그리고 개신정권의 실력자들도 대부분 中大兄皇子보다는 孝德天皇과 가까운 관계에 있었던 것으로 생각된다. 따라서 을사의 변과 개신정권을 주도한 인물은 中大兄皇子가 아니라 輕皇子 즉, 孝德天皇으로 보는 것이 타당하다고 생각된다.

2) 개신정권의 대외정책

645년 을사의 변으로 蘇我씨 本宗家가 실각하기 이전에는 일본이 蘇我씨 주도로 친백제 정책을 기본으로 하고 있었음은 아무도 부정할 수 없을 것이다. 그리고 中大兄皇子도 백촌강 싸움에 백제 부흥운동군을 지원하기 위해서 파병한 사실로도 알 수 있는 것처럼 친백제 정책을 취했다. 그렇다면 孝德天皇이 주도했다고 생각되는 개신정권은 대외관계에서 어떤 정책을 취했을까.

대외관계라는 것은 인적·물적 교류로 표현된다. 그런데 《일본서기》에 보이는 일본과 한반도 각국과의 인적교류를 보면 을사의 변 직전의 皇極天皇(642-645) 연간에는 신라와는 왕복 2회의 교류에 그친 반면, 백제와는 왕복 4회, 고구려와는 왕복 3회로 신라와의 관계는 백제나 고구려와의 관계보다는 비교적 소홀했다고 할 수 있다. 그런데 孝德天皇의 개신정권 전반부라고 할 수 있는 大化年間

球, 〈改新政權の主導者〉(주 450) 전게서)에 자세히 논증되어 있다.

(645-649)에는 신라와는 왕복 9회로 급격히 늘어나는 반면 백제와는 왕복 3회, 고구려와는 왕복 4회에 그쳐 그 이전과는 전혀 다른 양상을 보여 주고 있다.[459] 더욱이 신라와의 관계에서는 을사의 변 직후인 645년 9월 개신정권이 국박사 高向玄理를 신라에 파견하는 반면 신라에서는 647년 최고 실력자라고 할 수 있는 김춘추가 高向玄理와 함께 도일하여 양국 간에 연합관계가 형성되기도 했다.[460]

한편 개신정권은 648년 도일한 김춘추를 통해서 당에 表를 보냄으로써 632년 당사 高表仁의 도일 이래 단절되었던 당과의 국교를 재개한다.[461] 그리고 653년에는 사상 유례 없이 유학생을 중심으로 240여 명에 달하는 견당사를 파견하는가 하면[462] 이듬해에는 국박사 高向玄理를 파견하는 등[463] 어느 때보다도 당과 긴밀한 관계를 유지한다. 그 결과 당의 고종은 654년 입당한 高向玄理에게 군사적으로 신라를 지원할 것을 요청하기도 한다.[464] 당시 일본·신라·당

459 김현구, 1985,〈大化年間の對外關係の概觀〉, 주 450) 전게서, 414쪽 별표 참조.

460 필자는 이미 개신정권 등장 후 일본·신라·당 사이에 연합관계가 이루어졌음을 논한바 있는데(金鉉球, 1985, 〈大化改新と日·羅·唐の三國連合體制の成立〉, 주 450) 전게서) 근년 일본 학계에서도 신라·당과의 관계를 강조하는 논문들이 늘어나고 있는 모습이 仁藤敦史, 〈孝德期의 對外關係〉(전게서)에 자세히 소개되어 있다.

461 《구당서》 왜국전에 '至二十二年, 又附新羅奉表, 以通起居'로 648년 신라를 통해서 表를 보내 당과 국교를 회복한 것으로 되어 있는데 648년 신라에서 입당한 사신은 김춘추다. 따라서 일본의 表를 당에 전달한 인물이 김춘추였음을 알 수 있다. 金鉉球, 1985, 〈日·唐關係の再開と新羅(金春秋)の役割〉, 주 450) 전게서 참조.

462 《일본서기》 白雉 4년 5월조.

463 《일본서기》 白雉 5년 2월조.

464 《구당서》 일본전에는 '永徽初, 其王孝德卽位 … 時新羅爲高麗百濟所暴. 高宗賜璽書, 令出兵援新羅.'라는 기사가 보이는데 이 출병 명령이 高向玄理를 상대로 한 것임은 金鉉球, 〈唐の新羅支援要請と蘇我氏の對唐斷交〉(주 450) 전게서)에 자세히 논증되어 있다.

사이에 연합관계가 형성되었음을 알 수 있다.[465]

개신정권의 실력자들도 하나같이 신라·당과 깊은 관계에 있던 인물들이다. 개신정권의 정책을 입안하던 국박사 僧旻과 高向玄理는 당에서 유학하고 신라에서 체류하다가 귀국한 인물들이고 좌대신 阿倍內麻呂의 阿倍씨는 신라계 씨족이고, 우대신 蘇我石川倉山麻呂는 직접 신라와 관계는 없지만 친백제 정책을 주도하던 蘇我씨 본종가를 타도하는 데 앞장섰던 인물이다. 을사의 변을 기획했다는 中臣鎌足은 신라계가 집단으로 거주하던 곳에서 태어나는 등 신라와 깊은 관계가 있는 인물이다.[466]

당시 야마토 정권은 한반도와의 관계에서 선진문물을 도입하는 문제가 최대의 과제였다. 따라서 지리적 관계로 동아시아 문화의 중심지였던 중국 남조와 긴밀한 관계를 맺고 있던 백제로부터 선진문물을 도입하고 백제를 군사적으로 지원하고 있었다. 그러나 6세기 후반 신라가 한반도의 대당 통로인 한강 하류를 장악하고, 중국을 북조의 수가 통일함에 따라 야마토 정권은 선진문물의 수입처를 백제에서 신라·고구려로 바꾸지 않을 수 없게 되었다. 그러나 야마토 정권의 실권을 장악하고 있던 蘇我씨가 씨족적 특성 때문에 친백제 정책을 고수하자 선진문물을 도입하기 위해서는 백제보다는 신라, 당과 관계를 가질 것을 주장하는 세력들이 645년 을사의 변을 통해 蘇我씨를 타도하고 친신라·친당 정책을 취하게 된 것이다. 이는 을사의 변이 '韓政'과 무관하지 않음을 시사하고 있는 《일본서

465 주 460) 참조.

466 金鉉球, 1985, 〈改新政權の主導者〉(주 450) 전게서) 참조.

기》(皇極天皇 4년 6월조)의 내용과도 잘 합치된다. 을사의 변은 蘇我씨를 타도하고 친백제 정책을 친신라·친당 정책으로 전환하기 위한 쿠데타였던 것이다. 그 결과 을사의 변 직후 등장한 개신정권은 백촌강에서 신라·당과 국운을 걸고 싸운 中大兄皇子나 이전 정권들과는 달리 친신라·친당 정책을 취하게 된 것이다.[467]

개신정권의 친신라·친당 정책을 다시 친백제 정책으로 전환시킨 인물이 中大兄皇子라면 백촌강 싸움은 친신라·친당 정책을 추구하는 세력과 친백제 정책을 추구하는 세력의 권력투쟁에서 친백제 정책을 추구하는 세력이 승리한 결과이지 백제에 대한 변함없는 종주국으로서 참여한 것은 아니라고 할 수 있다. 그렇다면 中大兄皇子는 언제부터 실권을 장악하고 개신정권의 친신라·친당 정책을 다시 친백제 정책으로 회귀시켰는가 하는 의문이 생긴다.

3) 대외정책의 전환

《일본서기》에는 大化 5년(649) 3월 24일 右大臣 蘇我倉山田麻呂大臣이 이복동생 蘇我臣日向에 의해서 中大兄皇子를 해하려 한다는 밀고를 당하여 25일 자결하고 처자 8인이 순사한 것으로 되어 있다.[468] 그런데 蘇我倉山田麻呂大臣이 밀고를 당하기 1주일 전인 3월 17일 左大臣 阿倍內麻呂臣도 죽은 것으로 되어 있다. 개신정권을 뒷받침하던 좌우대신이 1주일 사이에 죽은 것이다. 그리고 개신정

467 金鉉球, 〈大化改新と日·羅·唐の三國連合體制の成立〉(주 450))에 자세히 입증되어 있다.

468 《일본서기》 大化 5년 3월 戊辰 및 己巳條.

권의 정책을 입안하던 國博士로 당·신라와 깊은 관계에 있던 高向玄理와 僧旻도 같은 해 '국박사'의 직함을 잃게 된다.[469] 그리고 658년 孝德天皇의 후계자인 有間皇子도 모반을 꾀했다는 밀고로 中大兄皇子에 의해서 교수형에 처해진다.[470] 개신정권의 중추가 中大兄皇子에 의해서 649년부터 제거되기 시작했음을 알 수 있다.[471]

그런데 《일본서기》에 의하면 친신라·친당 정책을 추진하던 개신정권의 좌우대신 등이 교체된 2년 뒤인 651년 일본 측은 신라가 파견한 사신이 당의 복장을 하고 있는 점을 문제 삼아 그대로 추방해 버린다. 그리고 개신정권의 阿倍內麻呂臣과 蘇我倉山田麻呂臣에 대신하여 새로이 좌우대신이 된 巨勢德陀古과 大伴長德 중 좌대신 巨勢德陀古가 신라를 정벌할 것을 주장한다.[472] 649년 개신정권의 중추세력이 바뀐 뒤 일본의 대외정책이 반신라 정책, 즉 친백제 정책으로 전환되었음을 알 수 있다.

한편 653년에는 中大兄皇子가 飛鳥로 환도할 것을 주청하였다가 孝德天皇에게 거절당하자 皇祖母(후일의 齊明天皇), 間人皇后, 皇弟(후일의 天武天皇) 등과 함께 公卿大夫百官을 데리고 飛鳥로 환도한 것으로 되어 있다. 이때 孝德天皇이 입은 타격이 '이 때문에 천황은 원한을 품고 황위를 버리려고 생각하시고…'[473]라고 되어 있는 것으로 보아서 이때에는 이미 孝德天皇은 실권을 완전히 상실했던 것

469 關晃, 1962, 〈大化改新〉, 《岩波講座 日本歷史 古代2》.
470 《일본서기》 齊明天皇 4년 11월조.
471 中大兄皇子가 649년부터 실권을 장악해 가는 과정은 金鉉球, 〈孝德天皇と中大兄皇子の權力闘爭と三國連合體制の後退〉(주 450))에 논증되어 있다.
472 《일본서기》 白雉 2년 시세조.
473 《일본서기》 白雉 4년 시세조.

으로 생각된다. 따라서 中大兄皇子가 우대신 蘇我倉山田麻呂大臣을 제거하고 개신정권의 중추가 모두 제거된 649년 단계에서는 거의 실권을 장악하고 있었던 것이 아닌가 생각된다.[474]

4. 백제 구원군의 출병 과정을 통해서 본 백촌강 싸움의 성격

1) 백제 부흥군 내부의 주도권

초기에는 복신과 도침이 백제 부흥운동을 주도하면서 풍장을 모셔다가 정통성을 확립했으나 661년 3월 웅진강구 및 豆良尹城 전투 이후 도침과 복신 사이에 불화가 생겨나 복신이 도침을 제거함으로써 복신이 명목상의 왕인 豊璋을 제치고 실권을 장악하게 된다.[475] 따라서 일본의 뒷받침을 받고 있던 풍장과 대립하지 않을 수 없었다고 생각된다.[476]

그런데 풍장을 호위하는 別軍을 이끌고 온 朴市田來津의 방어에 유리한 州留城에서 천도를 해서는 안 된다는 반대를 무릅쓰고 부

---

474 근래 白雉연간(650-654)부터 대외정책이 친백제 정책으로 전환되기 시작했음을 주장하는 논문들이 적지 않게 등장하고 있음은 仁藤敦史, 〈孝德期의 對外關係〉(전게서)에 잘 소개되어 있다.

475 노중국, 〈부흥백제국의 성립과 몰락〉(2004, 《백제 부흥운동사연구》, 서경, 101-102쪽)은 도침을 죽인 시기를 661년 9월에서 662년 7월 이전으로 보고 있다. 그리고 부흥군 내부의 사정에 대해서는 《구당서》 백제전의 '扶餘豊但主祭而已'나 《신당서》 백제전의 '豊不能制'를 예로 들고 있다.

476 풍장과 복신이 대립하고 있던 모습이 《구당서》 백제전에는 '복신이 그 병권을 마음대로 해 扶余豊과 서로 의심했다'라고 되어 있고, 유인궤전에는 '복신이 흉폭하고 잔혹함이 심해서 余豊이 의심했다'고 되어 있다.

흥운동군의 수뇌부는 662년 12월 농경에 유리하다는 이유로 避城으로 천도를 단행한다.[477] 그러나 다음 해 2월 신라가 백제의 남쪽 경계를 공격하자 避城이 적과 너무 가깝다는 이유로 다시 州留城으로 돌아온다.[478] 따라서 朴市田來津의 반대를 무릅쓰고 누가 천도를 강행했는가 하는 의문이 제기된다.

당시 부흥군 내부에서 실권을 장악하고 있던 인물은 복신이었다. 따라서 복신의 동의 없이 천도가 이루어질 수는 없었다고 생각된다. 더욱이 풍장이 복신과 대립하고 있던 상황에서 호위군 책임자 朴市田來津의 반대를 뿌리치고 避城 천도에 앞장설 수는 없었다고 생각된다. 그렇다면 풍장의 호위를 맡고 있던 朴市田來津의 반대를 무릅쓰고 避城 천도를 단행한 인물은 복신이라고 보는 것이 타당하다고 생각된다.[479]

풍장과 朴市田來津의 반대를 무릅쓰고 천도를 단행했다가 실패한 한 인물이 복신이라면 풍장과 일본 측으로서는 천도 실패의 책임을 묻지 않을 수 없었다고 생각된다. 그런데 避城에서 州留城으로 환도하던 663년 2월 백제에서 일본에 파견된 사자가 '백제 부흥운동군이 朴市田來津의 반대를 무릅쓰고 천도했다가 실패한 내용'을 일본 측에 전하고 있다. 그로부터 3개월 뒤인 663년 5월 풍장이

477 《일본서기》 天智天皇 원년(662) 12월조.

478 《일본서기》 天智天皇 2년(663) 2월조에는 '2日 百濟遣達率金受等進調. 新羅人燒燔百濟南畔四州. 并取安德等要地. 於是 避城去敵近. 故勢不能居. 乃還居於州柔. 如田來津之所計.'로 주류성으로 환도하는 모습이 보인다.

479 遠山美都男(1997, 《白村江》, 講談社現代新書, 180쪽)이나 노중국(주 476) 전게논문, 102쪽)은 避城 천도를 풍장이 주도한 것으로 보고 있지만 뚜렷한 이유는 제시되어 있지 않다.

일본에서 온 犬上君과 군사문제를 상의하는 자리에서 복신의 죄를 논한 것으로 되어 있다.[480] 그리고 6월에 풍장이 복신을 살해한다.[481] 그렇다면 풍장이 663년 5월 犬上君에게 말한 복신의 죄에는 천도와 환도에 따른 책임 문제가 포함되어 있었을 가능성이 크다.[482] 이런 면에서도 풍장과 朴市田來津의 반대를 무릅쓰고 避城 천도를 단행한 인물을 복신이 틀림없었다고 생각된다. 663년 6월 제거될 때까지 백제 부흥군의 주도권을 장악하고 있던 인물이 일본 측의 뒷받침을 받고 있던 풍장과 朴市田來津이 아니라 복신이었다는 것이다.

2) 백제 구원군의 출병 과정

백제 부흥운동군은 전후 4차에 걸쳐서 일본에 사신을 보낸 것으로 되어 있다. 1·2차사는 복신의 이름으로 보냈는데 660년 10월에 도착한 1차사는 구원군과 풍장의 귀국을 요청하고 있다.[483] 661년 4월

---

480 《일본서기》 天智天皇 2년 5월조에 '犬上君(闕名)馳 告兵事於高麗以換 遣糺解於石城 糺解仍語福信之罪.' 라는 내용이 보인다.

481 복신이 살해될 때까지 양자가 극단적으로 대립하고 있었음은 《구당서》 백제전의 '福信稱疾臥於窟室 將候扶餘豊問疾 謀襲殺之'로도 짐작할 수 있다.

482 《일본서기》 天智天皇 2년 2월조에 백제사가 '百濟遣達率金受等進調. 新羅人燒燔百濟南畔四州. 并取安德等要地. 於是 避城去敵近. 故勢不能居. 乃還居於州柔. 如田來津之所計.'로 '田來津之所이 헤아린 바와 같았다.'고 보고한 내용으로 보아 천도 실패에 대한 책임에 대해서 거론했을 가능성이 크다고 생각된다.

483 《일본서기》 齊明天皇 6년 10월조 '百濟佐平鬼室福信 遣佐平貴智等 … 又乞師請救. 并乞王子余豊璋曰' 참조. 齊明天皇 6년 9월조에 의하면 9월에도 백제에서 達率과 沙彌覺從이 파견된 것으로 되어 있으나 그들은 백제의 멸망 와중에 도망쳐 나온 사람들로 정식 사자가 아님은 김현구 등, 2004, 《일본서기 한국관계기사 연구(3)》(일지사, 181쪽) 참조.

에 도착한 2차사는 풍장의 귀국만을 요청한다.[484] 그런데 복신이 보낸 1차사가 도착한 2개월 뒤인 12월 齊明天皇이 구원군을 파견할 준비를 하면서 '天皇幸于難波宮. 天皇方隨福信所乞之意. 思幸筑紫 將遣救軍 以初幸斯 備諸軍器.'[485]로 '복신의 뜻에 따라서 구원군을 보내려 함'을 분명히 하고 있다. 그리고 661년 4월에 도착한 복신의 2차사가 풍장의 귀국을 요청한 5개월 뒤인 661년 9월 일본은 풍장을 귀국시킨다.[486] 백제 구원군의 파견 준비와 풍장의 귀국이 일본 측의 주도하에 이루어진 것이 아니라 백제 부흥군의 요청에 따라 진행되고 있었다는 것이다.

그런데 급박하게 진행되던 출병 준비가 2차사의 요청으로 661년 9월 풍장을 귀국시킨 뒤 662년 6월 3차사 파견에도 아무런 움직임이 없다가,[487] 663년 2월 4차사가 한반도의 급박한 정세를 보고하자[488] 기다렸다는 듯이 다음 달인 3월에 본대가 출발하고 있다.[489]

484 《일본서기》 齊明天皇 6년(660) 10월조에는 복신이 豊璋의 귀국을 요청한 것으로 되어 있다. 그러나 齊明天皇 7년 4월조에는 "百濟福信 遣使上表 乞迎其王子糺解. 〈釋道顯日本世記曰 百濟福信獻書. 祈其君糺解于東朝〉"로 糺解의 귀국을 요청하고 있다. 그런데 663년 5월 고구려를 거쳐 백제에 도착한 犬上君이 糺解와 복신의 죄를 논한 것으로 보아 糺解가 豊璋임을 알 수 있다.

485 《일본서기》 齊明天皇 6년 12월조.

486 《일본서기》 天智天皇 卽位前紀 9월조에는 '乃遣大山下狹井連檳榔.小山下秦造田來津 率軍五千餘 衛送於本鄕 於時豊璋入國之時 福信迎來 稽首奉國朝政 皆悉委焉'이라고 되어 있다. 풍장의 귀국 시기에는 제설이 있으나 9월에 귀국했다는 것이 정설이다.

487 《일본서기》 天智天皇 원년 6월조에는 '百濟遣達率萬智等, 進調獻物'로 3차사의 목적이 명시되어 있지 않다.

488 《일본서기》 天智天皇 2년 2월조에는 '百濟遣達率金受等進調. 新羅人燒燔百濟南畔四州. 幷取安德等要地. 於是 避城去敵近. 故勢不能居. 乃還居於州柔. 如田來津之所計.'로 당시 한반도의 급박한 정세를 전한 것으로 되어 있다.

489 《일본서기》 天智天皇 2년 3월조.

따라서 백제 부흥군의 1차·2차·4차사의 요청에 따라서 진행된 백제 구원군 파견이 662년 6월 3차사의 파견에는 전혀 반응이 없던 셈이다. 그렇다면 당시 급박하게 진행되던[490] 백제 구원군 파견이 663년 3월까지 유보된 것은 662년 6월 3차사의 역할과 무관하지 않았던 것이 아닌가 생각된다. 다시 말하면 급박하게 진행되던 백제 구원군 파견이 4차사의 요청이 있을 때까지 유보된 것은 662년 6월 3차사의 요청 때문이었다는 것이다.

당시 백제 부흥운동군의 주도권은 복신이 장악하고 있었다. 그런데 풍장과 극단적으로 대립하고 있는 상태에서 일본의 백제 구원군 본대가 도착한다는 것은 주도권을 풍장에게 넘겨주는 꼴이 된다. 더욱이 일시적으로 한반도 정세가 호전되어 당장에는 구원군이 필요한 것도 아니었던 것으로 생각된다.[491] 661년 4월 풍장의 귀국 요청 후 본대에 대한 요청이 보이지 않고 663년 3월까지 본대의 파견

490 당시 구원의 준비가 얼마나 급박하게 진행되고 있었는가는 김현구 등, 2004, 《일본서기 한국관계기사 연구(3)》(일지사. 190-191쪽). 참조.

491 당시 한반도에서는 661년 2월부터 백제 부흥군이 사비성을 포위하고 단속적으로 공세를 취하고 있었다. 662년 봄에는 고구려 정토를 재개한 당군이 철병하고, 신라의 주력부대가 귀국하자 사기가 오른 백제 부흥군이 泗沘와 熊津에서 농성을 하던 당의 劉仁願과 劉仁軌에게 글을 보내어 '大使等何時西還. 當遣相送'이라고 호언을 하는 정도였었다. 그러나 662년 후반부터 당·신라 연합군의 행동이 활발해진다. 662년 8월 福信이 진현성에서 지키는 것을 劉仁軌가 신라병을 거느리고 깨트린다. 그리고 劉仁願이 군사를 더해 줄 것을 청하자 당제가 孫仁師로 7천 병을 거느리고 와서 劉仁願을 돕게 했다. 그의 도착은 663년 5월이다. 663년 2월부터 신라가 공세로 전환하여 居列城(慶南居昌)·沙平城을 함락시키고, 德安城(충남 은진)을 공격하여 1700여 명을 참수하는 전과를 올리고, 5, 6월경부터는 당의 증원군이 도착하여 백제 부흥군을 배제하고 웅진성으로 입성한다. 따라서 663년 2월의 4차사는 신라가 총공세를 단행하여 德安城 등 백제의 남부지방을 공략하고 있는 위기 상황을 알린 것이라고 생각된다.(김현구 등, 2004, 주 21) 전게서, 222-223쪽) 뒤집어서 말하면 4차사를 파견하는 663년 2월까지는 복신으로서는 당장 일본의 구원군이 필요한 것은 아니었다는 이야기다.

이 보류된 것은 여기에 그 원인이 있었던 것이 아닌가 생각된다. 그러나 한반도 정세가 급박하게 돌아가자 결국 663년 2월의 4차사가 본대의 파견을 요청하지 않을 수 없었고 그 결과 663년 3월 본대가 출발한 것이 아니었는가 생각된다.

본대가 일본을 출발하는 것이 663년 3월이다. 그런데 본대가 사비성 진입을 시도하는 것은 8월 말이다.[492] 그 사이 사비성에 고립되어 있던 劉仁願의 증원 요청에 의해 당제가 파견한 孫仁師가 663년 5월 7천 명을 거느리고 도착한다. 따라서 먼저 도착한 孫仁師가 8월 사비성 진입을 시도하는 본대를 백촌강 입구에서 영격한 것이다. 그렇다면 663년 3월에 파견된 본대는 왜 孫仁師가 도착한 뒤에도 3개월이나 지나서야 사비성 진입을 시도하게 되었는가 하는 의문이 생긴다.[493]

663년 5월 일본의 犬上君이 풍장과 복신의 죄를 논한 뒤 6월에 풍장이 복신을 제거한다. 당시 양자의 대립은 극에 달한 상태였다. 따라서 복신으로서는 풍장을 지원하는 본대가 사비성에 진입하는 것을 지켜보는 것은 죽음을 자초하는 일이었을 것으로 생각된다. 그런 맥락에서 3월에 파견한 본대가 孫仁師가 도착한 지 3개월이 지나도록 사비성에 진입하지 못한 것은 복신의 반대가 있었기 때문이 아니었는가 생각된다.[494] 그와 같은 사실은 6월 복신을 제거한 뒤에

492 《일본서기》 天智天皇 2년 8월조.

493 그 사이 본대는 사비성에 진입할 생각은 않고 남쪽에서 신라를 공격하고 있던 것으로 되어 있다.(《일본서기》 天智天皇 2년 6월조)

494 663년 6월 복신을 제거했을 때는 이미 孫仁師가 도착해 있었으므로 그 뒤 언제 주류성에 진입할 것인가는 별 의미가 없었다고 생각된다.

서야 비로소 사비성 진입을 시도한 사실로도 추측할 수 있다.

백촌강 싸움에 파견된 일본의 백제 구원군은 완전히 백제 부흥군의 요청에 따라서 움직였다고 할 수 있다. 660년 10월 1차사의 구원군 파견 요청에 의해서 12월 출병 준비가 시작되었고, 661년 4월 풍장 귀국 요청에 의해서 661년 9월 풍장이 귀국한다. 그리고 부흥운동군의 정세가 일시 호전되고 또한 풍장과의 대립이 심화되자 본대가 도착하면 주도권을 잃을 것을 두려워한 복신이 662년 6월의 3차사를 통해 본대 파견의 유보를 요청하자 661년 8월에 발표된 본대의 파견은 일시 유보되고 있었다. 그러나 662년 후반부터 전세가 급박하게 돌아가자 663년 2월 할 수 없이 본대 파견을 요청하지 않을 수 없었고 그 결과 3월에 본대가 출발하게 된다. 그러나 복신의 사비성 진입 반대 때문에 지체하다가 6월 복신을 제거한 뒤에야 진입했지만 이미 때가 늦어 5월에 도착하여 기다리던 孫仁師군에게 영격된 것이다. 그렇다면 일본이 백제의 종주국으로서 주도적으로 백제 구원군을 파견한 것이 아니라 완전히 백제 측 요청에 따라서 파견했다고 할 수 있다. 이런 점을 보더라도 백촌강 싸움은 동이의 소제국이 당을 중심으로 하는 대제국과 대결한 고대제국주의 전쟁이라고는 할 수 없을 것이다.

5. 참전의 목적을 통해서 본 백촌강 싸움의 성격

649년 阿倍麻呂 사후 후임으로 좌대신이 된 巨勢德陀古臣이 651

년 신라사가 도일하자 당복을 착용한 사실을 문제 삼아 쫓아 돌려 보낸 뒤 '지금 신라를 치지 않으면 뒤에 반드시 후회할 것입니다'라고 신라를 정벌할 것을 주청한다.[495] 巨勢德陀古臣은 中大兄皇子가 左大臣 阿倍內麻呂臣의 사후 右大臣 蘇我倉山田麻呂大臣까지도 제거하고 실권을 장악한 뒤 좌대신에 임명한 인물로 中大兄皇子의 대리인이라고 할 수 있다. 그가 신라가 당과 가까워지는 사실을 비판하고 있는 것이다. 그리고 663년 일본이 백촌강에서 신라·당 연합군과 싸우는 것이다. 그렇다면 663년 일본이 당·신라연합군과 싸운 백촌강 싸움은 651년의 신라 정벌론의 연장선상에서 일어난 사건이었다고 할 수 있을 것이다. 이와 같은 사실이 인정된다면 개신정권의 좌대신 阿倍內麻呂臣가 죽고 우대신 蘇我倉山田麻呂大臣가 제거된 뒤 巨勢德陀古臣 등이 후임이 되는 649년 단계나 적어도 좌대신 巨勢德陀古臣가 신라 정벌을 주장하는 651년 단계에서는 이미 일본이 신라·당과의 연합에서 반신라·반당 정책으로 회귀한 셈이 된다. 그와 같은 사실은 657년 견당사 沙門智達 등의 신라선 이용 요청을 신라가 거절한 사실로도 입증된다.[496]

한편 개신정권은 을사의 변(645년 6월) 직후 飛鳥에서 아직 궁도 조영되지 않은 難波로 천도한다.[497](645년 12월) 따라서 難波 천도는 친신라·친당 정책을 바탕으로 하던 개신정권의 중요한 정책 중

495 《일본서기》 白稚 2년 시세조에는 '新羅貢調使知萬沙飡等, 着唐國服, 泊于筑紫, 朝廷惡恣以俗, 訶嘖追還. 于時, 巨勢大臣, 奏請之曰, 方今不伐新羅, 於後必當有悔, 其伐之狀, … 可易得焉'이라는 내용이 보인다.

496 《일본서기》 齊明天皇 3년 是歲조 '使使於新羅曰 欲將沙門智達 奸人連御기 依網連稚子等 付汝國使 令送到大唐 新羅不肯聽送 由是 沙門智達等還歸.' 참조

497 《일본서기》 大化 원년 12월조.

의 하나였다고 할 수 있을 것이다. 그런데 中大兄皇子는 649년 실권을 장악한 뒤 653년 難波에서 다시 내륙의 飛鳥로 환도할 것을 주장하다가 孝德天皇에게 거절당하자 皇祖母(후일의 齊明天皇), 間人皇后, 皇弟(후일의 天武天皇) 등과 함께 公卿大夫百官을 이끌고 飛鳥로 돌아가 버림으로써 양자는 돌이킬 수 없는 단계에 들어서게 된다.[498] 그렇다면 飛鳥로의 환도는 中大兄皇子의 반신라·반당 정책과 무관하지 않다고 할 수 있다. 그런데 中大兄皇子는 飛鳥로 돌아가자마자 656년부터 飛鳥에 대한 방어시설을 구축하고 무력을 강화한다. 《일본서기》 齊明天皇 2년 시세조에는 '多武峯을 둘러 돌담을 쌓았다. 또 정상에 궁전을 건축했다. … 香具山 서쪽부터 석상산까지 도랑을 팠다. 석상산의 돌을 2백 척의 배에 실어다가 궁의 동쪽 산에 돌을 쌓아 담을 만들었다'로 飛鳥의 방위를 강화하는 모습이 보인다. 石母田正(1971, 《日本の古代國家》, 岩波書店, 63쪽)과 門脇禎二(1977, 《新版飛鳥》, 日本放送出版協會, 201쪽)도 한반도의 긴장을 당·신라와의 접촉을 통해서 타개하려던 孝德天皇의 구상에 대해서 中大兄皇子가 飛鳥에 천도해서 방비·무력의 강화 충실을 기도한 증거로서 위 기사를 들고 있다.

한반도와의 관계에서 수도를 내륙의 飛鳥로 옮기고 그 방위체제를 강화했다는 것은 적의 침입을 상정하고 있었다는 이야기이다. 그 경우 일본에 대한 침입국으로서 신라를 상정했다고는 생각되지 않으므로 고구려를 원정 중인 당을 의식한 것이 아니었는가 생각

498 '이 때문에 천황은 원한을 품고 황위를 버리려고 생각하시고…'(《일본서기》 白雉 4년 시세조)라고 할 정도로 孝德天皇 체제는 타격을 받는다.

된다. 신라·당 연합군에 의해서 고구려가 무너지면 백제가 무너지고 그 다음은 일본이 타깃이 될 수밖에 없기 때문이다. 일본은 당의 고구려 원정을 직접적인 위협으로 인식하고 있었다는 이야기가 된다.[499]

일본은 백촌강 싸움에서 패배한 뒤이기는 하지만 당의 침입에 대비해서 군의 정비나[500] 국가적 전투력을 보강한다.[501] 백촌강 싸움에서 패배한 다음 해인 664년부터는 대륙을 향한 최전선에 해당되는 對馬島의 金田城에서 시작하여 九州 筑紫의 水城, 瀨戶內海로 진입하는 입구에 해당하는 長門國의 城, 瀨戶內海를 장악하는 요충 讚吉國에 쌓은 屋島城, 難波에 上陸한 뒤 大和로 넘어가는 고개에 자리 잡은 倭國의 高安城 등 대륙에서 大和에 이르는 요충에 대대적으로 방어시설을 구축한다.[502] 그리고 진위 여부를 떠나 당시 대륙에서는 당이 왜를 정벌하려 한다는 소문도 나돌고 있었다.[503]

---

499 김현구, 1985, 〈新羅との軍事協力體制に對する批判勢力の登場〉, 주450) 전게서 참조.

500 例를 들면《일본서기》天智天皇 4년(665) 10월조에는 '大閱于菟道'라는 記事가 보이는데 이는 지금의 京都府 宇治市 부근으로 생각되는 菟道에서 열병을 했다는 것으로 일종의 군사훈련으로 보아도 무방하리라고 생각된다. 한편 倉住靖彦(1985,《古代の大宰府》, 吉川弘文館. 115쪽)의 지적처럼 筑紫大宰를 那津에서 현재의 곳으로 옮긴 天智天皇 이후부터인 후기 筑紫大宰에 국방에 관한 군사 기능이 중시되기 시작한 것이 사실이라면 이것도 일종의 국방력 강화라고 볼 수 있지 않을까 생각된다.

501 山尾幸久(주 427) 전게서, 428쪽)에 의하면《일본서기》天智天皇 3년 2월조에 보이는 '甲子의 정책'은 국가의 전투력을 보강한 정책이라는 것이다.

502 당시의 전반적인 방어에 대한 노력에 대해서는 鈴木靖民〈七世紀東アジアの爭亂と変革〉(1992,《新版古代の日本2〈アジアからみた古代日本》, 角川書店, 291쪽)가 자세하다.

503《三國史記》문무왕 11년조의 회고에는 '至總章元年 百濟於盟會處 移封易標 侵取田地 … 又通消息云 國家修理船소 外託征伐倭國 其實欲打新羅 百姓聞之 驚懼不安'으로 668년 신라를 치기 위한 것이라고는 하지만 일본을 친다는 소문이 나돌고

따라서 651년 신라 사신이 당복을 착용한 사실을 문제 삼아 신라 정벌을 주장했다던가, 653년 飛鳥로 환도하여 방어시설 구축과 무력강화에 나선 것은 당의 고구려 원정에 성공하면 백제가 위험해지고 백제가 무너지면 일본이 위험해진다는 생각의 일단이 잘 드러난 것이라고 생각된다. 이 연장선상에서 이루어진 것이 백촌강 싸움에 대한 참전이다. 그렇다면 일본의 백촌강 싸움에 대한 참전은 당의 침입에 대한 위기의식에서 시작된 것으로 동이의 소제국으로서 주체적으로 당과 대결하기 위한 고대제국주의 전쟁이라고 할 수는 없을 것이다. 일본 열도에 대한 당의 침입을 저지하기 위해서 백제 부흥운동군을 도와 당의 세력을 한반도에서 저지하려 한 일종의 예방 전쟁이었다는 것이다.

645년 개신정권을 탄생시킨 을사의 변이 선진문물은 신라·당에서 도입하면서도 친백제 정책을 고수하는 蘇我씨를 타도하고 친신라·친당 정책을 취한 정변이라면 中大兄皇子는 당이 신라와 손잡고 한반도를 장악하게 된다면 일본도 위험해진다는 명분으로 蘇我倉山田麻呂臣 등 개신정권의 중추를 제거하고 백제와 손잡고 신라·당에 대항하려 했던 것이다.

당시 백제 구원군은 동이의 소제국으로서 당과 대결한다는 의식보다는 단순히 백제 부흥군의 요청에 따라 그들을 돕는 데 목적이 있었음은 백제 구원군이 표방한 명분에서도 확인된다. 당시 일본군은 대부분 '백제 구원'을 명분으로 하고 있었다. 660년 10월 복신의 구원 요청에 대해서 齊明天皇은 출병을 준비하기 위해서 難波로 행

있었음을 알 수 있다.

차하면서 '天皇幸于難波宮 天皇方 "隨福信乞之意 思幸筑紫 將遣救軍" 以初幸斯 備諸軍器'[504]로 '복신의 뜻에 따라 구원군을 보내려' 하고 있음을 분명히 하고 있다. 그리고 배를 준비하면서도 '欲爲百濟 "將伐新羅" 乃勅駿河國造船.'[505] '백제를 위해서'임을 분명히 하고 있다. 그리고 661년 8월 출병 계획을 발표하면서도 '遣前將軍大花下阿曇比邏夫連 … 後將軍大花下阿部引田比邏夫臣 … 救於百濟 仍送兵仗五穀'[506] 그 목적이 '救於百濟'로 백제 구원에 있음을 분명히 하고 있다.

그런데 《일본서기》 天智天皇 즉위전기 시세조에는 '又日本救高麗軍將等 泊于百濟加巴利濱'의 '救高麗軍將'에서 알 수 있듯이 고구려 구원에 목적이 있는 것처럼 되어 있다. 실제로 '高句麗乞救國家 仍遣軍將'[507]으로 고구려가 구원을 청한 사실도 있다. 그리고 '犬上君(闕名)馳 告兵事於高麗以換 遣糺解於石城 糺解仍語福信之罪.'[508]로 고구려와 군사문제를 협의하기도 한 것으로 되어 있다. 따라서 당시 백제 구원군이 고구려 구원을 표방한 것은 어느 정도 사실이 아니었는가 생각된다. 그러나 당의 백제 공격은 어디까지나 고구려를 공격하기 위한 하나의 방편이었던 만큼 일본이 고구려 지원을 표방한다는 것은 결국 백제를 구원하는 것으로 백제를 구원한다는 명분과 배치되는 것은 아니었다고 생각된다.

504 《일본서기》 齊明天皇 6년 12월조.
505 《일본서기》 齊明天皇 6년 시세조.
506 《일본서기》 天智天皇 즉위전기 8월조.
507 《일본서기》 天智天皇 원년 3월조.
508 《일본서기》 天智天皇 2년 5월조.

한편 '遣前將軍上毛野軍稚子 … 中將軍巨勢神前臣譯語 … 後將軍阿倍引田臣比邏夫 … 率二萬七千人 他新羅.'[509]나 '前將軍上毛野君稚子等 取新羅沙鼻岐奴江二城.'[510]에서 알 수 있는 것처럼 백제 구원군은 신라를 치려 했다던가, 실제로 신라를 공격하고 있다. 그러나 '欲爲百濟 "將伐新羅" 乃勅駿河國造船.'[511]에서 알 수 있는 것처럼 신라를 정벌하려고 하는 것도 궁극적으로는 백제를 구원하기 위한 방편에 지나지 않았다. 즉 신라 정벌과 백제 구원은 배치되지 않는다는 점이다.

백제 구원군의 출병 목적은 어디까지나 '欲爲百濟'로 백제를 구원하는 데 있었다. 구원군 파견을 준비하면서 '天皇方 "隨福信乞之意 思幸筑紫 將遣救軍'로 '복신의 뜻에 따라 구원군을 보내려' 했다는 사실이 그와 같은 사실을 잘 증명하고 있다. 당시 백제 구원군을 파견한 일본 수뇌부의 의식 속에는 東夷의 소제국으로서 당과 대결한다는 의식은 전혀 없었다. 이런 면에서는 한중일의 사서에 보이는 인식을 검토한 新川登龜男(2003, 〈白村江の戰いと古代東アジア〉, 전게서, 218쪽)의 '당과 직접 대결한다는 의식은 《일본서기》에서는 거의 인정되지 않는다'는 지적이나 중국 사료를 검토한 韓昇(2003, 〈당과 백제의 전쟁 — 배경과 성격〉, 전게서)의 '당나라에 전면적으로 대항하려던 것은 아니었다'는 지적과 잘 합치된다. 이런 면에서도 백촌강 싸움을 당이 중심이 된 대제국주의와 일본이 중심이 된 소제

509 《일본서기》 天智天皇 2년 3월조.
510 《일본서기》 天智天皇 2년 6월조.
511 《일본서기》 齊明天皇 6년 시세조.

국주의가 부딪힌 고대제국주의 전쟁이라고 할 수는 없을 것이다.

결어

백촌강 싸움의 고대제국주의전쟁설은 한반도 남부경영론을 묵시적으로 뒷받침함으로써 한일 간의 역사 분쟁의 근원을 이루고 있다. 뿐만 아니라 근대 일본이 추구하던 제국주의를 고대에 투영한 것으로 오늘날 동아시아 세계가 지역적 협력의 방향으로 나아가는 데 있어서 걸림돌이 되고 있다는 데 그 심각성이 크다.

그러나 현재 일본 학계에서도 고대제국주의전쟁설의 전제가 되는 한반도 남부경영론을 공식적으로 거론하는 사람은 거의 없다. 따라서 고대제국주의전쟁설은 이미 그 존재 기반을 상실했다고 할 수 있다.

그런데 개신정권이 필요한 선진문물을 도입하기 위해서 을사의 변을 통해 친백제 정책을 주도하던 蘇我씨를 타도하고 친신라·친당 정책을 추구한 데 대해서 당의 고구려 원정을 계기로 中大兄皇子(天智天皇)는 당장 선진문물 도입의 필요성보다는 당이 신라와 손잡고 한반도를 장악하게 된다면 일본 열도가 위험해진다는 논리로 649년 실권을 장악한 다음 개신정권의 친신라·친당 정책을 다시 친백제 정책으로 전환시킨 것이다. 따라서 과거 고대제국주의전쟁설이 생각하던 것처럼 天智天皇(中大兄皇子)은 백제에 대한 변함없는 종주국으로서 백제 구원군을 파견한 것이 아니라 일본 열도에 대한 위기의식에서 파견한 것이다. 일본으로서는 백촌강 싸움은 일종의 예방 전쟁이었다고 할 수 있다. 동이의 소제국으로서 당과 대결한다는 적극적인 의도가 없었다는 것은 백제 구원군의 파견이 백제 측의 4차에 걸친 요청에 따라서 진행되었으며 '欲爲百濟'나 '天皇方隨福信乞之意 思幸筑紫 將遣救軍'에서도 알 수 있다.

백촌강 싸움을 고대제국주의전쟁설로 보는 견해는 근대 일본이 추구하던 제국주의를 고대에 투영시킨 것으로, 완전히 사료에 대한 왜곡에서 비롯된 것이라고 할 수 있다. 그럼에도 불구하고 아직도 일본 역사 교과서에 백촌강 싸움의 고대제국주의설의 잔영이 그대로 드리워져 한일 간 역사 교과서 분쟁의 원천이 되고 있고, 동아시아 세계가 지역적 협력관계 방향으로 나아가는 데 걸림돌이 되고 있다. 하루 빨리 역사 왜곡이 극복되어 한일 간 역사 교과서 분쟁이 종식되고 동아시아 세계가 화합을 모색해야 할 것이다.

8. 고대 일본의 도일 한인 집단에 대한 정책

오늘날 세계를 리드하는 곳은 EU라고 생각된다. 역사적으로 보면 인류는 인종이나 이념, 지역적인 문제 등을 둘러싸고 분쟁을 거듭해 왔다. 그러나 오늘날 EU는 그들을 극복하고 하나의 공동체를 향해서 나아가고 있기 때문이다. 이런 면에서는 시차는 있겠지만 한국이 속한 동아시아도 하나의 공동체를 향해 나아가지 않을 수 없으리라고 생각된다. 동아시아의 중심축을 이루고 있는 한·중·일 삼국 간에 깊어져 가고 있는 상호 무역의존도가 이를 잘 입증하고 있다고 생각된다.

현재 동아시아에서는 인적·물적·문화적 교류가 활발하게 이루어지고 있다. 그 결과 각국은 이미 다문화 사회에 진입하고 있으며 외인집단과의 '공존'이라는 현실적 문제에 직면하고 있다. 일찍부터 지정학적 관계로 한인들은 일본 열도에 건너가서 일본인들과 공존한 경험이 있고, 일본인들도 한반도에 와서 한인들과 공존한 경험이 있다. 그런데 일본 열도에 건너간 한인 집단이 규모나 횟수에서 한반도에 건너온 일본인들에 비해 월등하다. 따라서 외인집단과의 공존이라는 면에서는 먼저 일본 열도에 집단으로 이주한 한인들의 모습을 살펴볼 필요가 있다고 생각된다. 그런데 일본 열도에서 집단으로 거주한 한인 집단의 원형은 고대에서 찾을 수 있다. 고대 일본 열도에서 거주한 한인 집단의 모습을 검토하고자 하는 이유가 여기에 있다.

고대에는 기록의 주체가 주로 지배층이었다. 그 결과 일본 열도에서 살아간 한인 집단의 삶의 모습을 직접 살펴볼 수 있는 자료는 많지 않지만 그들에 대한 국가의 정책을 보여 주는 자료는 적지 않게 남아 있다. 따라서 일본 열도에서 살아가던 한인 집단의 모습을 그들에 대한 일본의 정책을 통해서 살펴볼 수 있다고 생각된다.

고대 도일 한인들에 대한 일본의 정책은 시대적 상황에 따라 달라졌다. 도일 한인들에 대한 정책은 크게 세 단계로 나눠 볼 수 있다. 1단계는 고구려 광개토왕(391-412)의 남정[512]에서 시작된 장수왕(413-491)의 남하정책으로 5세기 초 대량 도일한 한인들에 대한 정책이라고 할 수 있다. 2단계는 663년 백제 부흥운동군과 이들을 지원하던 일본군이 백촌강 싸움에서 신라·당 연합군에게 패배한 뒤 일본으로 대거 망명한 백제의 지배층에 대한 정책이다. 그리고 3단계는 1·2단계의 한반도 정세에 의해서 도일한 집단에 대한 정책과는 달리 壬申亂(672)을 통해서 등장한 강력한 황권이 기존의 한인들에 대해서 취한 정책이다.

512 〈광개토왕릉비문〉 396년, 400년조 및 주 519) 참조.

1. 도일 한인

고대 한반도에서 일본 열도로 건너간 한인들의 호칭에 대해서는 많은 논란이 있어 왔다. 그들에 관한 연구는 일본에서 먼저 시작되었기에 호칭에 대해서도 먼저 논란이 일 수밖에 없었다. 일본 학계에서는《일본서기》등 고대의 자료를 바탕으로 그들에 대해서 일찍부터 '歸化'라는 용어를 사용해 왔다. 일반적으로 이민족에 대해서는 '귀화'라는 용어가 다른 용어에 비해 보다 적절하다고 생각되어 왔다. 그런데 '歸化'와 유사한 의미를 가진 용어로는 '歸義', '歸德', '來服', '徠服', '來歸', '歸朝', '來投', '奔入', '乞屬' 등의 한자 용어가 있다.

그러나 중국에서는 외국에서 온 이민족에 대한 조치가 제도화되고 법령화됨에 따라 唐의 律令에서 그들에 대해서 '귀화'보다는 주로 '歸朝', '投化'라는 말을 사용했다는 것이다. 따라서 '귀화'는 '歸朝', '投化'와 같은 의미라고 할 수 있다. 그리고 고대의 '귀화'는 오늘날 국제법상의 '귀화'라는 용어에 대단히 근접한다고 할 수 있다. 그런데 '귀화'는《史記》를 비롯한 중국의 史書에 가장 먼저 등장하는 용어로 유교적 덕치사상과 중화사상이 드러나 있다는 것이다.[513]

한편 관찬 사서인《日本書紀》(720)에는 8세기 이전 한반도에서 일본 열도로 이주한 사람들에 대해서 대체로 '歸化'라는 표현을 사용하고 있다. 그런데《日本書紀》는 지배체제의 확립을 목적으로 서술되었으므로 당의 중앙집권적 율령국가에 있어서의 덕치주의 중

513 全海宗, 1974,〈韓國と日本の古代史における '歸化'について〉,《朝鮮學報》70輯.

화주의 의식을 그대로 답습했고, 지배체제의 정당화 내지는 강화를 위해서 허구조작 전승미화 문장 윤색이 가해졌다는 것이다. 일본의 養老令(718)도 지배체제의 확립을 목적으로 만들어졌으므로 唐令을 모방하면서 '歸朝'를 '귀화'로 표현하면서 그 의미를 덕화 또는 왕화에 귀의하는 뜻으로 사용했다는 것이다.

그러나 일찍부터《日本書紀》등에 보이는 '귀화'의 예는 덕치주의 사상에 의해서 작위·윤색되었으므로 그 표현이 부당하다는 주장이 있었다.[514] 上田正昭(1976,《歸化人》, 中央公論社)도 일본 고대법 정신의 '귀화'라는 개념은 王化思想을 전제로 하고 있었는데《日本書紀》등에 보이는 '귀화인'은 令義解나 令集解[515]에 보이는 것처럼 皇化를 쫓아온 사람만 있는 것도 아니므로 '귀화인'이라는 용어를 모든 외래인에게 적용할 수는 없음을 지적하고 있다. 그리고 율령에 의한 토지·인민에 대한 국가적인 지배질서가 확립되기 전에는 고대법에서 의미하는 관념 자체가 성숙되지 않았고 일반 민중 사이에서 그런 식별이 있었는지조차 의심스럽다는 면에서도 '귀화'라는 용어의 부당성을 지적하고 있다. 그럼에도 불구하고 오늘날 일본 학계의 논문이나 저서들이 대부분 '귀화인'이라는 표현을 사용하고 있다는 데 문제의 심각성이 있다.[516] 본 연구는 한국과 일본 사이 외국인의

514 全海宗, 1974,〈韓國と日本の古代史における '歸化'について〉,《朝鮮學報》70輯.
515 주 562), 참조.
516 上田正昭, 1976,《歸化人》, 中央公論社.
關晃, 1977,《歸化人》, 至文堂.
今井啓一, 1977,《歸化人と東國》, 綜藝會.
平野邦雄, 1964,〈8·9世紀における歸化人身分の再編〉,《歷史學研究》292號.
管野和太郎, 1922,〈我國の商工階級と歸化人〉,《經濟史研究》29號.
이외의 저서나 논문들도 대부분 '귀화인'이라는 용어를 사용하고 있는데 대표적으

'집단 거주지'를 권력에 의한 '통제'나 '관리'라는 관점이 아니라 '교류'와 '공존'이라는 관점에서 살펴보고자 한다. 때문에 한반도에서 일본 열도에 건너간 사람들을《日本書紀》에 보이는 것처럼 '귀화'라고 표현할 수는 없다고 생각된다.

한편《播磨國風土記》(8세기 초)와《古事記》(712)에서는 한반도에서 일본 열도로 건너간 한인들에 대해서 '渡來'라는 용어를 사용하고 있다.[517] 그러나 '도래'는 단순히 바다를 건너갔다는 사실 자체를 나타낸 것으로 상호 간의 주체성을 전제로 한 '교류'와 '공존'이라는 관점과는 배치된다. 따라서 '도래'도 적합한 용어라고 할 수는 없다.

본 연구는 한반도에서 일본 열도로 건너가 일본인들과 '교류'하면서 '공존'한 한인들을 연구의 대상으로 하고 있다. 그들은 앞선 문화를 가지고 일본 열도로 건너가 그 특성을 보존하면서 일본인들과 '교류'하면서 '공존'했던 사람들이다. 따라서 일본 열도에 건너가 주체성을 가지고 살아간 한인들이라는 의미에서 그들을 '도일 한인'이라는 용어로 표현할 수 있지 않을까 생각한다.

로 今井啓一(1977,《歸化人と東國》, 綜藝會. 15쪽)은 일본 고대에 있어서 '귀화'의 의미를 '國風을 仰慕하고 皇化에 복종하여 그들의 풍습을 새롭게 한다'라고 규정하고 있다.

517 《播麻國風土記》揖保郡 揖保里條 및《古事記》應神天皇條. 많은 민간 전승을 포함하고 있는《播麻國風土記》는 8세기 초에 성립된 것으로 생각된다.

2. 5세기 초 고구려의 남하정책에 의해 도일한 한인들에 대한 정책

〈應神紀〉 14년(403) 是歲條에는 弓月君이 백제에서 인부 120縣의 사람들을 데리고 도일한 것으로 되어 있다.[518] 그리고 同 20년(409) 9월조에는 倭漢直의 시조 阿知使主가 17縣의 사람들을 데리고 도일한 것으로 되어 있다.[519] 그런데 〈광개토왕릉비문〉에는 그 직전인 396년 광개토왕이 백제를 정벌하고, 400년에는 군대를 보내어 왜를 '任那加羅'까지 추적하게 한 것으로 되어 있다.[520] 그 직후 한인들이 대거 도일한 것으로 되어 있다. 따라서 5세기 초 한인들의 도일은 고구려의 남정에서 촉발되었음을 알 수 있다.

倭漢氏의 시조 阿知使主가 데리고 갔다는 17縣 사람들의 후손은 漢人설을 주장하고 있다.[521] 그러나 실상은 백제 내지는 한반도 남부에서 도일했을 것으로 생각된다.[522] 그들의 17縣이라는 숫자를 그대로 믿을 수는 없지만 그 자손인 坂上大忌寸刈田麻呂等이 '凡高市郡內者, 檜前忌村及十七縣人夫滿地而居. 他姓名十一二焉'[523]

518 〈應神紀〉 14년(403)조. '弓月君自百濟來歸. 因以奏之曰, 臣領己國之人夫百二十縣而歸化'.

519 〈應神紀〉 20년(409) 9월조. '倭漢直祖阿知使主, 其子都加使主, 並率己黨類十七縣, 而來歸焉.'

520 永樂 6년조의 '王躬率○軍討滅殘國軍○○○攻取壹八城 … 以殘主○逼獻○男女生口一千人細布千匹○歸王自誓從今以後永爲老客太王' 및 10년조의 '敎遣步騎五萬 往救新羅 從男居城 至新羅城 倭滿其中 官軍方至 倭賊退 … 背急追至任那加羅從拔城' 참조.

521 《續日本記》 延歷 4년 6월조. '板上大忌寸刈田麻呂等上表言. 臣等本是後漢靈帝之曾孫阿智王之後也. … 阿智王 … 出行帶方 … 歸化來朝.'

522 上田正昭, 1976, 《歸化人》, 中央公論社.

523 《續日本記》 寶龜 3년 4월조.

이라고 한 사실로 보아 그 숫자의 많음은 짐작할 만하다.

倭漢氏는 高市郡의 대부분을 점유하면서 발전하고 있었는데 한국어의 '村長'에서 유래하는 '村主'姓을 30개 이상이나 남기고 있다. 따라서 倭漢氏는 畿內의 高市郡을 중심으로 집단을 이루면서 거주하고 있었음을 알 수 있다. 한편 倭漢氏는 品部(관청에 소속되어 있던 기술자 집단)의 관장자에 많이 임명되었고, 伴造(황실 소유의 기술자들을 세습적으로 관장 통솔하던 중하층의 중앙 호족)로서의 지위를 확립하고 있었다. 아마도 '人民男女皆有才藝'로 알 수 있듯이 한반도의 선진적인 기술을 소지하고 있었으므로 중하층 호족의 지위가 주어졌던 것이 아니었는가 생각된다.[524]

그들은 정치적으로는 주로 당시 최고권력자였던 蘇我씨 전위대의 역할을 하고 있었다. 예를 들면 592년 漢直駒의 蘇我씨를 비판했던 崇峻天皇 살해사건,[525] 蘇我씨를 무너트린 645년 乙巳의 변 때 東漢直 일파의 改新세력에 대한 저항,[526] 645년 倭漢文直麻呂 등의 蘇我씨 외손 古人皇子의 난 합류,[527] 677년 천무천황의 東漢氏에 대한 경고[528] 등에서 확인된다. 倭漢氏가 蘇我씨의 전위대 역할

524 〈雄略紀〉 16년 10월조 '詔桑漢部定其伴造者 賜姓日直.' 및 《續日本記》 延歷 4년 6월조 '板上大忌村刈田麻呂等上表言. … 於臣是阿智王奏請曰. … 臣舊居在於出行帶方人民男女皆有才藝.' 關晃, 1977, 《歸化人》, 至文堂 참조.

525 《日本書紀》 崇峻天皇 5년 11월조. '馬子宿禰 … 乃使東漢直駒殺于天皇'

526 《日本書紀》 皇極天皇 4년 6월조. '大臣蝦夷於是 漢直等總聚眷屬還甲持兵 將助大臣處設軍陣.'

527 《日本書紀》 孝德天皇 大化 원년 9월 戊辰조. '古人皇子, 與蘇我田口臣川掘. … 倭漢文直麻呂, 朴市秦造田來津謀反'.

528 《日本書紀》 天武天皇 6년 6월조. '詔東漢直等曰. 汝等黨之自本犯七不可也. 是以從小墾田御世至于近江朝. 常以謀汝等爲事. 今當朕世. 將責汝等不可之狀以隨犯應罪. 然頓漢直之氏, 故降大恩以原之, 從今以後, 若有犯者. 必八不放之例'.

을 한 것은 그들이 蘇我씨와 같은 백제계라는 특수성에서 비롯된 면도 없지 않다고 생각되지만[529] 어떻든 그들이 권력의 핵심에 서 있었음을 시사하고 있다. 倭漢氏는 畿內에 거주하면서 야마토 정권의 일익을 담당하고 있었던 것이다.

弓月君이 백제에서 데리고 간 집단으로 되어 있는 秦氏는 秦 시황제의 자손을 칭하고 있지만[530] 사실은 신라에서 건너갔다는 사실이 고고학적으로 입증되었다.[531] 일본 진출 당시 秦氏집단이 120縣에 이르렀다는 숫자는 신뢰하기 어렵다. 그러나 雄略朝(456-479) 때에는 '秦氏의 民이 92部 18670人'이었다고 되어 있고,[532] 欽明朝(540-571) 때에는 '7053호'였다[533]고 되어 있는 것으로 보아 그 수를 짐작할 만하다. 이 숫자는 약 2세기 후인 養老연대(717-723)의 인구에 비교해 보아도 일본 전체 인구의 28분의 1에 해당하는 숫자이기 때문이다.[534]

秦氏는 초기에는 大和國 津間腋地(葛上郡)를 중심으로 畿內 제

529 김현구, 2007, 〈백제의 木滿致와 蘇我滿智〉, 《일본역사연구》 25집; 2010, 《고대 한일교섭사의 제문제》, 일지사.

530 《新撰姓氏錄》 左京諸蕃조. '大秦公宿禰, 出自秦始皇帝三世孫孝武王也. … 男融王(一云弓月君) 率百二七縣 百姓歸化. 獻金銀玉帛等物'.

531 上田正昭(1976, 《歸化人》, 中央公論社. 27쪽)는 '秦'의 원의는 'ハタ'이고, 신라어의 'ハタ'는 '海'를 의미하는 것으로 그들이 한반도에서의 건너간 외래인으로 한반도 남부와의 교섭 과정에서 건너갔음을 밝히고 있다. 그리고 平野邦雄(1961, 〈秦氏の研究(二)〉, 《史學雜誌》 70-4, 66쪽)은 고고학적으로 그들이 신라에서 건너간 사람들임을 밝히고 있다.

532 《新撰姓氏錄》 山城國 諸蕃조. 秦忌寸條 '得秦民九十二部一萬八千六百七十人'.

533 〈欽明紀〉 卽位前紀 8월조. '編貫戶籍. 秦人戶數惣七千五十三戶.'

534 橋本克彦, 1955, 〈大化前後の 歸化人政策と其活動〉, 《中央大學文學部紀要》 第三號. '欽明朝 때 秦氏 일족을 7053호라고 한다면 令制의 50호 1향으로 계산했을 때 141향이 되는데 養老年代 전국 향수 4012와 비교하면 약 28분의 1이 된다'는 것이다.

국에 분포하고 있었다.[535] 특히 京都 분지에서는 鴨川·桂川에 걸친 범람평야의 개척에 주력하면서 확고하게 부와 세력을 쌓아 올린 후 국가 재정에 두각을 나타내고 있었다.[536] 弓月君의 자손이라는 秦酒公[537]은 5세기 중반 百八十種의 勝[538]을 거느리고 양잠·견직에 종사하여 막대한 양을 貢上한 것으로 되어 있다.[539] 그는 雄略朝 때에 생겨난 大藏의 장관으로 활약했고,[540] 秦大津父는 欽明天皇의 총애를 받아 '近侍者'로서 크게 부를 이루었다.[541] 《上宮聖德法王帝說》에 인용된 〈天壽國繡帳〉의 감독자 椋部秦久麻의 '椋部'는 '藏部'로 재정과 관계가 있는 인물임을 알 수 있다.(椋과 藏은 일본어로 음이 같다) 그리고 聖德太子의 재정적 후원자로 廣隆寺를 지은 秦河勝은 대표적인 인물로 그 세력이 대단하였음은 '其家富饒 … 是國家之寶也'[542]를 통해서도 짐작할 수 있다. 7세기 이후에도 재정과 관계를 맺고 있던 秦氏는 무수히 많다.[543] 秦氏도 畿內에 거주하면서 양잠과 견직이라는 선진 기술을 바탕으로 官司制의 중심에서 야마토 정

535 《新撰姓氏錄》 山城國 諸蕃 秦忌寸조. '賜大和津間腋上地居之焉.'; 《新撰姓氏錄》 左京諸蕃上 大秦公宿禰조. '秦氏, 分置諸郡, 卽使養蠶絹織貢之.'

536 平野邦雄, 1962, 〈八九世紀における歸化人の役豁〉, 《歷史學硏究》 292호. 4쪽; 家永三郎, 1962, 〈飛鳥·白鳳文化〉, 《日本歷史》 2, 岩波書店. 95쪽 참조.

537 주 525) 참조.

538 村主에서 유해하는 가바네(姓)의 일종으로 주로 한반도계의 소호족이 칭하고 있었다.

539 《日本書紀》 雄略天皇 15년조. '詔聚秦民賜於秦酒公. 公仍領率百八十種勝, 奉獻庸調絹縑. 充績朝廷'.

540 《新撰姓氏錄》 山城國 諸蕃 秦忌寸조. '是時始置大藏官員, 以酒爲長官'.

541 《日本書紀》 欽命天皇 卽位前紀조. '天皇寵愛大津父子 … 今近侍優寵日新. 大致饒官'.

542 《聖德太子傳曆》 推古天皇 12년 8월조.

543 平野邦雄(1961, 〈秦氏の硏究〉, 《史學雜誌》 70-34. 46쪽)은 7세기에 국가 재정을 담당한 秦氏를 秦前廣橋 등 10인을 들고 있다.

권의 일익을 담당하고 있었던 것이다. 그러나 倭漢氏가 주로 정치적으로 두각을 나타내고 있었다면 秦氏는 주로 재정관계에서 두각을 나타내고 있었다고 할 수 있다.

5세기 초 고구려의 남하정책에 의해 도일한 한인들은 주로 畿內에 거주했다는 데 그 특징이 있다. 그리고 선진 기술을 바탕으로 야마토 정권의 일익을 담당하는 정권의 주체였다고 할 수 있을 것이다.[544]

3. 7세기 말 백제 멸망에 따른 도일 한인들에 대한 정책

《日本書紀》 天智天皇(662-671) 2년(663) 9월 丁巳조에는 '백제의 州柔城이 비로소 당에게 항복했다. 이때 나라 사람들이 서로 "주유가 항복했으니, 일이 어찌할 수 없게 되었다. 백제의 이름이 오늘에 끊어지게 되었다. … 다만 弖禮城에 가서 일본의 군장들과 만나 서로 현 상황에서 긴요한 것을 도모할 수밖에 없다"라고 하였다. 드디어 처음부터 枕服岐城에 있던 처자들로 하여금 나라를 떠나려는 마음을 알게 하였다. … 일본의 수군 및 佐平余自信, 達率木素貴子, 谷那晉首, 億禮福留과 국민들이 弖禮城에 이르렀다. 다음 날 배를

544 집단적으로 이주한 倭漢氏나 秦氏 이외에 당시 개별적으로 많은 한인들이 일본 열도로 건너간 것으로 되어 있다. 그들에 대한 구체적인 예는 김현구, 1979, 〈大和政權의 對'日本進出韓人'政策考〉(고려대학교 대학원 석사논문) 참조.

띄워 비로소 일본으로 행했다.'[545]라고 되어 있어서 백촌강 싸움[546]

545 '…百濟周柔城, 始降於唐. 是時國人相謂之曰, 周柔城降矣. 事无奈何.百濟之名, 絶于今日. … 但可往於弖禮城. 會日本軍將等, 相謀事機所要. 遂教本在枕服岐城之妻子等, 令知去國之心. … 甲戌, 日本船師, 及佐平余自信·達率木素貴子·谷那晉首·億禮福留, 并國民等, 至禮城. 明日, 發船始向日本.'

546 백촌강 싸움은 660년 9월 의자왕이 당으로 끌려간 뒤 백제 부흥운동군이 일본에 구원을 청하고, 이에 일본이 파견한 백제 구원군과 백제 부흥운동군이 신라·당의 연합군과 663년 8월 27-28일 양일에 걸쳐 백촌강에서 싸운 것으로 백제 구원군과 백제 부흥운동군의 패배로 끝난다. 이 싸움을 일본에서는 일반적으로 '백촌강 싸움'이라고 일컫는다. 한국에서는 '백강구 싸움'이라고 일컫기도 하지만 구체적인 장소를 명기한《일본서기》의 '백촌강'을 바탕으로 '백촌강 싸움'으로 명명하는 것이 옳지 않을까 생각된다.

우선 일본에서의 주요 연구 성과는 다음과 같다. 鬼頭清明, 1981,《白村江：東アジアの動乱と日本》, 教育社; 森公章, 1998,《〈白村江〉以後：国家危機と東アジア外交》, 講談社를 위시해, 주요 성과로는 中村修也, 2010,《白村江の真実：新羅王·金春秋の策略》, 吉川弘文館; 小林恵子, 1987,《白村江の戦いと壬申の乱：唐初期の朝鮮三国と日本》, 現代思潮社; 熊谷公男, 2008,《大王から天皇へ》, 講談社; 森公章, 2008,《遣唐使と古代日本の対外政策》, 吉川弘文館; 豊田泰, 2007,《白村江の戦い·元冦·秀吉の朝鮮侵攻》, 文芸社; 森公章, 2006,《東アジアの動乱と倭国》, 吉川弘文館; 仁藤敦史, 2006,《女帝の世紀：皇位継承と政争》, 角川書店; 井上秀雄, 2004,《古代朝鮮》, 講談社; 井上光貞, 2004,《飛鳥の朝廷》, 講談社; 森公章, 2002,《倭国から日本へ》, 吉川弘文館; 부르스 바톤(ブルース-バートン), 2001,《国境の誕生：大宰府から見た日本の原形》, 日本放送出版協会; NHK取材班, 2005,《その時歴史が動いた》, KTC中央出版; 笠井倭人, 2000,《古代の日朝関係と日本書紀》, 吉川弘文館; 鈴木治, 1999,《白村江：古代日本の敗戦と薬師寺の謎》, 学生社; 遠山美都男, 1999,《〈日本書紀〉はなにを隠してきたか?》, 洋泉社; 坂本太郎, 1995,《日本書紀》, 岩波書店; 夜久正雄, 1974,《白村江の戦：七世紀·東アジアの動乱》, 国民文化研究会; 鬼頭清明, 1994,《大和朝廷と東アジア》, 吉川弘文館; 倉住靖彦, 1985,《古代の大宰府》, 吉川弘文館; 〈角川日本地名大辞典〉編纂委員会, 1991,《角川日本地名大辞典》, 角川書店; 古田武彦, 1985,《法隆寺の中の九州王朝》, 朝日新聞社; 川喜田二郎, 1987,《素朴と文明》, 講談社; 古都大宰府を守る会, 1987,《大宰府の歴史》, 西日本新聞社; 鈴木英夫, 1988,〈百済の役〉, 黛弘道編《戦乱の日本史 1 中央集権国家への道》, 第一法規出版; 遠山美都男, 1997,《白村江 — 古代東アジア大戦の謎》, 講談社; 森公章, 2002,〈白村江の戦をめぐる倭国の外交と戦略〉,《東アジアの古代文化》110 등이 있다.

그리고 한국에서의 연구 성과는 다음과 같다. 연구서는 노중국, 2003,《백제 부흥운동사》, 일조각; 변인석, 1994,《백강구전쟁과 백제·왜관계》, 한울아카데미가 있으며, 연구 논문으로는 김현구, 2006,〈일본의 위기와 팽창의 구조 — 633년 백촌강(白村江)싸움을 중심으로〉,《문화사학》; 2003,〈백강전쟁과 그 역사적 의의〉, 백강에서 패배한 뒤 佐平余自信, 達率木素貴子, 谷那晉首, 億禮福留 등 백제의 지배층이 대거 도일한 것으로 되어 있다. 그들은 일본 열도 내에서 구체적으로 주거지가 확인되는 숫자만도 3000여 인이 넘고 있다.[547]

망명 백제인들이 도일 직후 어디에 거주했는지는 알 수가 없다. 그러나 도일 4년 후인 667년 近江천도를 전후해서 天智政權이 그들을 집단적으로 이주시키는 기록이 보인다. 천도를 앞둔 665년에는 백제 남녀 400여 명을 畑을 주어 近江國神箭郡에 이주시키고[548] 천도 이듬해인 668년에는 3년간의 관식을 지급하여 백제인

전쟁 1340주년 국제학술심포지엄자료집, 《백제 부흥운동과 백강전쟁》, 공주대학교 백제문화연구소; 2001, 〈특집-한·일 역사교류의 어제와 오늘 : 동아시아 세계와 백촌강 싸움 — 야마토 정권의 출병 준비 과정을 중심으로〉, 동국대학교일본학연구소, 《일본학》; 1998, 〈백촌강 싸움 직후 일본의 대륙관계의 재개 — 신라와의 관계를 중심으로〉, 《일본역사연구》 등이 있다. 또 백강전쟁 1340주년 국제학술심포지엄 자료집에는 《백제부흥운동과 백강전쟁》 중에 한승, 〈당조대백제적전쟁(唐朝對百濟的戰爭): 배경여성질(背景與性質)〉; 이도학, 〈백제 조국회복전쟁기의 몇 가지 쟁점 검토〉; 심정보, 〈백강에 대한 연구현황과 문제점〉; 新川登龜男, 〈白村江の戰いと古代の東アジア〉; 佐藤信, 〈白村江の戰いと倭〉 등이 있다.

그 외에도 송완범, 2007, 〈'白村江 싸움'과 倭·東아시아세계의 재편과 관련하여〉, 《한국고대사연구》 45; 연민수, 2003, 〈고대 한일관계사의 쟁점과 사료 — 임나문제와 백강전투를 중심으로〉, 《일본역사연구》; 이재석, 2003, 〈백제 부흥 운동과 야마토 정권〉, 《사총》; 변인석, 1994, 〈백강구전쟁을 통해서 본 고대 한일관계의 접점 — 백강 백강구의 역사지리적 고찰을 중심으로〉, 《동양학》; 변인석, 1992, 〈7세기 중엽 백강구전(白江口戰)에 있어서의 일본의 패인에 관한 고찰 — 《일본서기(日本書紀)》 소재의 패적기록(敗績記錄)을 중심으로〉, 《동방학지》; 심정보, 1988, 〈중국측 사료를 통해 본 백강(白江)의 위치문제〉, 제1회 환황해(環黃海) 한중교섭사 연구 심포지움 — 역사고고학부문, 《진단학보》 등이 있다. 이상의 연구사 정리는 송완범, 2010, 〈'백촌강 싸움'과 '임신의 난'〉, 김준엽선생 기념서편찬위원회 편, 《동아시아 국제관계사》, 아연출판부, 131-132페이지 참조.

547 후술함.

548 《日本書紀》 天智天皇 4년 2월조. '復以百濟百姓男女四百餘人, 居于近江國神前郡. … 是月, 給神前郡百濟人田.'

남녀 2000여 인을 東國(近江)에 이주시키고 있다.[549] 그리고 669년에는 佐平余自信·佐平鬼室集斯 등 남녀 700여 인을 近江國 蒲生郡에 이주시키고 있다.[550] 그 숫자는 3000인이 넘고 있다.

망명 백제인들의 이주지는 모두 667년 천도를 한 近江國이라는 특징이 있다. 더욱이 佐平余自信 등을 이주시킨 蒲生郡은 별궁터로 물색되었던 곳이기도 하다. 그런데 蒲生郡의 별궁터와 함께 高安城을 수축하고 長門城을 쌓는 등 당의 침입에 대비한 일련의 방어체제가 갖추어지는 것으로 보아[551] 망명 백제인들의 近江 이주는 近江朝의 체제를 보위하기 위한 조치가 아니었는가 생각된다. 망명 백제인들의 近江 이주가 체제를 보호하기 위해서였음은 660년 백제가 보낸 唐浮 100여 인은 近江이 아닌 美濃國에 배치한 사실에서도 엿볼 수 있다.[552]

한편 天智政權이 망명 백제인들을 체제의 근간으로 삼으려 했음은 그들에 대한 인적 등용을 통해서도 엿볼 수 있다. 天智政權은 처음으로 학교를 창설하고[553] 鬼室集斯를 그 學頭에 임명한 것을 필두로 667년에는 망명 백제인들에게 대거 위를 하사하고 있다. 佐平余

549 《日本書紀》天智天皇 4년 10월조. '以百濟男女二千餘人居于東國. 凡不擇緇素, 起發亥年, 至于三歲, 竝賜官食.' 여기서 近江이 東國의 범주에 들어감은 橋本克彦, 1955, 〈大化前後の 歸化人政策と其活動〉, 《中央大學文學部紀要》 第三號. 참조.

550 《日本書紀》 天智天皇 8년 是歲월조. '又以佐平餘自信-佐平鬼室集斯等, 七百餘人遷居近江國蒲生郡 '.

551 《日本書紀》 天智天皇 9년 2월조. '天皇幸蒲生郡匱迮野, 而觀宮地. 又高安城, 積穀與鹽. 又築長門城一 …'.

552 《日本書紀》 齊明天皇 6년 10월조. '百濟佐平鬼室福信遣佐平貴智等, 來獻唐浮一百餘人. 今美濃國不破, 片縣二郡唐人等也.'; 동 7년 11월조. '或本云, 辛酉年, 百濟佐平福信所獻唐浮一百六口. 居于近江國墾田'.

553 《懷風藻》 서문 '淡海先帝之受命也. … 爰則建庠序'.

自信과 沙宅紹明에게는 法官大輔, 達率谷那晉首·木素貴子·憶禮福留·答炑春初는 병법, 贊波羅·金羅金須·鬼室集信·達率德頂上·吉大尙은 解藥, 許率母는 五經, 角福牟는 陰陽 담당하게 하고, 그 외 達率 등 50여 인에게도 위를 수여하고 있다.[554]

天智政權은 663년 백촌강 싸움에서 패배한 뒤 672년 壬申亂으로 몰락한다. 따라서 672년 壬申亂을 앞둔 天智政權이 의지할 수 있는 유일한 세력은 백촌강에서 함께 싸운 망명 백제인들을 제외하고는 생각하기 어려웠다고 할 수 있을 것이다. 近江 천도를 전후해서 망명 백제인들을 近江으로 이주시키고 그들을 중용한 데에는 여기에 그 원인이 있었던 것이 아니었는가 생각된다. 망명 백제인들은 天智政權을 지탱하는 기둥이었다고 할 수 있다.

4. 도일 한인들에 대한 임신란(672) 이후의 정책

天武天皇(672-685)은 天智天皇 사후 그 아들 大友皇子와 후계 다툼으로 672년 壬申亂[555]을 통해서 집권한 뒤 강력한 황친정치를 시

554 《日本書紀》 天智天皇 10년 정월 辛亥조.

555 壬申년(672) 6월 天智天皇의 아들 大友皇子와 동생 大海人皇子 사이의 황위 계승을 둘러싼 약 1개월에 걸친 내란으로 大海人皇子가 승리하여 천황(天武天皇) 위에 오르게 된다. 天武天皇은 내란을 통해서 정권을 장악했으므로 강력한 황친정치를 펴게 된다.

일본에서의 연구 성과는 早川万年, 2009, 《壬申の乱を読み解く》, 吉川弘文館; 小林恵子, 1987, 《白村江の戦いと壬申の乱 : 唐初期の朝鮮三国と日本》, 現代思潮社; 遠山美都男, 2007, 《古代の皇位継承 : 天武系皇統は実在したか》, 吉川弘文館; 井上光貞, 2004, 《 飛鳥の朝廷》, 講談社; 笠原英彦, 2001, 《歴代天皇総覧 : 皇位はどう

행했던 인물이다. 그의 방침은 持統(690-696)·文武天皇(697-714)에 의해서 그대로 답습되었다.[556] 따라서 672년 壬申亂 이래 나라(奈良)시대(710-784) 초까지 한인에 대한 정책은 天武天皇에 의해서 수립 계승되었다고 할 수 있다. 天武天皇의 황친정치는 한인에 대한 정책에도 큰 변화를 일으킨다.

天武天皇은 壬申의 난(672)에서 한반도계의 도움을 적지 않게 받았다. 처음부터 그의 편에 서서 활약한 한반도계 인물로는 書首根

継承されたか》, 中央公論新社; 足利健亮先生追悼論文集編纂委員会, 2000,《地図と歴史空間 : 足利健亮先生追悼論文集》, 大明堂; 山本幸司, 1995,《天武の時代 : 壬申の乱をめぐる歴史と神話》, 朝日選書; 鈴木治, 1999,《白村江 : 古代日本の敗戦と薬師寺の謎》, 学生社; 遠山美都男, 1999,《〈日本書紀〉はなにを隠してきたか?》, 洋泉社; 直木孝次郎, 1961,《壬申の乱》, 塙書房; 都出比呂志, 田中琢, 1998,《権力と国家と戦争》, 小学館; 直木孝次郎, 1992,《壬申の乱》, 塙書房; 三浦昇, 1976,《敵見たる虎か吼ゆると : 壬申の乱を歩く》, 実業之日本社; 星野良作, 1973,《壬申の乱》, 吉川弘文館; 中津攸子, 1986,《万葉集で読む古代争乱》, 新人物往来社; 星野良作, 1997,《壬申の乱研究の展開》, 吉川弘文館; 遠山美都男, 1996,《壬申の乱 : 天皇誕生の神話と史実》, 中央公論社; 記紀万葉を語る会, 1956,《日本古代の政治と文学》, 青木書店; 竹越与三郎, 1990,《二千五百年史》, 講談社; 亀田隆之, 1961,《壬申の乱》, 至文堂; 水野祐, 1994,《非情の世紀 : 壬申の乱外史》, 早稲田大学出版部; 西郷信綱, 1993,《壬申紀を読む : 歴史と文化と言語》, 平凡社; 斎宮歴史博物館, 1991,《大来皇女と壬申の乱 : 斎宮をめぐる人々》, 斎宮歴史博物館; 小笠原好彦, 1990,《勢多唐橋 : 橋にみる古代史》, ロッコウブックス; 星野良作, 1978,《壬申の乱》, 吉川弘文館; 田中卓, 1985,《壬申の乱とその前後》, 国書刊行会; 吉野裕子, 1987,《持統天皇 : 日本古代帝王の呪術》, 人文書院; 大久保利謙, 1977,《田口鼎軒集》, 筑摩書房; 北山茂夫, 1978,《壬申の内乱》, 岩波書店 등이 있다. 그 외에도 倉本一宏, 2007,《壬申の乱を歩く》, 吉川弘文館; 倉本一宏, 2007,《壬申の乱》, 吉川弘文館이 편리하다.

반면 한국에서의 연구 성과는 윤영수, 1996,〈시본인마려(柿本人麻呂)에 있어서의 '임신(壬申)의 난(亂)'과 천무조(天武朝)〉,《일본학보》, 한국일본학회; 김광래, 1987,〈'임신(壬申)의 난'에 있어서 신라의 역할〉, 한국일어일문학회,《일어일문학연구》 등의 일본 문학에 관한 연구가 대부분이다. 이상의 연구사 정리는 송완범, 2010, 주 546)의 전게 논문, 133-134페이지 참조.

556 持統天皇은 天武天皇의 황후이고, 文武天皇은 손자이다.

摩呂·書直智德·調首淡海·黃書造大伴 등이 있고, 뒤에 참여한 인물로는 大藏直廣隅·坂上直國麻呂·難波吉士三綱·坂上直熊毛·漢直·秦造熊·坂上直老 등을 들 수 있다. 그럼에도 불구하고 天武天皇은 정권이 안정되자 東漢直 등을 통하여 '詔東漢直等曰 汝等黨族之自体犯不可也 是以從小墾田御世至于近江朝常以謀汝等爲事 今當朕世 將責汝等不可之狀 以隨犯應罪 然頓不欲絶漢直之氏 故降大恩以原之 從今以後若有犯者 必入不赦之例'[557]로 東漢씨 일족에게 강력한 경고를 발한다. 이는 아마도 東漢直駒의 崇峻天皇 살해사건,[558] 乙巳의 변 때 東漢直 일파의 개신에 대한 저항,[559] 古人皇子의 난 때 倭漢文直麻呂 등의 합류,[560] 등 정치적인 큰 사건에 언제나 東漢씨가 간여했던 사실을 지칭한 것으로 그들의 지나친 정치 참여를 경고한 것이 아닌가 생각된다. 일본 역사상 일개 씨족을 상대로 천황이 이런 경고를 발한 일은 전무후무한 일이라고 할 수 있다. 이런 경고는 곧 도일 한인들에 대한 구체적인 정책으로 나타난다.

壬申亂 3년 뒤인 675년(天武 5) 5월의 칙 중에서 '禁南淵山 細川山 竝莫蒭薪'이라는 대목이 있는데 이는 飛鳥川 상류인 南淵川과 細川의 수원 보존을 위한 것으로 일찍부터 이곳에 거주하고 있었던 백제계를 대상으로 한 것이다.[561] 한편 養老令[562]에는 '當大路近側

---

557 주 523) 참조.
558 주 520) 참조.
559 주 521) 참조.
560 주 522) 참조.
561 주 542) 橋本克彦의 전게 논문 참조.
562 律令國家의 기본 법전으로 718년 大寶令(701)을 개수한 것으로 757년부터 시행되었다.

不得置當方蕃人 及畜同色奴婢'라 하여 蕃人들 즉 도일 한인들을 노비와 같이 취급하여 대로변에 거주하지 못하게 하는 노골적인 차별 조치를 규정하고 있다.[563] 大寶令[564]에도 '化外人 於寬國附貫安置'[565]라고 하여 이들을 오지인 寬國에 배치하는 규정이 있다. 전대의 한인들에 대한 조치와 비교하면 판이한 조치라고 할 수 있다.

684년(天武13) 10월에 새로 정한 8색의 성은 율령정부의 관인서용의 기초가 되었고,[566] 이후 호족들에 대한 대우의 척도로서 정치활동과도 중요한 관계가 있다. 그런데 도일 한인계 중에서는 東漢氏, 西漢氏, 秦氏, 西文氏만이 겨우 4위 忌村의 성을 받았을 뿐이었다.[567] 그리고 뒤에는 倭漢·東漢이라는 말도 거의 사용되지 않았으며 단순히 文忌村, 坂上忌村이라고 칭해지다가 나라시대(710-784)에 들어갈 무렵에는 文·坂上 등 유력한 씨성들도 완전히 율령체제에 편입되어 기껏해야 5위까지밖에는 올라가지 못하고 대개 중하위 정도에 머물렀다.[568] 황권이 강화되면서 도일 한인들에 대해 단계적으로 정치적·사회적 지위를 약화시키는 정책을 취해 나간 것으로 생각된다. 이런 경향은 도일 한인들에 대한 이주 정책에서도 나타난다.

먼저 임신난 이후 도일 한인들의 이주에 대한 잔존 기록을 보면

563 〈令義解〉 卷十雜令 第三蕃使往還條.

564 701년에 제정되어 757년 養老令이 시행되기까지 율령국가의 기본법이 되었다.

565 〈令義解〉 卷二 戶令 第八沒落外蕃條.

566 《日本書紀》 天武天皇 13년 10월조. '詔曰, 更改諸氏之族姓. 作八色之姓. 以混天下萬民. 一曰眞人 … 四曰忌寸 … 七曰連.'

567 《日本書紀》 天武天皇 14년 6월조. '大倭連 … 倭漢連 河內漢直 秦連 … 書連幷十一氏則賜姓曰忌寸.'

568 關晃, 전게서, 76쪽 참조.

다음과 같다.

1) 684년(天武 13년) 백제에서 간 僧尼 및 俗人 남녀 13인을 武藏國에 안치함.[569]

2) 687년(持統 원년)에는 고구려에서 간 56인을 常陸國, 14인의 신라인을 下毛野國, 신라승니 및 백성 남녀 22인을 武藏國에 거주하게 함.[570]

3) 688년 백제 敬須德那利을 甲斐國에 이주시킴.[571]

4) 669년에는 신라인을 下毛野國에 거주시킴.[572]

5) 690년에는 신라에서 간 12인을 武藏國에 거주시킴.[573]

6) 690년 2월 신라인 50인,[574] 백제인 21인 이주.[575]

7) 690년에 신라에서 건너간 사람들을 下毛野에 거주하게 함.[576]

이상 壬申亂 이후 한인들의 이주지를 보면 하나같이 東國으로 되어 있다는 데 그 특징이 있다.[577] 그런데 당시에 도일한 한반도계

569 《日本書紀》天武天皇 13년 5월조. '化來百濟僧尼及俗人, 男女并二十三人, 皆安置于武藏國'.

570 《日本書紀》持統天皇 원년 3·4월조. '以投化高麗五十六人居于常陸國 … 以投化新羅人十四人, 居于下毛野國. 夏四月 … 投化新羅僧尼及百姓男女二十人, 居于武藏國'.

571 《日本書紀》持統天皇 2년 5월조. '以百濟敬須德那利移甲斐國'.

572 《日本書紀》持統天皇 3년 4월조. '以投化新羅人居于下毛野'.

573 《日本書紀》持統天皇 4년 2월조. '以歸化新羅韓那許滿等十二人, 居于武藏國'.

574 《日本書紀》持統天皇 4년 2월조. '新羅沙門詮吉 級飡北助知等五十人歸化'.

575 《日本書紀》持統天皇 4년 5월조. '百濟男女二十一人歸化'.

576 《日本書紀》持統天皇 4년 8월조. '歸化新羅人等居于下毛野國'.

577 6번의 경우는 거주지가 표시되어 있지 않지만 앞뒤의 이주지가 모두 東國인 점으로 보아 東國이 틀림없으리라고 생각된다.

뿐만 아니라 이미 정주하고 있던 한반도계도 東國으로 집단 이주시키고 있다. 716년에는 駿河·甲斐·相模·上總·下總·常陸·下野 등 7국의 고려인 1799인을 武藏으로 옮겨서 高句麗郡을 설치한 것으로 되어 있다.[578] 그리고 시대는 떨어지지만 758년에는 신라인들을 武藏國으로 옮겨 新羅郡을 설치하고 있다.[579] 따라서 東國에 고구려군과 신라군을 설치하고 이미 일본 열도에 정착해 있던 한반도인들을 그곳에 이주시킨 정책은 당시 산발적으로 도일하던 한반도계를 동국에 안치시키는 정책과 궤를 같이한 것으로 생각된다.[580]

당시 東國은 개척 중인 변방이었다. 따라서 이전에 대부분 畿內 지역에 거주하면서 체제의 일익을 담당하거나 기둥 역할을 하던 사실과 비교해 보면 그 생활환경이 열악해진 것은 말할 나위도 없고 정치적으로도 완전히 변방으로 밀려났음을 알 수 있다. 시대는 뒤지지만 820년 遠江과 駿河에 배치되어 있던 신라인들의 반란은 이런 불만이 축적되어 나타난 결과라고 할 수 있을 것이다.[581]

578 《續日本記》 元正天皇 2년 5월조. '比駿河 甲斐 相模 上總 下總 常陸 下野七國高麗人千七百九十九人遷于武藏, 始置高麗郡焉'.

579 《續日本記》 天平寶字 2年(758) 8월 甲戌조. '歸化新羅僧三十二人. 尼二人. 男十九人. 女二十一人. 移武藏國閑地. 於時. 始置新羅郡焉'.

580 백제군은 8세기 초 攝津國에 설치된 것으로 생각되지만 이는 이주가 아니라 이미 백제인들이 집단적으로 거주하는 지역에 백제군을 설치했다는 면에서 고구려군이나 신라군과는 성격이 다르다고 생각된다.

581 上田正昭, 주 517) 전게서, 176쪽 참조.

결어

고대 일본의 도일 한인들에 대한 정책은 3단계로 나눌 수 있다.

첫째는 5세기 초 고구려의 남하정책에 따른 도일 한인들에 대한 정책이다. 그들은 전란을 피해서 도일한 사람들로 수적으로 가장 많았다. 그들은 집단으로 촌락을 이루면서 집거했다는 특징을 가지고 있다. 그러나 선진기술을 가지고 있었으므로 品部나 伴造로서 중간 호족층을 이루고 있었던 것으로 생각된다. 따라서 고대국가로 발전하고 있던 야마토 정권은 그들을 체제의 바탕으로 삼았던 것으로 생각된다.

둘째는 663년 백제의 멸망에 따라 도일한 한인들에 대한 정책이다. 그들은 백제 부흥운동군을 지원하기 위해서 온 일본군을 따라서 도일한 세력들로 백제의 지배층이 주류를 이루고 있었던 것으로 생각된다. 그런데 663년 백제를 지원하기 위해서 지원군을 파견했던 天智政權은 672년 壬申亂으로 무너진다. 따라서 壬申亂을 앞두고 있던 天智政權은 백촌강에서 함께 싸운 망명 백제인들을 체제의 근간으로 삼을 수밖에는 없었다. 667년 近江 천도를 전후해서 망명 백제인들을 近江지역으로 이주시키고 그들을 중용한 것은 여기에 그 원인이 있었던 것이다. 다시 말해 망명 백제인들은 처음부터 天智政權과 운명을 같이할 수밖에 없었던 세력이었다고 할 수 있을 것이다.

셋째는 672년 壬申亂 이후의 한인에 대한 정책은 새로이 이주하는 한인들에 대한 정책이 아니라 이미 일본 열도에 정주하고 있던 한인들에 대한 정책의 변화라는 면에서 이전과는 다르다고 할 수 있다. 그런데 壬申亂에 의해서 등장한 天武政權은 天智政權을 타도하고 들어선 정권인 만큼 망명 백제인들을 체제의 근간으로 삼았던 天智政權의 한인에 대한 정책과는 처음부터 다를 수밖에는 없었다. 따라서 한인들을 변방 東國에 이주시키거나 배치시킴으로써 체제에서 완전히 탈락시켰다고 할 수 있다.

고대 도일 한인들에 대한 일본의 정책은 문화적 수준의 차이나 일본의 정치적 상황에 의해서 결정되었던 것이 아니었는가 생각된다. 5세기 초 고구려의 남하정책에 의해 도일한 한인들은 선진 기술의 소유자들이었으므로 고대국가로 발전하고 있던 일본은 그들을 체제의 바탕으로 삼았다. 그리고 6세기 말 백제 멸망에 따라 도일한 망명 백제인들은 백촌강 싸움에서 함께 싸운 운명공동체였으므로 壬申亂을 앞둔 天智政權은 그들을 체제의 근간으로 삼았다. 그러나 天智政權을 타도하고 등장한 天武政權은 황친정치를 이루기 위해서 한인들을 변방 동국에 이주시킴으로써 정치적으로 완전히 배제시킨 것이 아닌가 생각된다.

동아시아 세계와 백촌강 싸움

초판 발행 2016년 11월 25일
초판 2쇄 2017년 10월 23일
지은이 김현구
펴낸곳 고려대학교출판문화원
www.kupress.com
kupress@korea.ac.kr
02841 서울특별시 성북구 안암로 145
02-3290-4230, 4232
Fax 923-6311
찍은곳 한국컴퓨터인쇄정보

ISBN 978-89-7641-916-3 93910

값 17,000원

* 잘못 만들어진 책은 바꿔드립니다.